LES SECRETS
DE LA GUERRE ÉCONOMIQUE

Ouvrages publiés par Ali Laïdi

Le Jihad en Europe
Seuil, 2002

participation à l'ouvrage collectif du
Centre français de recherche sur le renseignement,
sous la direction d'Éric Denécé
Guerre secrète contre Al-Qaïda
Ellipses, 2002

ALI LAÏDI
avec DENIS LANVAUX

LES SECRETS DE LA GUERRE ÉCONOMIQUE

ÉDITIONS DU SEUIL
27, rue Jacob, Paris VIe

Ce livre est édité par Patrick Rotman

ISBN 2-02-059012-3

www.seuil.com

A Anne -Claude,
Qui a su relire avec intelligence et patience le manuscrit.

A Alexandre et Cloé, mes enfants.
Dans l'espoir qu'ils grandiront dans un monde plus intelligible
à défaut d'être plus sûr.

Introduction

> «Il existe ce qu'on appelle "l'attitude pendant l'orage". Quand on est pris sous une averse soudaine, on peut, soit courir le plus vite possible, soit s'élancer pour s'abriter sous les avancées des toits des maisons qui bordent le chemin. De toute façon, on sera mouillé. Si on se préparait auparavant mentalement à l'idée d'être trempé, on serait en fin de compte fort peu contrarié à l'arrivée de la pluie. On peut appliquer ce principe avec profit dans toutes les situations.»
>
> JOCHO YAMAMOTO (1659-1719),
> *Hagakure, Le Livre sacré des samouraïs*

Nous vivons des temps étranges. Politiquement en paix, nous sommes économiquement en guerre. Mais, dans ce conflit-là, point de soldat, point de fusil, seulement des belligérants en col blanc. Les entreprises sont entrées en guerre. Une guerre de l'ombre où s'affrontent des cadres sans foi ni loi qui combattent sans merci pour préserver ou conquérir des parts de marché. Une guerre où les éclopés de l'ANPE et des Assedic ont remplacé les locataires des cimetières et les blessés des hôpitaux. Une guerre qui menace directement la cohésion sociale des pays déstabilisés par la multiplication des faillites d'entreprises, la montée du chômage et les conflits sociaux. Une guerre, enfin, d'autant plus sale qu'elle reste cachée aux yeux du grand public. Face à de tels périls, nulle réaction; le pouvoir politique et les médias français restent muets.

Nulle *Marseillaise* pour appeler à la résistance. Nulle ligne Maginot ni doctrine pour protéger nos entreprises et nos salariés. Nul général pour diriger les troupes. Aucune Convention de Genève pour établir des règles minimales. C'est une guerre occulte et anonyme. Une guerre où tous les coups sont permis.

Déclencher ou orienter en sous-main une campagne de désinformation contre un concurrent, salir son image publique, saboter son système informatique, envoyer des barbouzes lui dérober des documents confidentiels, espionner ses réunions commerciales, lui voler ses produits avant qu'ils ne soient mis sur le marché, soudoyer ses cadres dirigeants, les faire chanter… de bien étranges méthodes, autrefois apanages des services de renseignement, aujourd'hui pratiques courantes dans le monde chaotique de la guerre économique.

Dans le domaine de la désinformation par exemple, les procédés sont directement inspirés de ceux employés par les services soviétiques lors de la guerre froide. A l'heure d'Internet et de la communication omnipotente, la désinformation est une arme puissante. Les techniques appliquées dans le domaine économique se sont tellement affinées que les anciens du KGB en pâliraient de jalousie. Ce livre retrace notamment quelques histoires étonnantes sur l'utilisation de cette nouvelle arme commerciale.

Pour mener cette enquête, fruit de plusieurs années de travail, nous avons pénétré un univers encore secret, celui des soldats de cette drôle de guerre. Ce sont eux qui nous ont parlé de leur champ de bataille et nous ont révélé leurs stratégies et leurs méthodes. Car, évidemment, la plupart des dirigeants d'entreprise refusent d'évoquer les dérives de cette hypercompétition économique, terme politiquement correct en vogue dans ce milieu. Lorsqu'ils sont victimes d'une agression, ils n'osent pas le reconnaître, par peur d'étaler leurs faiblesses sur les places boursières. Le silence s'impose encore plus lorsque ces cols blancs se transforment en agresseurs. Toutefois, les langues commencent à se délier. Fatigués par ces luttes silencieuses mais incessantes, certains David acceptent de témoigner et de dénoncer les méthodes des Goliath du business. Des pratiques déloyales et illégales que nous n'imaginions pas avant d'entamer nos recherches.

Ce que nous avons découvert dépasse l'imagination. C'est un univers interlope où se croisent des dirigeants d'entreprises, des universitaires, des idéologues, d'anciens membres de services de sécurité, des journalistes... Un monde digne d'inspirer les plus incroyables histoires aux scénaristes d'Hollywood en mal d'imagination. Si l'univers de James Bond et autres agents secrets n'a plus de mystère, celui de la guerre économique reste encore impénétrable. Nous soulevons une partie du voile pour permettre au grand public de découvrir le monde étrange des 007 du business à l'heure de la mondialisation économique. Pour eux non plus, il n'y a pas de mission impossible...

Comme souvent, la réalité dépasse la fiction. Qui aurait pu imaginer que la plus prestigieuse école de commerce française fasse appel à un spécialiste de la déstabilisation pour attaquer son concurrent ? Qui aurait pu imaginer que des hommes de l'ombre puissent accepter de cambrioler une PME afin de lui dérober ses fichiers et les livrer à un concurrent – et ce après avoir tenté de la piéger en la poussant à répondre à un faux appel d'offres émanant de pseudo-investisseurs de l'Est ? Qui aurait pu imaginer qu'une anodine petite annonce d'emploi puisse servir de cheval de Troie pour obtenir des informations confidentielles sur une société ? Qui aurait pu imaginer que les services secrets se mêlent de régenter la compétition économique en aidant les entreprises à remporter de grands marchés, quitte à espionner et déstabiliser les concurrents à coups de campagne de désinformation ? Que des ONG servent à promouvoir des intérêts économiques privés dans le tiers-monde ? Les soldats de la guerre économique, eux, ne manquent ni d'imagination ni de méthodes pour mener ce nouveau combat : *benchmarking* offensif, débauchage concurrentiel, lobbying, *war room* [1]...

---

1. *Benchmarking* : l'étude des processus de production et de marketing des concurrents en vue de les copier ; *benchmarking* offensif : recherche de ces renseignements de façon déloyale ; *war room* : réunion d'une équipe de crise pour affronter un problème particulier dans les domaines économique ou géopolitique.

Les entreprises sont bien en guerre. Dans leur version mondialiste, elles se sont imposées comme des acteurs nouveaux. Leur engagement dans les affaires du monde transforme la donne internationale: les grandes questions qui agitent la planète ne sont plus seulement d'ordre géopolitique, elles deviennent aussi et surtout géo-économiques. En inventant la mondialisation, les multinationales ont modifié les rapports économiques entre elles et entre les États. A l'image de l'hyperpuissance américaine, elles ont ouvert l'ère de l'hypercompétition. Les alliés, hier soudés contre l'empire du mal, aujourd'hui solidaires contre le terrorisme, sont aussi de terribles adversaires commerciaux. Une évidence que beaucoup ignorent. Pourtant, à sa manière, cette guerre d'un nouveau genre est cause de bien des ravages souterrains. Dans la conquête des marchés il n'y a plus d'amis, uniquement des concurrents. Les règles existent, mais quand la lutte est âpre elles ont tendance à voler en éclats. Bienvenue dans les arènes des jeux commerciaux du troisième millénaire où seule la victoire compte. Une joute économique où la main invisible d'Adam Smith brille parfois par son absence [1].

Notre ouvrage s'intéresse également à la position de la France dans cette guerre larvée. Sommes-nous prêts à livrer bataille pour protéger nos entreprises, nos emplois et plus généralement notre rang dans le monde? Quels sont nos atouts et nos faiblesses? Avons-nous une stratégie nationale à l'image du dispositif de défense économique mis en place par nos amis américains, allemands, japonais, anglais?... Dix ans après le premier rapport sur la guerre économique, signé par le Commissariat général au plan, quel bilan peut-on tirer?

Autant de questions auxquelles nous tentons d'apporter des réponses à l'aide d'exemples concrets relatant des batailles écono-

---

1. Adam Smith: philosophe et économiste anglais du XVIIIe siècle, auteur de *Recherches sur la nature et les causes de la richesse des nations* (1776), le «Manifeste» du capitalisme, est considéré comme l'un des maîtres de l'économie libérale.

miques souvent inédites. Nous les révélons pour la première fois à un grand public troublé par ces temps étranges, où des guerres sont menées sans tirer une seule balle mais où les victimes viennent grossir les statistiques du chômage.

Chapitre 1

Les Jeux à tout prix…

Novembre 2000. Soixante-seize longues années que Paris attend le retour des Jeux olympiques. En 1924, aux Jeux de Paris, la France avait remporté 13 médailles d'or, 14 d'argent et 11 de bronze. Une de ses meilleures performances olympiques. Paris porte bonheur et l'équipe réunie autour de Claude Bébéar compte bien offrir ce nouveau rêve aux Français pour les Jeux de 2008.

Mais voilà, les candidats sont nombreux. Quatre autres villes restent en lice pour accueillir le plus grand rassemblement sportif du monde, qui se déroule tous les quatre ans : Pékin, Osaka, Toronto, Istanbul. Les retombées financières pour l'heureuse élue se mesurent en milliards d'euros [1].

Le dossier parisien est défendu par Claude Bébéar, ancien brillant patron des assurances Axa, qui met toute son énergie au service de la candidature. Dans son équipe, un homme est chargé d'étudier la position des autres villes. C'est un expert en communication issu de la mairie de Paris, époque Tibéri.

A l'hiver 2000, ce dernier frappe à la porte du cabinet Atlantic Intelligence dirigé par Philippe Legorjus, un ex-gendarme du GIGN célèbre pour son intervention dans la prise d'otages d'Ouvéa en 1988. L'envoyé de Claude Bébéar veut tout savoir sur les membres du Comité international olympique (CIO) chargés de désigner la ville des Jeux de 2008. Il souhaite également qu'on

1. Le budget parisien est évalué à 5,336 milliards d'euros avec un bénéfice estimé entre 45 et 53 millions d'euros.

suive de très près la candidature de Pékin, considérée comme le plus sérieux concurrent. Prudent, il exige la plus grande discrétion sur cette opération. Même le comité de candidature, qui comprend une vingtaine de personnes, ne doit pas être au courant de cette démarche. Il craint que certains bavards ne sachent tenir leur langue. L'opération Azalée, mise en place par le cabinet Legorjus en accord avec les dirigeants du comité de candidature, est une véritable action de guerre économique.

Pourquoi ce nom de baptême? Personne n'a pu répondre à cette question. Une piste: en grec, ce nom d'arbuste à feuilles ovales, vertes et luisantes signifie desséché *(azaleos)*. Le but de cette opération ne consistait-il pas, en quelque sorte, à dessécher les autres candidatures pour faire briller celle de Paris?

A l'arrivée, c'est bien la candidature de Paris qui s'est fanée, arrivée en troisième position derrière Toronto et surtout derrière le vainqueur, Pékin.

Trois années ont passé depuis, Paris se replace pour les Jeux de 2012 [1]. Nous avons retrouvé certains acteurs directement impliqués dans l'opération Azalée. Sous couvert d'anonymat, ils ont accepté de nous raconter cette histoire aux multiples rebondissements.

Des Français entreprenants

Tout commence donc en novembre 2000. Il faut faire vite, car la décision du CIO tombe en juillet 2001. Le défi doit être relevé en sept mois. Une gageure quand on sait que l'histoire récente de l'olympisme a été salie par une affaire de corruption retentissante à l'occasion de l'attribution des Jeux d'hiver à Salt Lake City pour 2002 [2].

---

1. Huit autres villes sont candidates: Leipzig, NY, Moscou, Istanbul, La Havane, Londres, Madrid, Rio de Janeiro.

2. A l'hiver 1999, certains membres du CIO sont accusés d'avoir reçu des pots-de-vin pour favoriser la ville de Salt Lake City.

Consciente de son retard, l'équipe se met au travail. Logée à Paris, en dehors des locaux du comité de candidature installé à l'Office du tourisme, elle comprend une petite vingtaine de personnes : un chef de projet, un adjoint chargé des stratégies d'influences, un technicien multimédia et Internet, un responsable de la veille assisté de quatre personnes, un opérateur de saisie, trois consultants, une poignée de vacataires et deux traducteurs. L'expert en communication assure le lien avec le comité et recueille toute l'information émanant du CIO et des sportifs, véritables ambassadeurs de la candidature française.

La logistique de l'opération Azalée est internationale. Outre le PC permanent à Paris, la cellule clandestine dispose d'un poste de commande à Bruxelles et à Genève (ville qui héberge le Comité international olympique). New York abritera occasionnellement un PC tandis que les plates-formes techniques pour les envois en masse d'e-mail sont installées à Londres et Madrid.

Bref, on ne lésine pas sur les moyens. Bébéar veut ses Jeux. On s'attelle donc à la tâche : surveillance quotidienne à travers Internet et point hebdomadaire à partir des autres sources de l'actualité. Chaque ville candidate fait l'objet d'une surveillance poussée. On liste ses appuis économiques, politiques et sportifs. On enregistre ses moindres mouvements, son actualité sociale. On scrute et on analyse les déclarations des responsables...

Le tout sert à alimenter une base de données. Mais pas seulement. Les hommes de l'ombre utilisent un logiciel de criminologie pour étudier chacun des 123 membres du CIO, afin de connaître leur profil et d'influencer leur intention de vote en faveur de Paris. Du vrai travail de pros qui sert à nourrir un autre logiciel de simulation de vote, actualisé chaque jour en fonction des événements.

Pékin a droit à un traitement particulier. Le dispositif Azalée se concentre sur l'opposition démocratique chinoise. Il s'agit de recenser les opposants au régime chinois dans le monde entier. Un travail exceptionnel à faire pâlir de jalousie Amnesty International. L'idée est de relever toutes les incompatibilités existant entre les valeurs olympiques et la politique de Pékin. Il suffit de se pencher pour ramasser à la pelle les nombreuses atteintes aux droits de l'homme perpétrées par les caciques chinois : persécution des minorités religieuses (chrétiens, musulmans), question du Tibet, dangers écologiques (barrages du Yang Tsé-Kiang), menaces pesant sur le patrimoine de la ville (grands travaux pour l'accueil des épreuves) et déplacements de population dus à ces gigantesques chantiers olympiques.

Ce travail de recensement est un jeu d'enfant dans un pays considéré comme l'un des plus liberticides. Sans compter les dangers des réseaux mafieux tels que les fameuses triades chinoises. Bref la matière ne manque pas. Chaque semaine, le point est fait pour adapter les actions.

Opération Caribou

Surprise ! A la fin de l'hiver 2001, ce n'est plus la Chine qui menace, mais le Canada. D'après des informations émanant des membres français du CIO et recoupées par des sportifs, il semble que les Canadiens soient les mieux placés. Impressions confirmées lors du passage à la mi-mars de la commission d'évaluation du CIO, dont les membres semblent particulièrement satisfaits [1]. Réunion de crise. Il faut agir vite.

La mission Caribou est lancée en quelques jours. Son objectif est de rechercher toutes les informations susceptibles de présenter cette candidature sous un jour défavorable et de les transmettre aux associations canadiennes qui s'y opposent.

C'est le cas de *Bread no Circuses* (du pain pas des jeux) qui fédère un ensemble d'associations d'opposants. On s'arrange pour faire parvenir à ses membres, via Internet, des informations sur les responsables du Comité canadien. Ainsi, en fouillant le Web, les hommes d'Azalée relèvent une petite information concernant un cadre du Comité. Celui-ci, employé au sein d'une grande banque d'affaires, avait reçu un blâme pour une position jugée peu

1. Le président de la commission Hein Verbruggen se déclare « impressionné » par la candidature de Toronto.

éthique dans une affaire qu'il traitait. En réalité, il avait agi de bonne foi et avait simplement commis une légère erreur et non une faute. Peu importe, il suffit de présenter la chose sous son aspect le plus noir et le tour est joué. Les militants de *Bread no Circuses* s'emparent du dossier et interpellent les médias. Résultat: une campagne de presse déstabilise ce cadre et le contraint à démissionner.

Par ailleurs, les hommes de Legorjus s'intéressent à l'un des dirigeants du Comité dont les affaires professionnelles touchent d'un peu près l'organisation des Jeux. En effet, celui-ci possède l'un des stades où sont programmées certaines épreuves, ainsi que la société de restauration rapide qui y est rattachée. Il suffit alors de porter l'attention des médias sur ce conflit d'intérêt pour compromettre le dirigeant canadien.

On le voit, c'est à travers un travail de sape minutieux que l'on atteint la crédibilité d'une ville candidate.

Toronto discréditée, il faut se recentrer sur Pékin. Comment utiliser au mieux les informations rassemblées sur les opposants démocratiques au Parti communiste chinois? En créant un choc psychologique de dimension internationale contre Pékin, et notamment en utilisant les sites Internet du CIO et de l'OMC, afin de placer ces informations et de faire revendiquer cette opération par des dissidents chinois.

Pourquoi pas? La mission est baptisée Café noir. Une équipe est envoyée à New York pour lancer l'opération de piratage depuis la Grande Pomme afin que rien ne trahisse Paris. Les pistes sont d'autant plus brouillées qu'il se murmure que New York compte se porter candidate pour 2012. Tout est en place. On attend juste l'ordre de passer à l'action...

Il ne viendra pas. Les risques sont trop élevés. Ce sera pour une autre fois. En attendant, il y a d'autres priorités. La commission d'évaluation du CIO s'apprête à entamer le tour des villes candidates afin d'apprécier réellement les dispositifs d'accueil des sportifs et les équipements. Il faut donc rassembler un maximum d'informations sur les cinq visites.

Mission Sun Tsé

Pour ce travail, il est fait appel à une société de sécurité. La mission est simple : tout savoir sur ces VIP de l'olympisme. Ce qu'ils vont voir, entendre et penser des quatre villes concurrentes (même si, dans une interview au *Figaro*, Claude Bébéar s'en défend [1]). C'est le plus sûr moyen de préparer un contre-argumentaire de poids lors de leur venue à Paris. Le sous-traitant se souvient de la première rencontre avec l'équipe opérationnelle. « J'ai demandé à plusieurs reprises à mes interlocuteurs s'ils étaient conscients de l'illégalité de ce genre d'opération. La réponse était toujours la même : ferme et positive. » Le dossier est donc étudié sérieusement. L'opération est baptisée Sun Tsé, du nom du grand stratège chinois (IVe siècle av. J.-C.).

Mais les difficultés vont se succéder. Et la première est de taille : n'est-il pas déjà trop tard ? Vu le passé sulfureux du CIO (affaire de corruption à Salt Lake City), il est possible qu'une ville ait déjà été choisie. Mais peu importe, il faut tenter le tout pour le tout et savoir comment fonctionnent les visiteurs olympiques.

Le plan est le suivant : observer les membres du comité dans les deux premières villes et agir dans les deux suivantes. « A Osaka et Pékin, on *screene* », explique un membre de l'équipe. *Screener, checker*, c'est la même chose. Il s'agit de tout connaître sur les habitudes des quinze membres itinérants du Comité et de leur entourage. « Lorsque l'on *screene* une délégation comme celle-ci, explique un membre de l'équipe, il s'agit de tout connaître sur les habitudes de ses quinze membres. Qui s'occupe de la sécurité ? Comment ces personnalités se comportent-elles ? Laissent-elles leurs ordinateurs dans leurs chambres ? Comment et où organisent-elles leurs réunions de débriefing ? Les hôtels sont-ils sécurisés ? Qui détient l'information la plus critique ? Autant de

---

1. « Nous ne faisons pas de secrets dans notre préparation, les autres villes non plus. Il n'y a donc pas d'espionnage à proprement parler. » Une question de propreté de langage ! *Le Figaro* du 31 mai 2000.

renseignements capitaux pour préparer l'action programmée dans les deux autres villes. »

Sur le papier tout fonctionne, excepté un détail : le montant du contrat évalué à un total de deux millions de francs. Une goutte d'eau comparée aux retombées financières d'un tel événement mondial. Mais l'équipe de Bébéar refuse d'investir cette somme, d'autant qu'il faut en verser 50 % d'avance sur un compte à l'étranger. Exit Sun Tsé. On transige alors sur une simple opération de surveillance et d'écoute de la commission d'évaluation olympique lorsqu'elle sera à Paris.

« Je me suis chargé de cet aspect, confie Alain. J'ai donc fait le tour des services de sécurité français pour savoir si nos policiers étaient déjà sur le coup. » Surprise, la DST estime que ce n'est pas son problème, les RG déclarent qu'ils s'en contrefichent, idem à la préfecture de police. « J'étais stupéfait d'apprendre que nos services de renseignement ne s'occupaient même pas de la sécurité de la commission », s'étonne Alain. « Il suffisait d'agresser un chauffeur de la ligne de métro qui mène au Stade de France pour déclencher une grève et gâcher la fête », assure ce professionnel de la déstabilisation. Selon lui, il aurait fallu également surveiller les salles informatiques dans lesquelles les membres de la Commission travaillaient. Autant de précautions à prendre qui ont échappé au comité de candidature parisien.

L'opération Sun Tsé n'a pas eu lieu. A-t-on reculé à la dernière minute par crainte d'un scandale si l'affaire était révélée ? A-t-on manqué d'argent ? Sans doute ces deux raisons ont-elles pesé dans la balance. Toutefois, lors du passage à Paris des inspecteurs du CIO, les hommes d'Azalée sont parvenus à approcher l'un d'entre eux. Ce dernier a accepté de collaborer et de fournir des informations sur l'atmosphère de la délégation et l'état du dossier parisien. Une collaboration qui s'avérera précieuse plus tard.

Colombine : un livre blanc contre le sombre régime chinois

Revenons à nos Chinois. Cette fois-ci le feu vert est donné pour une mission à budget réduit, appelée Colombine. Le but n'a pas varié : « Provoquer un réflexe d'autoprotection dans le processus décisionnel des membres du CIO. » En mars 2001, l'équipe rédige un Livre blanc sur les exactions des dirigeants chinois. Il s'agit de donner des arguments aux leaders d'opinions afin qu'ils se positionnent contre Pékin. Évidemment, ce Livre blanc est signé par une obscure association de démocrates chinois qui n'existe pas. Avec la complicité d'un ancien grand maître d'une loge maçonnique, les défenseurs des droits de l'homme vont être intoxiqués. Vecteurs inconscients de cette manipulation, la Ligue des droits de l'homme, Greenpeace, Amnesty… reçoivent cet ouvrage tiré avec des moyens rudimentaires à 250 exemplaires. Fodé Sylla, de l'association SOS Racisme International, se pose quelques questions mais ne poussera pas les investigations bien loin, vu la réputation de l'homme, franc-maçon, qui lui a apporté le document. Quant à Reporters sans frontières, l'association de défense des journalistes, elle l'utilise dans le cadre de sa campagne contre Pékin [1].

Autre axe de la mission Colombine : la création d'un site Internet contre la candidature de Pékin. Retour à New York pour faire héberger le site chez un fournisseur d'accès américain, sachant que la plupart des cyber-cafés new-yorkais, excepté ceux du Bronx, possèdent des caméras. Pour ne laisser aucune trace, tous les paiements sont effectués en liquide. Enfin, le modem est acheté aux États-Unis afin d'alimenter le site depuis la Belgique sans possibilité de remonter au vieux continent. Nom du site : No Beijing 2008. Maquette brute, images insupportables sur la

1. Reporters sans frontières et l'association parisienne Solidarité Chine ont lancé une campagne d'affichage représentant cinq menottes entrelacées comme les anneaux olympiques avec le slogan suivant : « La Chine : médaille d'or des violations des droits de l'homme. »

répression en Chine avec photos de Tienanmen en 1989, caractères rouges dégoulinants sur fond noir, *gore*... Une liste quasi exhaustive des liens avec les sites d'opposition du monde entier. L'objectif est double: nourrir les opposants à la candidature pékinoise et déclencher une cyberpétition internationale. Enfin des mails sont envoyés aux 123 membres du CIO. Les messages insistent sur les points noirs de Pékin.

Résultat: à la fin du mois de mars 2001, les analystes d'Azalée constatent l'échec de la campagne dont l'effet a été à l'inverse de celui attendu: un vrai ras-le-bol contre l'argument des droits de l'homme. Le CIO veut juger sur des critères techniques. «Contrairement à ce que les gens de Paris et de Toronto imaginent, les attaques sur ce terrain, dans la presse et sur de nombreux sites Internet, nous ont beaucoup agacés et n'auront certainement pas le résultat escompté», explique un membre du CIO européen cité par *Libération* [1].

D'avril à juin 2001, l'équipe de la mission Colombine décide alors de réorienter la communication: il faut dorénavant insister sur les risques sanitaires, sécuritaires et sociaux. Pour ce faire, on crée un outil de lobbying à Genève: le Comité de liaison des droits de la personne humaine. L'association envoie un courrier personnalisé à chaque membre du CIO en fonction de ses centres d'intérêt. Avec le délégué israélien, on insiste sur le dispositif de sécurité qui pourrait déclencher un nouveau Septembre noir (prise d'otages par un commando palestinien des athlètes israéliens aux jeux de Munich en 1972), avec les représentants nordiques on insiste sur les risques de déforestation...

Ainsi attaqué, Pékin a-t-il réagi? Un événement a pu laisser croire à l'équipe parisienne que les Chinois ne sont pas restés inertes. Au printemps 2001, Claude Bébéar est mis en examen pour une affaire concernant l'une des filiales d'Axa à l'étranger. Ce jour-là, à 17 heures, un communiqué de l'agence de presse Chine nouvelle annonce la mise en examen du président du comité de candidature de Paris. Or, à cette heure précise, Bébéar

1. 13 juillet 2001.

se trouve toujours dans le bureau du juge. Comment le journaliste a-t-il pu connaître cette information hautement confidentielle? Mystère. Le lendemain, la dépêche de l'agence Chine nouvelle disparaît.

Arrive juin 2001. La commission d'évaluation des experts du CIO publie son rapport sur les cinq villes. Trois arrivent en tête, Pékin, Paris et Toronto, avec une très légère avance pour la première. Les deux autres, Istanbul et Osaka, voient leurs chances s'évanouir. En étudiant de près les documents de chaque ville, les Français tombent des nues. Le rapport sur Paris a été modifié. Pour faire briller la candidature de Pékin, on a sciemment lissé les qualités de Paris et appuyé sur ses faiblesses telles que la construction du village olympique en proche banlieue parisienne (Plaine Saint-Denis) [1].

Comment le comité parisien peut-il affirmer que le rapport a été modifié? C'est simple, il a connaissance, par des moyens détournés, du rapport rédigé immédiatement après la visite des experts. Il soupçonne donc le président du CIO, Juan Antonio Samaranch, qui n'a d'ailleurs jamais caché sa préférence pour Pékin, de saboter la candidature de Paris. Furieuse, la cellule clandestine du comité parisien décide de réagir.

Feu sur Samaranch

Le nouvel objectif est clair: feu sur Samaranch. Il s'agit d'«exploiter les contradictions internes au CIO en mettant en cause le président Samaranch pour exacerber les rivalités à la veille de l'élection de son successeur et casser la dynamique pro-Pékin qu'il incarne [2]». Les limiers d'Azalée rédigent un courrier dans

1. Le président de la commission d'évaluation Hein Verbruggen estime que le programme de construction des équipements sportifs «constituera un excellent héritage pour le sport chinois». Et la commission d'ajouter qu'«aucun risque majeur n'est prévu dans le domaine de la sécurité et que les jeux bénéficient d'un soutien important du public». Une sacrée performance pour la commission qui a su sonder l'opinion publique chinoise.

2. Entretien avec l'un des auteurs.

lequel ils comparent le premier rapport avec celui qui a été diffusé par le CIO. Ce courrier, posté depuis Genève, est envoyé le mardi 12 juin 2001 à une quarantaine de journalistes. Pour brouiller les pistes et ajouter à la confusion, la lettre émane d'un membre du CIO... anonyme. L'opération Sangria (en référence aux origines catalanes du président Samaranch) peut commencer. Surpris, les journalistes inondent d'appels le CIO pour avoir des explications. Le lendemain, celui-ci, visiblement embarrassé, dénonce un faux et dément que le président Samaranch ait «modifié les conclusions de la commission d'évaluation des villes candidates à l'organisation des Jeux olympiques d'été 2008 afin de favoriser Pékin». Un peu court comme explication, mais la presse semble s'en contenter. Impossible pour le comité parisien d'en dire plus sur la provenance de sa version du rapport. On n'abandonne pas pour autant.

Il se trouve que Samaranch a omis de déposer son propre nom pour les droits Internet. Le groupe d'Azalée en profite pour créer un site Internet aux États-Unis avec l'adresse antoniosamaranch.com, un site humoristique qui tourne en dérision le président du CIO. On peut également y lire la lettre envoyée aux journalistes ainsi qu'une série d'informations sur ISL, l'ancienne société chargée par le CIO de négocier les images et les droits des Jeux avec les télévisions et autres partenaires. Parler d'ISL, c'est l'occasion de glisser le nom d'André Guelfi, l'un des principaux inculpés dans l'affaire Elf, un temps proche de Samaranch. Enfin le site abrite une liste de liens dont le contenu met en cause Pékin, Toronto et... Paris, histoire d'éviter les recoupements. A l'époque, seule une vague association catalane manifestait contre Paris. Et encore, elle se battait pour que les Jeux aient lieu dans toute la France...

Cet épisode de l'attaque contre Samaranch est une véritable frustration pour l'équipe d'Azalée. Au début de la mission, on leur avait recommandé de ne pas travailler sur la corruption au sein du CIO. Un terrain trop glissant, leur avait-on fait comprendre. Pourtant, des éléments auraient pu être exploités, notamment le dossier des droits marketing et télé des Jeux.

A l'époque, le CIO avait retiré tout mandat de négociation à la société ISL pour les transmettre à la société Meridian management SA, créée en 1996. Or, Meridian management était détenue à 50 % par le CIO. Restait donc à savoir à qui appartenait l'autre moitié des actions de Meridian management SA. C'est peu dire qu'en la matière le CIO, pourtant censé porter les valeurs de l'olympisme, manquait de transparence [1]. Les statuts de cette société suisse étaient jalousement gardés par un notaire de Genève. Un secret pour le moins intriguant. En novembre 2002, le CIO décide de récupérer la maîtrise totale de ses droits marketing. La non-exploitation de cette affaire en 2001 est apparue comme une erreur stratégique par les hommes d'Azalée.

Reste à savoir si le résultat aurait pu être différent. Le 13 juillet 2001, le CIO réuni à Moscou choisit Pékin. Et, pour ajouter à l'humiliation, la candidature de Paris arrive en troisième position, derrière Toronto. Avec le recul, l'échec de la mission Azalée semble avoir plusieurs causes : engagement tardif de l'opération; travail clandestin qui n'a pas facilité les relations entre le comité de candidature et les membres de la cellule ; absence de stratégie claire préalablement définie ; soutien timide de l'État dû à la cohabitation et aux démêlés judiciaires du maire de Paris… Une dernière question : Paris avait-il les moyens de lutter contre la volonté du CIO, hautement politique, de faire entrer la Chine dans le concert des nations ? Sans doute pas.

---

1. Sylvain Cypel parle d'un « fonctionnement anachronique, souvent même abracadabrantesque », *in* « Le CIO, un géant opaque et incontrôlable », *Le Monde*, 14 juillet 2001.

Chapitre 2

La guerre froide est morte, vive la guerre économique !

«Faire la paix pour nous procurer tous les avantages d'un grand commerce, c'est faire la guerre à nos ennemis.»

COLBERT

En 1989, la chute du Mur de Berlin libère les forces qui vont dorénavant diriger le monde. En s'écroulant, les pierres de la honte réduisent en poussière les vieilles chimères politiques sur lesquelles le monde bipolaire a fonctionné pendant toutes les années de guerre froide. L'opposition politique Est-Ouest est jetée aux oubliettes de l'histoire. Place à un autre conflit: celui de la guerre économique! La chute du Mur marque son retour sur la scène internationale après des années de mise en veilleuse. De 1917 à 1989, la priorité, c'était le danger soviétique. Cette menace disparue, rien n'empêche le monde de revenir aux bonnes et vieilles luttes économiques.

C'est une guerre chaude : le monde entier est un ennemi potentiel. Dans cette bataille il n'y a pas d'alliés, que des intérêts. Chaque entreprise, chaque nation entre en guerre pour sauver son économie, préserver ses emplois et conquérir des marchés. Dans ce genre de conflit, les victimes ne se comptent pas en nombre de morts mais de licenciements. L'ANPE a remplacé les hôpitaux militaires, l'Assedic les pensionnés de guerre. Les vaincus déplorent le nombre de chômeurs et d'exclus, les vainqueurs fêtent les hausses boursières et empochent les dividendes. 1989 ne marque pas la fin de l'Histoire, comme le suggère à l'époque Francis Fukuyama [1], mais un nouveau virage dans l'histoire des luttes humaines. Dorénavant, le monde ne fonctionne plus aux idéologies mais à l'économie, au dollar-roi, aux résultats nets, aux bénéfices après impôts. C'est la fin des frontières politiques. Tous les marchés s'ouvrent. Les barrières de l'Est disparaissent tandis qu'en Afrique du Sud l'apartheid vacille avant de s'écrouler à son tour. Une aubaine pour l'économie et la finance capitalistes, qui exècrent toute limitation à leur désir hégémonique. Gloire à la mondialisation.

Pour savourer pleinement la victoire du capitalisme, il faut revoir entièrement nos représentations géopolitiques du monde. L'ennemi n'est plus aussi clairement défini que pendant la Guerre froide, il se cache partout. Derrière le jeune cadre commercial dynamique en tournée, le patron d'une multinationale avide de vendre ses produits, derrière la secrétaire nouvellement embauchée qui fourre son nez partout… *Big economy is watching you!!!* Dans cette paix (relative), les nouveaux affrontements se mesurent à coups d'OPA hostiles, de campagnes d'information, d'intoxication et de coups tordus entre concurrents d'un marché.

Le secteur militaro-industriel n'a pas été relégué au second plan pour autant. S'il n'est plus la « tête chercheuse » du dispositif, il ouvre encore la porte à de nombreux contrats (affaires civilo-militaires, reconstruction d'un pays après une crise) et la puissance armée est un facteur essentiel de l'économie (garantie de protection en échange d'achats de matériels). Fusils, avions de chasse, tanks, arsenaux conventionnels ou nucléaires… sont prêts à repartir en guerre contre le nouvel ennemi : le terrorisme international incarné par un homme, une organisation ou un État voyou. L'Irak hier, l'Iran, la Syrie, la Corée du Nord demain ?

Quid de l'État ? Dans ce nouveau contexte, il n'est plus l'acteur principal, mais garde toutefois un certain pouvoir lorsqu'il décide

---

1. *La Fin de l'Histoire et le Dernier Homme*, Flammarion, 1992.

de s'immiscer dans les luttes économiques qui font rage. Ses intérêts sont souvent imbriqués aux intérêts privés. Dorénavant voué aux seconds rôles en matière économique, l'État doit s'effacer devant les entreprises, véritables stars des années 90 dont certaines sont devenues plus puissantes que beaucoup de nations en développement. Dans le palmarès des cent entités économiques les plus puissantes du monde figurent vingt-neuf entreprises [1]. Les américains Exxon et General Motors occupent respectivement les 45e et 47e places. Elles précèdent dans ce classement un pays comme le Pakistan, malgré ses 110 millions d'habitants et son arsenal nucléaire... L'État n'est plus qu'un spectateur engagé, censé veiller au bon fonctionnement de la main invisible du marché. Tellement invisible que, dans l'arène où s'affrontent les fauves, certains acteurs s'affranchissent eux-mêmes de toute règle, utilisant des méthodes déloyales, voire illégales : lancement de fausses rumeurs sur la concurrence, élaboration de véritables campagnes de désinformation dans le but de déstabiliser l'adversaire, cambriolages, vols de données sensibles, chantage... C'est la guerre : la guerre économique. Des cols blancs sans foi ni loi s'affrontent pour être les *winners*. Et tant pis si pour atteindre leur but il faut éliminer les *losers*. Les *business killers* n'ont qu'un principe : la satisfaction des actionnaires. Comment en est-on arrivé là ?

L'ère de l'information : la nouvelle jungle

Notre civilisation a-t-elle basculé en 1989 ? C'est bien en tout cas la fin des conflits idéologiques qui nous a fait prendre conscience que notre monde avait changé. La déroute du communisme a marqué le triomphe du capitalisme. Un capitalisme rassuré par sa victoire et revigoré par un nouveau cycle de développement qui s'appuie, à l'époque, sur l'essor des nouvelles technologies de la communication. Sans vraiment le savoir, nous sommes alors

---

1. Cnuced (Conférence des Nations unies sur le commerce et le développement), tad/inf/pr47 (12/08/02).

passés de l'ère industrielle à l'ère de l'information, nouvel Eldorado de l'aventure humaine. Les technologies de la communication ont bouleversé notre société et changé nos mentalités. Au point que l'on peut parler de révolution de l'information. Révolution qui ne fait que commencer et dont les effets à long terme demeurent inconnus.

Le début du phénomène remonte, pour le grand public, aux années 90, suivies rapidement par une accélération stupéfiante du changement. Les loisirs, les entreprises, les métiers, les rapports humains... la société entière mue sous les coups des innovations qui s'enchaînent. L'électronique, l'informatique et les télécommunications se fondent pour donner naissance au tout numérique, véritable moteur du progrès technique et des évolutions sociales. Grâce au numérique, sons, images et données peuvent être transmis simultanément. C'est le temps des autoroutes de l'information qui permettent au monde de se connecter vingt-quatre heures sur vingt-quatre. De Sydney à New York, de Stockholm à Johannesburg, les hommes s'affairent sans intervention ni contrôle d'un État. Le tout par la grâce d'Internet, un réseau de télécommunications mis au point par l'armée américaine et cédé à l'humanité pour le plus grand bien de l'industrie numérique d'outre-Atlantique.

Le monde va donc se saisir de ce nouvel outil. Un chercheur du Centre d'études et de recherches nucléaires (CERN) de Genève crée le langage hypertexte et démocratise le surf virtuel. La planète entière est conviée à naviguer sur les vagues informationnelles du réseau des réseaux. Des quatre ordinateurs universitaires branchés en 1968, aux 100 000 connexions de 1989, on est passé à des centaines de millions d'ordinateurs connectés aujourd'hui. Bienvenue dans la société de l'information. Recevez, émettez, quand vous voulez, où que vous soyez pour un coût modique. « La démocratie, c'est un ordinateur par personne », scande au cours des années 90 le père du Macintosh, Steve Jobs. Tyrannie et ordinateur : on verra plus tard que ce couple aussi peut faire bon ménage. En attendant, l'ordinateur triomphe partout, chez le particulier comme dans l'entreprise avant de conquérir plus difficilement l'administration. En douceur ou par à-coups, les nouvelles technologies de l'information et de la communication (NTIC) bouleversent des pans entiers de la société. « La technologie participe du démantèlement de la vision même du monde qu'elle nourrissait dans le passé [1]. » Notre petite planète bleue n'est plus qu'une gigantesque Toile. Progrès ou piège ?

C'est sur l'économie que l'impact des nouvelles technologies est le plus profond. Pour une raison essentielle : les NTIC marquent le triomphe des investissements immatériels. « Les nations entrent dans une nouvelle ère géostratégique caractérisée par la maîtrise des flux de savoir et de connaissance qui est devenue l'une des variables essentielles de la compétitivité et du développement économique, l'ingrédient de la richesse », écrivent Philippe Clerc et Rémy Pautrat [2]. Qui dit immatériel dit aussi externalisation des moyens de production. Un problème sur votre ordinateur acheté en France ? Passez un coup de fil à un technicien qui se trouve en Irlande ou aux Philippines. Vous souhaitez publier l'annuaire des anciens de votre école ? Les petites mains sympathiques et rigoureuses de Dacca vous assurent le travail… C'est l'ère de la société en réseau si bien décrite par Manuel Castells. « Le capitalisme connaît une restructuration totale, caractérisée par : une gestion plus souple ; la décentralisation et la mise en réseau d'entreprises, tant en leur sein propre que dans leurs relations avec d'autres firmes ; une emprise considérable du capital sur le travail ; l'accélération de la concurrence économique mondiale [3]… » Le marché traditionnel se meurt et ressuscite en réseaux. Le monde devient un « village global » où les entreprises échangent des 0 et des 1, langage basique du commerce électronique.

Certes, la bonne vieille loi du commerce reste d'actualité : il faut toujours acheter à bas prix pour vendre cher. Pour ce faire, l'entreprise ajoute de la valeur afin de créer de la richesse. La nouveauté,

---

1. *The Crisis of the self in the age of information : computers, dolphins and dreams*, Londres, Routledge, 1994.

2. *De l'intelligence économique à l'économie de la connaissance*, Bernard Guilhon et Jean-Louis Levet (dir.), Economica, 2003.

3. Manuel Castells, *La Société en réseaux*, Paris, Fayard, 1998.

c'est que cette valeur est de plus en plus immatérielle. Le défi pour les sociétés consiste alors à protéger et valoriser leur patrimoine numérique pour le faire fructifier. Mais ce nouvel Eldorado a les défauts de ses qualités : il est rapide, parfois trop rapide pour l'homme. C'est un dévoreur de temps. Il a fallu une trentaine d'années pour implanter la radio dans les foyers, une quinzaine d'années pour le téléviseur, moins de trois ans pour le transistor et tout juste une année pour le CD. La technologie est tout aussi rapide quand il s'agit de cannibaliser sa propre progéniture. Le cycle de vie d'un produit est de plus en plus court. Plus du tiers du PNB américain est nourri par des produits qui n'existaient pas il y a quinze ans [1]. En 1996, le directeur du développement de Sun Microsystems estimait que, chaque année, 20 % des connaissances de son entreprise étaient dépassées [2]. Il faut donc faire vite, créer des produits toujours plus innovants pour battre la concurrence. « Face à la nature des changements concurrentiels, note Éric Denécé [3], la vitesse de réaction devient un facteur clé de la stratégie. Elle détermine la rapidité avec laquelle une entreprise va inventer de nouvelles technologies ou les intégrer à ses propres pratiques. »

Le véritable pouvoir : la connaissance

Francis Bacon l'avait compris le premier, il y a près de quatre cents ans. La connaissance est bien le vrai pouvoir. Aujourd'hui, c'est l'arme absolue des marchés. Celle qui garantit la victoire économique. Alors, forcément, toutes les entreprises sont à sa recherche. Mais, dans cette quête, le Graal n'a pas la même nature. Jamais figée, la connaissance est toujours en évolution. D'où les tensions entre les acteurs pour se l'accaparer. D'elle dépendent les

1. Patrice Allain-Dupré et Nathalie Duhard, *Les Armes secrètes de la décision*, Gualino, 1997.

2. *New York Times*, 03/06/1996.

3. *Le Nouveau Contexte des échanges et ses règles cachées : information, stratégie et guerre économique*, Paris, L'Harmattan, 2001.

capacités de l'entreprise à réagir au marché, à orienter ou réorienter ses investissements. Bref à innover. Juste une question de survie. C'est elle qui donne le ton de la compétition internationale. Sans la connaissance, impossible d'espérer se faire la moindre petite place dans le cirque économique. Sans elle, c'est la mort commerciale assurée. La connaissance demande de l'attention, beaucoup d'attention. Il faut y consacrer de l'énergie tout comme aux quatre autres richesses traditionnelles de l'entreprise (humaine, financière, commerciale et technique). Reste à savoir comment l'acquérir.

L'information est le fondement de la connaissance. « L'entreprise qui est en train de naître sous nos yeux, remarque Peter Drucker, le pape du management, possède un squelette, c'est l'information, à la fois système d'intégration et articulation de l'entreprise [1]. » Il s'agit donc de faire fonctionner ce squelette. La première idée consiste à utiliser les moyens légaux en investissant dans la recherche fondamentale ou appliquée et en surveillant son environnement concurrentiel. Avec du temps et de l'argent, c'est possible. Mais quand l'un des deux ou les deux viennent à manquer, l'entreprise peut être tentée de contourner certaines règles et d'emprunter ainsi la deuxième possibilité qui conduit vers les chemins de traverse souvent déloyaux, voire illégaux. Dans cette jungle économique, le plus fort n'est pas forcément le plus gros mais le plus malin. Celui qui sait avant tous les autres. Évident ? Pas tant que cela. En 2001, trois économistes américains ont reçu le prestigieux prix Nobel pour leurs travaux sur « l'asymétrie de l'information ». George Akerlof, Michael Spence et Joseph Stiglitz ont été récompensés pour leurs études sur les rapports qu'entretiennent les acteurs économiques en fonction des informations que possède chacun. Leurs conclusions ne surprendront pas : les plus informés sortent à tous les coups vainqueurs des compétitions économiques. Aujourd'hui, près de 95 % de l'information est librement accessible. Les 5 % restants sont à l'origine de la guerre entre les acteurs économiques. Une guerre d'autant plus âpre que tous les repères ont disparu.

---

1. *Devenez manager*, Village mondial, 2002.

Après la chute du Mur, le choc des économies

A l'orée des années 90, dans l'une de ses chansons, Jean Ferrat posait la question: la jungle ou le zoo? L'Homme a choisi. Il préfère la jungle capitaliste au zoo communiste, la compétition économique à la lutte des classes. Il n'est pas dans notre propos d'analyser les raisons de la chute de l'Union soviétique. Depuis une quinzaine d'années, les historiens ont présenté plusieurs thèses. Nous pouvons seulement constater que sa fin marque aussi celle d'un monde bipolaire. Un monde stable qui a régi le système international durant la seconde moitié du XXe siècle. Comme la nature, l'Histoire a horreur du vide, encore moins d'une chimérique finitude. A ce monde bipolaire figé s'est substitué un système international brouillé, désordonné, instable et imprévisible, dominé par l'hyperpuissance américaine. Mais ni les États-Unis ni la Russie n'ont les moyens de faire le ménage parmi les nombreux conflits qui émergent après 1991. L'ex-Union soviétique a perdu la laisse qui la liait à ses anciens alliés. Quant aux États-Unis, ils hésitent à exposer leurs boys dans le moindre conflit. Résultat, les crises qui débouchent parfois sur des guerres: Rwanda, Gabon, Koweït, Yougoslavie, Zaïre, Somalie, Israël/Palestine, Sarajevo, Kosovo… se multiplient.

Pendant que le reste de la planète s'entredéchire, l'Occident, délesté du poids de la guerre froide, doit affronter de nouveaux défis. La problématique géopolitique étant quasiment réglée, un nouveau front s'ouvre: celui de la géo-économie. Dans ce jeu, les alliés, hier soudés contre un ennemi commun, peinent à trouver leurs nouvelles marques. Alliés politiques jusqu'en 1989, concurrents économiques aujourd'hui. L'absence de l'ogre soviétique a laissé un vide rapidement comblé par les divergences économiques. Outre les acteurs étatiques, il faut aussi compter avec de nouveaux entrants: institutions, entreprises, ONG, mafias, mouvements religieux, groupes terroristes… Bref, la donne se complique. Les États perdent le monopole de la puissance au profit de nouveaux acteurs qui réclament leur part du gâteau. Pour Bertrand

Badie, spécialiste des relations internationales, « la fin du XXe siècle n'a pas mis un terme à l'histoire des États, dont la puissance s'est même trouvée renforcée à bien des égards : elle a en revanche éteint le quasi-monopole dont ils jouissaient en leur qualité d'acteurs internationaux [1] ».

Bienvenue dans le monde multipolaire. La victoire du monde libre sur l'utopie meurtrière soviétique n'a pas mis fin aux affrontements. Elle les a multipliés en Afrique, en Asie, au Moyen-Orient, parfois au cœur même de l'Europe, et déplacés sur le champ économique. Au point de déclencher une véritable guerre d'un nouveau genre. D'abord larvée jusqu'à la moitié des années 90, puis largement ouverte depuis. Cette guerre aux parts de marché est bien le nouveau paradigme qui actionne le comportement des États et des entreprises. Croître toujours au détriment de ses concurrents, à coups d'OPA hostiles ou négociées. Une seule issue pour survivre : rester à la pointe de la technologie pour bénéficier d'une longueur d'avance sur l'adversaire. D'où la place primordiale de l'information dans les batailles économiques où chacun doit tenir son rôle. L'entreprise innove et exporte. L'État protège et encourage. Simple mais difficile à mettre en place. Une question de mentalité.

Chez nous, Latins, la culture du renseignement n'est pas franchement un automatisme. En revanche, dans les pays anglo-saxons, nordiques et asiatiques, elle est largement ancrée dans les habitudes. A l'étranger, quand il faut vendre un produit, gagner un appel d'offres, conquérir un marché, les forces vives du pays se mettent en branle pour atteindre l'objectif. Chez nous, l'entreprise a tendance à se battre seule. Un regret maintes fois formulé par nos interlocuteurs au cours de cette enquête.

---

1. *La Diplomatie des droits de l'homme*, Paris, Fayard, 2002.

Nos généraux méprisent le commerce

Un exemple récent tiré du domaine des ventes d'armes, secteur où l'État est particulièrement engagé, nous est rapporté par un spécialiste de la technologie militaire française. Ce cadre de haut niveau a eu du mal à accepter la manière dont la France a perdu un marché face aux Américains. « Lorsqu'il a fallu rencontrer les parlementaires hollandais pour leur vendre un hélicoptère militaire, les Américains ont envoyé leurs généraux bardés de médailles, héros de la guerre du Golfe de 1991. Devant la commission statuant sur les achats de matériels militaires, ces hommes ont su vanter les mérites de leur engin, l'Apache. Et tant pis si cet appareil était plus cher, plus lourd en maintenance et surtout moins furtif que le concurrent européen, le Tigre. Ces braves soldats se fichaient de la furtivité car jamais, répétait l'un des généraux américains, un de ses Apaches n'a été localisé par un radar irakien… Argument léger, irrationnel même, mais très efficace. En face, les ingénieurs civils de l'industrie militaire européenne avaient moins de prestance avec leurs arguments techniques et commerciaux. Pourquoi la France n'a-t-elle pas envoyé ses propres héros ? Pas dans les habitudes des fiers soldats de la patrie. Pourtant, la patrie n'est-elle pas en danger quand des centaines d'entreprises ferment, faute d'avoir su écouler leurs produits, entraînant le gonflement des statistiques de l'ANPE ? Il fut un temps où les élites civiles et militaires se sentaient concernées par ces questions de basses économies.

Guerre économique : une vieille histoire

L'Histoire montre que si le concept de guerre économique est nouveau, la pratique du renseignement à des fins commerciales ne l'est pas. Dès la fin du Moyen Age, certains banquiers européens avaient créé leurs propres services de renseignement. Prêtant aux États, ils avaient besoin de se tenir informés de leur évolution politique et du développement de leur potentiel économique. Fins spéculateurs, il leur fallait également prévoir les événements susceptibles d'influer sur le cours des monnaies et des marchandises.

Pour déclarer les hostilités de la guerre de Cent Ans, Édouard III d'Angleterre a besoin de beaucoup d'argent. Il se tourne alors vers deux banquiers florentins, De Bardi et Peruzzi, auprès desquels il sollicite un emprunt de 130 000 florins. Avant de se prononcer sur ce prêt énorme, les deux hommes demandent un temps de réflexion. Ils envoient leurs agents en Angleterre et en France pour enquêter sur l'état des armées, la valeur des généraux, le moral des troupes et les sentiments de la population. Convaincus par les rapports de leurs experts de la supériorité de l'Angleterre, ils lui accordent le prêt. L'Histoire a confirmé leur diagnostic et leur intuition. Édouard III remporte la victoire de Crécy. Mais le triomphateur ne respecte pas sa parole et les banquiers ne reverront jamais la couleur de leur argent.

Parallèlement, la pratique du renseignement à des fins économiques se développe à Venise. La grandiose cité lacustre cherche, dès le début de son histoire, à acquérir l'information économique indispensable à l'affaiblissement de sa rivale génoise. Elle surveille également les marchands des villes allemandes de la Baltique, lesquels mettent en place, à partir du XIIIe siècle, un véritable réseau de renseignement et d'influence commerciale : la Ligue hanséatique. Puis, toujours en Allemagne, au XVIe siècle, les banquiers Fugger mettent en œuvre une véritable politique d'information organisée. La qualité de leurs agents et leur sens des réalités économiques font l'admiration de tous. Les portes des châteaux et palais princiers leur sont largement ouvertes tant leur réputation est grande à l'époque. En 1514, lors de l'élection du Saint Empereur romain germanique, ils jouent la carte de Charles Quint, qui l'emporte grâce à leurs subsides, plutôt que celle de François Ier, pourtant plus puissant à l'époque [1].

En France, au cours des siècles suivants, Richelieu et Colbert

---

1. Jean-Pierre Alem, *L'Espionnage, histoire, méthodes*, Lavauzelle, 1987, p. 239-240.

multiplient les initiatives dans le domaine du renseignement économique. Ils sont suivis plus tard par Napoléon qui fonde la Société d'encouragement pour l'industrie nationale, chargée du recueil d'informations économiques à l'étranger sur les technologies que ne possède pas la France. L'autre nom célèbre de l'époque est celui de Nathan Rothschild. Le banquier institutionnalise les réseaux de renseignement bancaire et professionnalise leurs activités à des fins publiques et privées. L'objectif du puissant service de renseignement des Rothschild vise essentiellement la chute de Napoléon. Il est mis à la disposition des Anglais pour les aider à lutter contre l'empereur. Les Rothschild sont intimement persuadés que la politique napoléonienne entraîne l'Europe à la ruine. Et leur entreprise par conséquent. Ce service de renseignement s'appuie alors sur les principaux établissements financiers des Rothschild à Francfort, Londres, Paris, Vienne et Naples. Les agents, dont le nombre dépasse deux cents, sont des royalistes français. On trouve également des Anglais, des Allemands et des Hollandais. Ils lui permettent également de réaliser un formidable coup de bourse en 1815, en exploitant une information historique. Grâce à son réseau, Nathan Rothschild est informé de l'issue de la bataille de Waterloo avant les autorités britanniques. Pendant quelques heures, il vend les titres de rente du gouvernement anglais, provoquant l'effondrement des cours. Puis il les rachète massivement. La nouvelle de la victoire arrivant à Londres, les titres remontent vertigineusement, enrichissant considérablement l'auteur de cette opération [1]. Un formidable coup de bluff qui fera école les siècles suivants. Parlait-on à l'époque de guerre économique ? Pas encore.

C'est un auteur russe qui développe le concept de guerre économique au début du XXe siècle. Boukharine explique dans son livre, *L'Économie mondiale et l'Impérialisme*, la fin du capitalisme. Sa thèse est simple et radicale. Pour cet auteur marxiste, les économies capitalistes vont former un seul et unique marché financier. La quête éternelle du profit maximum va ainsi obliger les États à intervenir pour soutenir leurs multinationales sur les

1. *Ibid.*, p. 35.

marchés intérieurs et extérieurs. Alors les rivalités se développeront et la guerre économique se transformera en conflit armé.

En 1942, J. A. Schumpeter rejette cette thèse de la « concurrence destructrice [1] ». Il admet toutefois que la compétition entre multinationales puisse être parfois assimilée à une guerre économique, mais il n'en fait pas un risque mortel pour le capitalisme. Au contraire, partant du principe qu'un monopole n'est pas éternel, il estime que les luttes entre firmes géantes sont bénéfiques au bien-être collectif.

Plus proche de nous, des chercheurs comme Krugman [2] mettent en garde les dirigeants politiques et économiques contre les méfaits d'un débat essentiellement axé sur la guerre économique. Ce qu'il appelle « l'obsession de la compétitivité » peut entraîner les effets inverses de ceux recherchés. A trop vouloir se défendre et attaquer, on prend le risque d'affaiblir l'économie nationale. « Un pays n'est pas une entreprise », scande Krugman [3], pour qui le patriotisme économique est une aberration et une menace qui peut entraîner de véritables conflits commerciaux avec les autres pays. Sur ce point, il n'est pas loin de rejoindre Boukharine…

De son côté, Richard A. D'Aveni, professeur de management stratégique aux États-Unis, estime que les relations entre multinationales ressemblent aux rapports de forces Est-Ouest du siècle dernier. Dans une conférence donnée le 25 juin 2003 au Sénat, ce gourou de la guerre économique expliquait comment une grande entreprise pouvait « créer une zone de calme dans son espace concurrentiel afin de tenir les Barbares *(sic)* à distance ». Pour D'Aveni, l'économie est un champ de bataille. Selon lui, la sphère d'influence d'une entreprise équivaut à « son arsenal concurrentiel, avec ses différents éléments pour la défense, l'attaque et l'artillerie de réserve ». Il parle « d'attaquer son concurrent, de le tailler en pièces, le neutraliser ou l'envahir… ». Mais pour éviter

1. *Capitalisme, socialisme et démocratie*, Payot, 1942.
2. « Competitiveness: a dangerous obsession », *Foreign Affairs*, 1994, vol. 73.
3. « A country is not a company », *Harvard Business Review*, janvier-février 1996.

«une guerre totale», il appelle les multinationales à s'entendre «plutôt que d'en venir à une destruction mutuelle et brutale». Vive la compétition économique!!!

Japon: le premier guerrier économique

Au début des années 90, les loups de cette hypercompétition sont nombreux et particulièrement affamés. A leur tête: le Japon, dont l'économie fait la nique au monde entier. Wall Street, le palais Brongniart, la City... toutes les places boursières vantent les mérites de l'économie triomphante japonaise. Même les États-Unis semblent paralysés par l'appétit économique et l'efficacité commerciale du pays du Soleil levant. Tokyo est la nouvelle Mecque du capitalisme qu'il faut copier. Admiré et craint à la fois – car le Japon est un vampire économique. Son développement rapide après la défaite de 1945 s'explique en grande partie par l'implacable efficacité de son système économique, basé sur une étude précise et continue de son environnement national et international, accompagné d'une formidable cohésion nationale qui permet à la nation tout entière d'agir dans la même direction. Le patriotisme économique est élevé au rang de priorité nationale. Grâce au fameux MITI, le grand ministère du Commerce international et de l'Industrie, aucune innovation technologique n'échappe aux Japonais. La mécanique parfaitement huilée permet de se procurer les innovations au moindre coût, pour le plus grand profit de l'économie japonaise.

Devinette: comment un pays qui ne brille pas au palmarès des grosses têtes version prix Nobel et qui ne figure pas dans le Guinness pour le record de brevets déposés peut-il, à l'orée de la dernière décennie du XXe siècle, se trouver à la pointe dans la plupart des secteurs technologiques? Réponse: le Japon est un pays particulièrement vorace. Il dévore et digère avec une efficacité redoutable toutes les informations. A elle seule, la firme électronique Matsushita achète dans les années 90 près de 50 000 brevets. Et quand ces précieux modes d'emploi technologiques ne sont pas accessibles, alors les Japonais se débrouillent autrement pour les récupérer.

A l'époque, une de leurs meilleures techniques consiste à passer commande d'un exemplaire d'un produit tout en faisant miroiter à l'industriel d'alléchantes perspectives d'achats. Évidemment, les carnets de commande restent vides tandis que les Japonais décortiquent le produit pour le copier *(reverse engineering)*. C'est ainsi que le savoir-faire européen et américain est pillé dans des secteurs aussi variés que les locomotives, les motos, les machines-outils, les navires marchands…

Face à leurs concurrents, les Japonais ne sont jamais à court d'imagination pour les déstabiliser. Dans son livre consacré aux services secrets japonais [1], Roger Faligot rappelle la manière dont les intérêts de Michelin ont été traités en 1969. Cette année-là, la France est au centre d'un scandale qui concerne son service d'espionnage et un célèbre présentateur de télévision. Les deux sont cités dans une affaire de drogue. Les Japonais du groupe de pneumatiques Marubeni en profitent alors pour lancer le slogan *«Severe the french connection»* (rompez le lien avec la France). Les mots *french connection* (titre d'un film policier de 1971) font référence à une filière française de trafic d'héroïne entre Marseille et New York.

Difficile dans ces conditions d'évoquer un quelconque miracle économique japonais. Ce miracle n'a rien de divin. Il est le fruit d'un travail et surtout d'une mentalité particulière. Le Japon est le premier pays industriel à faire de l'information une matière première. Au pays des samouraïs, l'information fonde une culture collective. Tous les salariés, de l'ouvrier aux cadres dirigeants, savent qu'elle est le moteur de l'économie concurrentielle. Cela date de l'ère Meiji, quand il a fallu défendre l'identité de la civilisation nippone face aux invasions occidentales. En 1945, au lendemain de la défaite, cet état d'esprit permet au pays de relever les défis économiques et de maintenir sa place de leader régional.

---

1. Roger Faligot, *Naisho, enquête au cœur des services secrets japonais*, Paris, La Découverte, 1997.

L'outil principal de cette résurrection s'appelle le MITI, le ministère du Commerce extérieur et de l'Industrie. Un véritable mythe pour les autres pays. Mille fois étudié, jamais copié avec succès, le MITI conduit, dès les années 50, les politiques de reconquête dans les secteurs de l'automobile, des biens d'équipement, de la sidérurgie, de la chimie… Est-ce un hasard si l'ancêtre du MITI est l'ancien ministère des Munitions, qui fournissait la logistique militaire durant la guerre et si les fondateurs du MITI sont d'anciens membres des services de renseignement? Les 15 000 fonctionnaires du ministère baignent dans la culture du renseignement. Laquelle est inculquée à toutes les entreprises, des grands conglomérats aux PME-PMI. Résultat: même en vacances, le Japonais fait souvent du renseignement. «Les touristes mitraillent sans relâche lors de leurs séjours éclairs en Europe et aux États-Unis. Quand ils rentrent chez eux, ils vendent leurs photos souvenirs à de petites agences d'un genre spécial qui achètent absolument tout. Elles les classent thématiquement, et des firmes viennent acheter ces clichés selon leur centre d'intérêt [1].» On ose à peine imaginer les méthodes des services de renseignement japonais… Tout le pays joue au jeu de go avec l'Occident. «Pas de lutte, d'agression directe comme aux dames ou aux échecs: un étouffement progressif, insidieux», écrivent Jean-Bernard Pinatel et Michel Manceau dans un brillant essai sur les forces et les faiblesses du système économique japonais paru en 1992 [2].

Le réveil de l'Amérique

Au début des années 90, l'ennemi économique, c'est bien le Japon. Les Américains en sont persuadés par la lecture d'un rapport commandé à la CIA en 1991. Les conclusions de «Japan 2000» sont tellement dures à l'encontre de l'allié asiatique que la CIA tente d'étouffer son propre rapport. En quoi «Japan 2000»

1. *Ibid.*
2. *Les Ombres japonaises*, Paris, Denoël, 1992.

apparaît-il si sulfureux? «La stratégie du Japon, formulée et conduite par une élite et par une bureaucratie polyforme et protéiforme, est axée sur la conquête, le contrôle et l'utilisation de la puissance. Toutefois, la puissance du Japon n'est pas construite sur une supériorité militaire, mais essentiellement sur la connaissance et sur la technologie de l'information. L'acquisition de la connaissance, ressource perpétuellement renouvelable, a été et demeure toujours un fantastique atout de supériorité en faveur du Japon sur le plan économique». L'encombrant allié est bien la principale menace pour l'économie américaine. Avec ce rapport, les États-Unis semblent tomber des nues. Les Américains découvrent la concurrence internationale. Pire, ils constatent que des alliés prétendent rogner aux États-Unis son leadership économique [1]. «Japan 2000» va bousculer «la vision optimiste du monde» qu'ont les Américains et «qui leur donne un faux sentiment de sécurité et les empêche de réagir convenablement pour protéger leurs intérêts nationaux».

Convenablement? Cela reste à voir. Car, à partir de 1991, les Américains décident d'entrer en guerre économique. Plus question de laisser filer les technologies industrielles, indispensables à la sécurité nationale. L'Amérique verrouille et lance la contre-attaque qui s'étalera tout au long des années 90 et dont les effets se font sentir aujourd'hui. Certes, elle ne part pas de zéro. La culture de l'information existe dans les grandes entreprises. Le géant de l'automobile General Motors possède depuis les années 50 un service interne chargé de la surveillance des concurrents. Ce service dont les fonds équivalaient à l'époque au budget des services de renseignement extérieurs de la France n'a qu'un inconvénient: il est essentiellement consacré à la concurrence interne. Les entreprises américaines n'ont pas vu venir le danger de l'extérieur. L'Américain étant très individualiste, il n'existe pas aux États-

1. Selon Pat Choate, ancien haut fonctionnaire sous Nixon, Ford et Carter, le Japon contrôlait à l'époque 25 % des échanges quotidiens à Wall Street, fabriquait la moitié des machines-outils ainsi qu'un tiers des voitures conçues aux États-Unis. Pat Choate, *Agent of Influence*, New York, Knopf, 1990.

Unis une culture collective de l'information. Ce sera la première tâche de l'État que d'y remédier. Avec succès, on le verra dans le chapitre 8. Deuxième objectif assigné par les autorités politiques de l'époque : renforcer le patriotisme des Américains, plus particulièrement des dirigeants d'entreprises. C'est l'occasion de s'interroger sur le rôle des multinationales. En 1993, le Congrès publie un rapport sur les intérêts communs entre les géants économiques américains et la bonne santé économique du pays. Après avoir étudié le système japonais et celui des États-Unis, les sénateurs appellent les multinationales américaines à plus d'esprit patriotique. Ils leur demandent expressément « de faire leurs affaires au pays, de travailler avec les entreprises locales pour créer des emplois et de la richesse et de consacrer leurs bénéfices en priorité au bien-être des citoyens américains [1] ».

Aujourd'hui, de retour au premier plan, l'Amérique ne compte plus lâcher la moindre miette du gâteau. Son dispositif est à présent rodé qui allie puissance militaire et puissance économique [2]. Les concurrents sont prévenus. Dans un monde en paix, la défense des intérêts économiques des États-Unis est la priorité nationale, suivie depuis le drame du 11 septembre par la lutte antiterroriste. Le reste du monde sait à quoi s'en tenir.

Pas question pour autant de se contenter des miettes que les Américains voudront bien laisser. Le Japon, aujourd'hui moribond, veut rebondir ; idem pour ses voisins asiatiques qui sortent péniblement de la crise ; l'Allemagne, qui n'a pas encore digéré ses *Länder* de l'Est, n'a pas dit son dernier mot. La Chine, avec son marché intérieur de plus d'un milliard quatre cents millions de « consommateurs », attend patiemment son tour. *Quid* de la France ? Silence, elle réfléchit à la question…

1. Office of technology assessment, *Multinationals and the national interest*, US Congress, 1993.
2. Voir chapitre 8.

Chapitre 3

Intelligence économique : le retard français

> «Notre époque résonne telle une porte close et nous comment fait-on sur quelle idée l'on se repose.»
>
> TARMAC

«Messieurs, je peux vous annoncer que Philippe C. se trouve derrière les barreaux.» Sûr de lui, fier de l'effet qu'il vient de susciter dans l'assistance, Guy Baron est persuadé que l'information qu'il vient de livrer est capitale pour l'avenir de l'intelligence économique française. Guy Baron s'adresse aux membres de la commission Intelligence économique de l'Institut des hautes études de la sécurité intérieure (IHESI), dont il est membre. Lors de la dernière réunion, cette commission s'était penchée sur un article, rédigé par l'un des auteurs de ce livre, et qui détaillait les méthodes d'une opération de renseignement commercial particulièrement originale [1]. Il expliquait comment Philippe C., un consultant en intelligence économique, procédait pour récupérer des informations sur les concurrents de son client.

Plutôt que de se livrer à une longue enquête pouvant attirer l'attention de la concurrence (comme l'aurait fait une société de marketing), Philippe C. décide d'organiser une fausse campagne de recrutement avec l'aide d'un petit cabinet de ressources

1. Ali Laïdi, in *L'Express* du 1er avril 1999.

humaines, dont le dirigeant est un ami de son client. Philippe C. conçoit ainsi une fausse offre d'emploi, spécialement rédigée pour attirer dans le piège les cadres commerciaux des entreprises ciblées. La fausse annonce est particulièrement alléchante (fonctions et revenu attractifs). Au cours des nombreux entretiens qui s'ensuivent, grâce à sa maîtrise des techniques d'interview et de *debriefing*, Philippe C. recueille toutes les informations nécessaires auprès de ces cadres bavards et vantards, intéressés par le poste (on parle d'agents inconscients). Mais, bien sûr, aucun recrutement n'a lieu. A l'arrivée, le client de Philippe C. récupère une série d'informations confidentielles sur la stratégie commerciale de ses concurrents. Au passage, il identifie ceux de ses commerciaux qui se sont rendus à cet entretien et qui parlent trop ! Un vrai jeu d'enfant. Peu éthique, voir illégal, mais terriblement efficace. Aujourd'hui, ces méthodes n'ont pas disparu. Dans une affaire récente opposant deux géants de l'agroalimentaire, un cabinet d'intelligence économique a fait appel à une véritable société de chasseurs de têtes pour effectuer ce genre d'opérations. Une couverture idéale.

Revenons à Guy Baron. L'homme est donc satisfait d'annoncer à ses collègues que l'auteur de ces scandaleuses pratiques a été arrêté, car celles-ci vont à l'encontre de sa morale. Il croyait de bonne foi que Philippe C. – il s'agit évidemment d'un pseudonyme – avait été appréhendé. Or, il n'avait même pas été soupçonné !

Cette anecdote témoigne des rapports ambigus que nos élites entretiennent avec l'intelligence économique. Pas question de reconnaître la part d'ombre qu'elle recèle. En 1994, dans le rapport du Commissariat général au Plan [1], l'intelligence économique est définie « comme l'ensemble des actions coordonnées de recherche, de traitement et de diffusion (en vue de son exploitation) de l'information utile aux acteurs économiques ». Ce rapport admet quatre degrés de complexité pour recueillir l'information :

1. *Intelligence économique et Stratégie des entreprises*, travaux du groupe présidé par Henri Martre, La Documentation française, 1994.

primaire, secondaire, tactique (dite de terrain) et stratégique. Du bout des lèvres, les auteurs du rapport Martre admettent qu'au dernier niveau « l'entreprise ou l'individu peut être tenté de transgresser ses propres standards *(sic)* éthiques et (d')utiliser des moyens illégaux ». C'est ce côté « obscur » de la force qu'il est difficile d'admettre. Pourtant tout le monde en est conscient : jamais une guerre n'a été menée en gardant les mains propres. Un non-dit qui remonte aux origines de l'intelligence économique en France.

De la veille technologique à l'intelligence économique

Dans ce bon pays cartésien qu'est la France, tout commence dans les années 70 par les recherches d'un ingénieur des Mines. Thierry Gaudin travaille pendant vingt ans sur l'innovation au sein du ministère de l'Industrie. On lui doit notamment la création du Salon international de l'innovation Inova et la réforme de l'Anvar (Agence nationale de valorisation de la recherche) en 1979. Sa touche personnelle est simple : il décentralise le système et régionalise l'aide aux entreprises qui innovent. Simple mais efficace, les entreprises, sensibilisées aux aides, s'intéressent à l'innovation. Ce qui les oblige à observer leur environnement. Ainsi, comme monsieur Jourdain, les entreprises font de la veille technologique, sans même s'en rendre compte. L'État tient à appuyer ces initiatives en mettant en place des outils pour les aider : les Chambres de commerce et d'industrie créent les Agences régionales d'information scientifique et technique (Arist), censées soutenir les petites et moyennes entreprises et, dans chaque région, un délégué aux relations industrielles anime les rencontres entre industriels et chercheurs. En 1982, Thierry Gaudin rejoint le ministère de la Recherche et de la Technologie. Sa mission : créer le Centre de prospective et d'évaluation (CPE), dont la vocation consiste à surveiller le patrimoine technologique.

Pourquoi 1982 ? L'année précédente, la France a élu un socialiste à l'Élysée. François Mitterrand et ses collaborateurs découvrent alors un étrange dossier livré par la DST, le service de contre-espionnage. Il est intitulé Farewell, du nom de code d'un officier du KGB qui livre des informations de premier ordre aux Français. Les pouvoirs publics apprennent alors que les Soviétiques possèdent des agents infiltrés au cœur du tissu économique de la plupart des pays occidentaux, dans le but de voler leurs secrets technologiques. Farewell, de son vrai nom Vladimir Vetrov, est exécuté d'une balle dans la tête le 23 janvier 1985, dans la prison de Lefortovo à Moscou. Traître pour les Soviétiques, héros pour la France, Vladimir Vetrov a réveillé les consciences assoupies des démocraties occidentales face au fléau de l'espionnage économique. Grâce à lui, la France peut évaluer le danger et anticiper les risques. Mais elle ne perçoit pas encore les véritables enjeux de société que cette menace induit. Le Mur n'est pas encore tombé. Elle réagit alors de manière classique en ajoutant une nouvelle brique à l'édifice. En 1988, le ministère de la Recherche et de l'Enseignement supérieur lance le Comité d'orientation stratégique de l'information scientifique et technique. Un machin de plus…

Les quatre mousquetaires de l'intelligence économique

Heureusement, des hommes réfléchissent en dehors des cercles du pouvoir. Au début des années 90, ils sont rares à s'interroger et sont souvent taxés de patriotes ringards et zélés. Parmi eux, quatre personnalités tentent d'alerter les pouvoirs publics sur les dérives des rivalités économiques.

Le premier, Jean-Bernard Pinatel, sort des rangs de l'armée. Saint-cyrien, parachutiste, ancien général de brigade, il a également assumé les fonctions de chef des relations publiques des armées au SIRPA. En 1976, cet homme avenant et chaleureux publie un livre intitulé *La Guerre civile mondiale* (Calmann-Lévy) en collaboration avec Jacqueline Grapin, journaliste au *Monde*. L'homme est courageux, son livre paraît alors qu'il est toujours militaire. Visionnaire, son ouvrage annonce les futurs conflits économiques bien avant la disparition du bloc de l'Est. Près de quinze années avant la disparition de l'Union soviétique, il évoque la guerre économique entre les alliés d'hier. « On ne trahit bien que ses meilleurs alliés », rappelle-t-il. Et d'ajouter : « L'Europe désunie représentait un danger stratégique pour les États-Unis. L'Europe unie leur est une menace économique évidente. »

En 1992, il récidive. Il publie avec Michel Manceau un livre sur la puissance et les faiblesses du système économique japonais, *Les Ombres japonaises*, aux éditions Denoël. Aujourd'hui Jean-Bernard Pinatel codirige avec Louis Gay la société Datops, créée en 1994. Numéro un européen dans son secteur, Datops, entreprise de veille technologique, surveille l'ensemble des médias mondiaux, papier et électronique, pour le compte de ses clients grâce à un logiciel unique et performant.

Le second Cassandre se nomme Bernard Esambert. Cet ancien conseiller à la présidence de la République est l'auteur d'un livre remarqué et sans doute fondateur de la pensée française sur la guerre économique. *La Guerre économique mondiale,* paru en 1991 chez Olivier Orban, décrit un monde militairement apaisé mais économiquement en lutte. « Nous vivons désormais en état de guerre économique mondiale, et il ne s'agit pas seulement là d'une récupération du vocabulaire militaire. Ce conflit est réel... L'objet de cette guerre est, pour chaque nation, de créer chez elle emplois et revenus croissants au détriment de ceux de ses voisins. Si les économies des nations se sont fait la courte échelle lors de la période des miracles économiques des années 60 et du début des années 70, elles se font des croche-pieds depuis que la crise a fait son apparition. »

Le troisième pionnier de l'intelligence économique se nomme Philippe Clerc. Actuellement responsable de ce secteur à l'Assemblée des chambres françaises de commerce et d'industrie, il affiche un long parcours dans l'intelligence économique. Avocat de formation et créateur d'entreprises, il devient chargé de mission au Commissariat au Plan en 1992. Il est également rapporteur général du groupe de travail présidé par Henri Martre intitulé « Intelligence économique et stratégie des entreprises ». On le retrouve plus tard au secrétariat général de la Défense nationale, où il gère un groupe chargé de la compétitivité et de la sécurité économique de la France. En 1997, au côté du préfet de la région

Basse-Normandie, il met en place le premier dispositif d'intelligence économique régional. Silhouette d'éternel étudiant, personnalité ouverte et chaleureuse, Philippe Clerc est aussi un combattant. Il l'a prouvé notamment lorsqu'il était au SGDN [1].

Christian Harbulot, le quatrième homme, est le plus atypique. Mais ses particularités lui permettent de penser et d'agir en pionnier. Militant d'extrême gauche dans les années 70, étudiant à Sciences Po Paris, il faisait partie de la section d'Issy-les-Moulineaux de la Gauche prolétarienne. Une cellule d'enragés naïfs, d'utopistes radicaux, de révolutionnaires romantiques, prêts à tout pour en découdre avec l'ordre capitaliste. « Faire la révolution, ce n'était pas tellement préparer la prise de pouvoir, c'était plutôt apprendre à mourir [2]. » Maoïste convaincu, Christian Harbulot épouse la cause palestinienne. Il va même jusqu'à s'engager dans les camps d'entraînement paramilitaire du Fatah, dirigé par Yasser Arafat. De retour en France, il anime des groupes maoïstes, mais refuse la dérive terroriste encouragée par les Palestiniens. A deux reprises, il fait échouer des tentatives d'attentat en France. Malgré sa position modérée, il est recherché par la police. Il fera d'ailleurs de la prison. Puis c'est la traversée du désert. Dans les années 80, le romantisme maoïste révolutionnaire étant passé de mode, Christian Harbulot s'intéresse aux questions de renseignement économique et participe à des cercles de réflexion sur l'intelligence économique. Il devient directeur des relations avec les entreprises dans le cadre de l'Association pour la diffusion de l'information technologique (Aditech), puis il rejoint Intelco, une entité du groupe DCI (Défense conseil international). DCI est une société rattachée au ministère de la Défense, créée en 1993 dans le but de former les utilisateurs et le personnel chargé de la maintenance du matériel militaire vendu par la France. Dans la foulée, il crée la première école de guerre économique qu'il dirige encore aujourd'hui, parallèlement à sa société d'intelligence économique C4iFR.

---

1. Voir plus loin.
2. Dans son roman *Tigre de papier* (Seuil, 2002), Olivier Rolin décrit la vie de cette section d'Issy-les-Moulineaux.

Nul doute que d'autres personnalités peuvent faire partie de ce tableau d'honneur. Mais notre propos ne consiste pas à toutes les lister. Philippe Baumard, par exemple, y trouverait sa place. Enseignant et chercheur en sciences de gestion à l'université d'Aix-Marseille, il a rédigé plusieurs ouvrages sur la gestion de la connaissance, le management stratégique, les dynamiques concurrentielles, la guerre de l'information… Sa pensée a largement influencé théoriciens et praticiens de l'intelligence économique. Bien que certains de ses livres soient parfois d'accès difficile, ils sont considérés comme des références dans ce domaine.

La guerre économique : une question de culture

Christian Harbulot sait de quoi il parle. En 1992, il publie un premier livre, intitulé *La Machine de guerre économique* (Economica). Il alerte, dans un style sec et nerveux, les responsables politiques sur l'état d'impréparation de la France dans ce domaine. Le constat est sans appel : « La France se découvre mal armée pour la guerre économique. » Il pose alors la question : « Existe-t-il une machine de guerre économique française ? » Les lecteurs pressentent dès l'introduction du livre que la réponse est négative.

Pour arriver à une telle conclusion, Harbulot puise ses arguments dans l'histoire politique, sociale et culturelle de la France. Il fait référence à des auteurs célèbres tels que Albert Mathiez, Henri Hauser, Anton Zishka et Fernand Braudel pour classer les sociétés en fonction de leur type d'économie. Sa grille de lecture en recense une dizaine à travers les âges. Il classe la France dans les économies de subsistance, celles qui disposent sur leur territoire de tous les moyens de survie. Elles génèrent donc une culture défensive du renseignement, le but étant essentiellement de protéger ce dont elle dispose. Exceptionnellement, l'espionnage peut être pratiqué à l'extérieur afin de « compenser un retard technique [1] ».

---

1. Christian Harbulot, *La Machine de guerre économique*, Paris, Economica, 1992.

Allemagne et Japon appartiennent aux économies d'espace vital marquées par la pénurie de matières premières et agricoles. La culture du renseignement économique y est logiquement offensive. L'auteur ne précise pas si les États-Unis doivent être classés dans les économies impériales. Celles-ci entraînent une culture du renseignement axée sur l'influence qui vise l'allégeance des territoires conquis et des alliés. L'approche particulière et innovante des questions liées à la puissance d'un pays fait aujourd'hui de Christian Harbulot un spécialiste écouté dans les hautes sphères de l'État.

Pinatel, Clerc, Esambert et Harbulot ont le tort d'avoir raison trop tôt, car en face d'eux les élites dirigeantes restent sourdes à leurs discours.

Le rapport Martre tire la sonnette d'alarme

A la fin des années 80, le commissariat général au Plan se saisit du dossier. La commission Riboud du Xᵉ Plan se penche sur «l'Europe technologique, industrielle et commerciale [1]» avec un regard particulier sur la veille technologique et la propriété industrielle. Ces premières réflexions aboutissent à la création au sein des grandes entreprises de l'État (Elf, Total…) d'une cellule spécialement chargée de ces questions. Une initiative intéressante mais limitée. La véritable rencontre entre la France et l'intelligence économique a lieu en février 1994 via le rapport du XIᵉ Plan. C'est le fameux rapport Martre, du nom de l'ancien PDG d'Aérospatiale, qui anime au sein du Plan un groupe de travail sur la guerre économique et les méthodes mises en place par nos concurrents étrangers dans la compétition commerciale. Les conclusions du rapport sont dures. Il apparaît alors que la France, qui prétend jouer un rôle économique important dans le monde, est largement devancée par le Japon, la Suède et les États-Unis en matière de dynamisme commercial. «Face à l'efficacité des systèmes déve-

1. La Documentation française, 1989.

loppés par les partenaires/concurrents de la France, notent les rapporteurs, notre dispositif d'intelligence économique demeure très en retrait, à l'heure où la compétition sur les marchés globalisés appelle l'urgence d'une mobilisation collective des capacités offensives et défensives des acteurs économiques. » La commission Martre recommande donc un certain nombre de réformes dont la plus importante concerne l'action de l'État « qui doit jouer un rôle incitatif puissant » : décloisonnement des services ; amélioration des circuits publics d'échanges d'informations scientifiques, techniques et économiques ; système administratif réorienté vers l'entreprise ; implication des régions dans l'intelligence économique…

Parallèlement aux travaux du Commissariat au Plan, le ministère de l'Intérieur engage lui aussi une réflexion sur le sujet. La tâche est confiée à l'Institut des hautes études de la sécurité intérieure (IHESI), rattaché à la place Beauvau. En 1994, l'IHESI met en place une cellule dédiée à l'intelligence économique chargée de réfléchir à la prévention et à la lutte contre les campagnes de désinformation, d'influence et de lobbying susceptibles de déstabiliser des entreprises françaises. Guy Baron, ancien responsable de la sûreté industrielle de Pechiney, anime ce groupe qui publie un rapport la même année. S'appuyant sur des cas concrets, les rapporteurs identifient les failles et les lacunes de notre dispositif de sécurité. Ils préconisent une série de réformes touchant à tous les domaines de la société : culture, éducation et formation ; industrie et commerce ; administration… L'objectif consiste à souder les citoyens autour des risques qu'encourt l'économie si chacun ne prend pas en compte la nécessité de gérer l'information avec la plus grande attention. A la suite de cette première approche globale, le groupe de l'IHESI consacré à l'intelligence économique se penchera sur des aspects plus particuliers. Il étudiera en quoi le secteur des assurances et celui des cabinets de recrutement peuvent servir aux concurrents pour intoxiquer et manipuler des entreprises dans le but d'accaparer leurs marchés. Des études encore confidentielles que nous analysons plus loin.

Les réflexions de l'IHESI, combinées au rapport Martre, fonctionnent comme une véritable sonnette d'alarme. Chefs d'entreprise, hauts fonctionnaires, syndicats, médias, hommes politiques… saisissent soudainement les véritables enjeux de la guerre économique. L'État invite alors tous les partenaires sociaux à se pencher sur la question. Il incite les universités à étoffer leur offre de formations dans ce domaine [1] et donne lui-même le bon exemple avec la création d'une sorte de conseil de guerre économique, le CCSE.

CCSE : l'État sur le pied de guerre

« Le dispositif français actuel de recueil et d'exploitation de l'information économique stratégique est loin d'être négligeable, mais il souffre de cloisonnements multiples et d'une absence de coordination [2]. » C'est en ces termes que l'on présente au président de la République, en 1995, la création du Comité pour la compétitivité et la sécurité économique (CCSE). L'initiative en revient à Édouard Balladur, alors Premier ministre. Le CCSE tente ainsi de copier la War Room américaine, chargée de coordonner l'action des entreprises américaines à l'occasion des grands contrats commerciaux (plus de 2 milliards de dollars), militaires et civils. La War Room, chapeautée directement par la Maison-Blanche, fait appel à toutes les ressources des États-Unis pour remporter ces marchés : institutions, ministères, services de renseignement, etc. [3]. Équivalent français, le CCSE regroupait sept membres, grands patrons ou experts économiques renommés (Henri Martre, Jean Gandois, Jean-Luc Lagardère, André Lévy-Lang, Gérard Trémège, Bernard Esambert et Luc Montagnier). Ces « sept mercenaires » avaient une double mission : alerter l'État et les entre-

1. DEA d'Aix-Marseille 3, Centre d'études scientifiques de Défense de Marne-la-Vallée, etc.

2. Extraits du *Journal officiel* du 4 avril 1995.

3. *On intelligence, spies and secrecy in an open world*, Fairfax, International Press, 2000.

prises en cas d'attaques contre les intérêts économiques français et initier une véritable politique offensive et défensive de l'information stratégique. En somme, avec le CCSE, la France commence à ébaucher une véritable doctrine d'intelligence économique. Des groupes de travail de sécurité économique sont mis en place pour étudier les attaques de l'étranger sur certaines affaires telles que la vache folle, les menaces de Boeing contre Airbus, la reprise des essais nucléaires français… « Autant de dossiers qui n'intéressaient personne à l'époque », se souvient Philippe Clerc, chargé du secrétariat du CCSE. Un sentiment partagé par Marc Racine, commissaire des Renseignements généraux qui prit part aux réflexions ayant abouti au CCSE.

Et pourtant. La reprise des essais nucléaires décidée par Jacques Chirac, par exemple, a entraîné l'apparition de milliers de pages Internet appelant au boycott des produits français. Des industriels étrangers en ont profité pour déstabiliser les entreprises françaises et mettre en danger leurs investissements. « Sur certains sites, on fournissait un véritable vade-mecum de chaque produit de grande consommation avec identification des pièces d'origine française », rappelle Philippe Clerc qui tenta à l'époque d'évaluer l'impact de ces campagnes antifrançaises et de proposer une contre-attaque. Réponse des responsables politiques : pas de vagues, on ne bouge surtout pas. « Matignon a tout juste rédigé quelques pages sur son site pour rassurer les milieux économiques », regrette Philippe Clerc, aujourd'hui responsable de l'Intelligence économique à l'Assemblée des Chambres françaises de commerce et d'industrie (ACFCI). Un tableau de chasse plutôt maigre pour le CCSE.

Pourtant, Philippe Clerc reste persuadé de l'utilité de ce Comité pour la compétitivité et la sécurité économique. « Nous étions parvenus à stopper une campagne de désinformation contre la France lancée par John Fialka, un proche de Robert Steele, ancien de la CIA reconverti dans les questions de sécurité économique. » Les deux hommes préparaient une émission sur CNN pour dénoncer les capacités d'espionnage économique de la France et du Japon. Information obtenue par un professeur de l'INSEAD (grande école de commerce française) qui enseignait aux États-Unis. « Les Japonais avaient déjà mis en place les contre-feux. Nous les avons suivis. » Autre opération neutralisée par le SGDN (Secrétariat général de la défense nationale) et le CCSE : l'offensive du laboratoire Merck en France pour anticiper l'arrivée des médicaments génériques. A l'époque, le laboratoire trônait à la troisième place mondiale et entendait accroître ses prétentions. Merck avait identifié la faille du marché français : le sous-équipement informatique des médecins. Le laboratoire avait alors choisi d'avancer via sa filiale Medco pour aborder le syndicat des médecins MG France. Il opte pour une stratégie du cheval de Troie. Medco offre 20 000 ordinateurs aux membres du syndicat. Des machines livrées avec un logiciel de prescription assistée contenant évidemment les produits Merck. Alertés, les ministères concernés demandent à MG France de rompre les négociations avec Medco.

Plusieurs notes du SGDN, qui assurait le secrétariat du CCSE, ont pu ainsi mettre en garde les autorités publiques contre des attaques extérieures. Autant d'alertes qui ne constituent pas pour autant une stratégie. En décembre 1996, dans un rapport classé Confidentiel Défense remis au Premier ministre, le CCSE reconnaît que « la France n'a pas de stratégie d'ensemble cohérente et lisible ». Le même rapport prétend lui en fournir une clé en main.

En réalité, il s'agit d'une série de treize propositions qui, si elles sont pertinentes, ne forment pas une véritable doctrine économique défensive et offensive. Elles ont toutefois le mérite d'exister et surtout d'être les seules propositions concrètes faites à l'État pour renforcer sa position dans la guerre économique mondiale. Nous avons donc choisi de les présenter, même si elles font toujours l'objet d'un embargo. Certaines de ces propositions ont d'ailleurs été reprises dans le rapport Carayon, remis en juillet 2003 au Premier ministre :

1) analyser et rationaliser la production publique d'informations à destination des entreprises ;

2) recenser les savoir-faire nationaux en matière de traitement de l'information numérisée ;

3) créer un antéserveur public et parapublic sur le réseau Internet afin de rendre plus facilement accessibles les informations économiques rassemblées par l'administration;

4) développer les opérations régionales de sensibilisation et de formation des PME-PMI;

5) créer une banque de données d'experts au service des investisseurs;

6) évaluer la capacité des pouvoirs publics à intégrer l'innovation dans la réflexion (le cas de la télémédecine);

7) créer au sein de l'État un réseau d'intelligence économique;

8) mettre en réseau les *think-tanks* français;

9) identifier les organisations internationales stratégiques pour la promotion des intérêts économiques français;

10) amplifier l'accès des entreprises françaises aux financements multilatéraux;

11) évaluer l'opération «affaires civiles» réalisée en ex-Yougoslavie;

12) mettre en place un dispositif d'échange d'informations;

13) développer, en droit français, la protection du secret d'entreprise.

Il est difficile d'imaginer qu'avec cette rhétorique pompeuse les chefs d'entreprises vont se transformer en guerriers économiques. Mais revenons tout de même sur certaines propositions. La neuvième exprime la volonté du CCSE d'accentuer la politique d'influence de la France à l'étranger. Elle invite chaque ministère à établir une liste des organisations multilatérales, à identifier les postes sensibles et à suivre les panels d'experts qu'elles emploient afin de mettre en œuvre une politique ciblée sur chacune d'entre elles. Et à proposer une stratégie de pénétration et d'influence pour défendre et promouvoir les intérêts français. Intérêts qui dans ce cadre se comptent en monnaie sonnante et trébuchante : près de trente milliards d'euros en moyenne sont dépensés chaque année par les institutions internationales. La douzième proposition évoque la mise en place d'un dispositif d'échange d'informations. En fait, elle fait référence à un dispositif similaire, la War Room américaine, qui réunit une petite équipe autour du président pour aider les entreprises d'outre-Atlantique dans les grands contrats internationaux. Dans ce rapport, le CCSE constate également l'absence d'un cabinet français d'intelligence économique de taille, susceptible de concurrencer l'offre anglo-saxonne. C'est pourquoi, indiquent les rapporteurs, « les membres du Comité pour la compétition et la sécurité économique vont étudier l'intérêt de la création à partir de capitaux privés d'un cabinet français d'intelligence économique ».

Sept ans plus tard, les entreprises attendent toujours ce fameux cabinet de haut niveau. Pourtant, le marché en France est évalué à près de 200 millions d'euros par les spécialistes. Dans son édition du 6 au 19 février 2003, la revue *Intelligence on Line* publiait un top 20 des cabinets français. Un classement établi à partir de trois critères : réalité des services proposés, examen de missions facturées à des clients et avis de huit grandes sociétés. Étant donné l'opacité qui entoure ce milieu professionnel contraint à une certaine confidentialité, on peut s'interroger sur l'exactitude des informations rassemblées pour les deux premiers critères.

Quant à l'avis des grandes sociétés, il peut être sujet à caution tant l'atmosphère qui règne dans ce microcosme est particulière. Ce petit milieu est un véritable nid de vipères. Un magazine comme *Voici*, version intelligence économique, pourrait faire ses choux gras des rivalités de personnalités qui l'agitent : quand Untel n'est pas vendu aux Américains ou au Mossad, la rumeur le décrit comme incompétent ou mythomane, tel autre est présenté comme un sous-marin de la DST ou la DGSE, il faut se méfier de celui-ci car il est franc-maçon, de celui-là parce qu'il fréquente de trop près le milieu politique… Bref, on se perd dans d'épuisantes médisances en oubliant la priorité : défendre les intérêts économiques de la France.

Des sociétés privées encore fragiles

Dans la catégorie conseil stratégique et intelligence concurrentielle, c'est l'ADIT[1], établissement parapublic, qui trône en haut du tableau présenté par Intelligence on line, suivi par la Compagnie européenne d'intelligence stratégique (CEIS) d'Olivier Darrason... Dans la deuxième catégorie portant sur la gestion des risques et l'investigation, on trouve l'incontournable cabinet américain Kroll, AB Consultants d'Alain Bauer spécialisé dans les audits de sécurité publique, Circé, Cairn Executives, alors en difficulté financière... Nulle trace du cabinet Géos qui a pourtant connu une fulgurante ascension depuis sa création en 1997. La troisième catégorie concerne les sociétés spécialisées dans la guerre de l'information et l'influence. Elles sont trois à se partager cette niche: C4iFR de Christian Harbulot, AIS Eurodécision et Salamandre. Enfin, quatrième caté-gorie: la veille documentaire et technologique. On retrouve le cabinet Datops de Jean-Bernard Pinatel, ex-directeur du service de communication des armées (Sirpa), Innovation 128, Egideria... La plupart de ces structures affichent des chiffres d'affaires modestes au regard des cabinets anglo-saxons de type Kroll, qui sont de véritables multinationales. «Le monde des sociétés d'intelligence économique est disparate et entretient avec l'État des relations ambiguës faites de complicité et de méfiance», écrit Bernard Besson, commissaire aux Renseignements généraux[2]. Le milieu traîne derrière lui

1. Sans doute les prestations de ce cabinet se sont-elles améliorées. Une note de la Direction du renseignement militaire datée du 10 novembre 2000 fait part du mécontentement de l'ensemble des services de sécurité français (DGSE, DST, RG, Gendarmerie...) quant à l'emploi du logiciel d'information Planet créé par l'ADIT: «outil pas adapté, une escroquerie, plate-forme lourde, problèmes d'ergonomie du logiciel, manque de documentation sur ce produit, un outil pas affiné ni adapté aux différents utilisateurs, aucune fiabilité de l'Adit...». Pire, la communauté du renseignement s'est inquiétée à propos de certains salariés de l'ADIT «des électrons libres dont on ne sait pas s'ils appartiennent à l'Adit ou à des sociétés privées».

2. *Du renseignement à l'intelligence économique*, avec Jean-Claude Possin, Paris, Dunod, 1996.

une image sulfureuse due aux profils (ex-militaires, ex-policiers, ex-barbouzes) et surtout aux actions de certains «professionnels» sans foi ni loi.

L'État rengaine ses armes

Revenons aux «sept mercenaires» du CCSE et à leurs treize propositions. A l'époque, le rapport reçoit un accueil enthousiaste parmi ses quelques lecteurs privilégiés. Le diagnostic semble juste. On regrette toutefois que ses auteurs ne soient pas allés plus loin, notamment dans l'aspect offensif. En revanche, l'accueil politique sera plus mitigé, voire carrément froid. Pour les politiques, peu réceptifs aux questions de renseignement, tout cela sent le soufre. Résultat: on classe gentiment le document dans l'armoire de la République, véritable cimetière des bonnes intentions qui ne voient jamais le jour. En 1996, un nouveau patron débarque au SGDN. Il s'empresse de diminuer les effectifs de moitié, mettant ainsi fin à l'expérience du CCSE... et sans doute également à l'efficacité du SGDN qui, lui aussi, a toujours eu du mal à se positionner au sein de la communauté du renseignement français, si on en croit un rapport confidentiel daté du milieu des années 90 et qui critique «le rôle imprécis et la démarche "baladeuse" du SGDN, qui n'a jamais réussi à trouver sa véritable place, que ce soit dans son rattachement à l'autorité politique ou dans ses capacités de synthèse du renseignement, qui lui ont été régulièrement refusées par les grands "barons" comme la DGSE, la DST et autres organismes».

En fait, le CCSE partait sur de mauvaises bases. Né le 1er avril 1995, créé en pleine cohabitation, il n'a pas su trouver sa place. De plus, il a eu la malchance d'être parrainé par Édouard Balladur, un traître aux yeux des vainqueurs de la présidentielle de 1995. Nommé à Matignon à la suite de l'élection de Jacques Chirac, Alain Juppé se débarrasse donc du dossier CCSE. Il le confie à son ministre de l'Économie, Jean Arthuis. Ce qui ouvre la porte aux querelles interministérielles. Ni le ministère de l'Intérieur ni celui de la Défense n'acceptent la tutelle de Bercy sur cette question. Quant à Jean Arthuis, il n'a jamais voulu travailler avec le SGDN (Secrétariat général à la Défense nationale, rattaché à Matignon) chargé d'en assurer l'animation. Le CCSE a donc disparu dans les limbes de l'administration.

Cette mort précoce n'a pas surpris le général Mermet, ancien directeur de la DGSE (1987-89). Pour lui la question centrale de la faillite de notre système de sécurité économique tient à l'existence de deux pôles exécutifs : l'Élysée et Matignon. « Impossible de faire évoluer notre système si l'intelligence économique n'est pas pilotée directement par l'Élysée. Dans tous les autres pays, cette question est assurée par les plus hautes instances de l'État », explique-t-il. Aux côtés de Rémy Pautrat, ancien directeur de la DST (1985-86), le général Mermet avait tenté d'initier une réforme de fond du renseignement français avec l'accord de Michel Rocard, Premier ministre de 1988 à 1991. Ils proposaient alors de s'inspirer du système anglais, qui centralise l'information sensible au sein des *Joint Intelligence Committees*, créés en 1936. Les JIC britanniques s'appuient sur des groupes d'évaluations *(Assessment Staffs)*, constitués des meilleurs experts issus des différents services de renseignement. Chaque semaine, les JIC se réunissent sous la responsabilité d'un homme politique, équivalent d'un secrétaire d'État. Rattaché au cabinet du Premier ministre, il est présent au Conseil des ministres pour informer les plus hautes autorités de l'État et enregistrer les besoins des différents ministères en matière de renseignement. « Michel Rocard était séduit par notre réforme, mais Mitterrand, qui ne perdait pas une occasion de contrer son Premier ministre, n'a jamais suivi », regrette le général. Le renseignement français est-il irréformable ? Robert Steele, ancien de la CIA reconverti dans l'intelligence économique, prévient : « A l'âge de l'information, l'absence de stratégie nationale de l'information est l'équivalent d'une reddition ou d'un abandon [1]... »

Les multiples échecs n'ont pas pour autant entamé l'ardeur des

1. Voir chapitre 8, sur les États-Unis.

soldats de la guerre économique. Sous la pression de certains convaincus, l'État a lancé timidement quelques initiatives, notamment à travers le ministère de l'Économie : nomination d'un haut fonctionnaire chargé de sensibiliser les entreprises ; création d'une sous-direction « intelligence économique » au sein de la Direction des relations économiques extérieures ; campagne de formation à l'intelligence économique en direction des PME…

Sur le plan théorique, domaine qui fait la force et la fierté de nos élites, la réflexion s'est poursuivie. Lionel Jospin, nommé en 1997 à Matignon, charge son ministre de l'Économie, Dominique Strauss-Khan, d'une étude sur l'intelligence économique. C'est à Patrick Lefas qu'incombe la mission. L'homme vient de la Fédération française des sociétés d'assurances. Il reprend le dossier à zéro pour aboutir au même résultat : il faut repenser le système public de gestion de l'information scientifique et technique… Rien de nouveau dans les hautes sphères de l'État. On patine. Plus intéressant, le rapport commandé par Jean-Pierre Chevènement, ministre de l'Intérieur, en 1998, à Pierre Dabezies. Il s'agit d'évaluer l'adaptation des services de sécurité aux exigences de la nouvelle donne économique. Pierre Dabezies recommande une approche plus globale et plus formalisée des services de renseignement pour les questions économiques. DST, RG, police financière… travaillent sérieusement depuis quelques années sur les dérives de la concurrence économique et la protection du patrimoine technologique mais, rivalités entre services obligent, ils agissent trop souvent sans échanger leurs informations ni coordonner leurs actions.

Des entreprises enfin sensibilisées

Près de dix ans après le rapport Martre, où en sommes-nous aujourd'hui ? Pour Philippe Clerc, l'ère des pionniers s'achève. Selon lui, la démarche d'intelligence économique est à présent largement diffusée au sein des entreprises. D'après l'enquête (la plus complète à ce jour) réalisée en 1999 par Franck Bournois, enseignant à Paris II, 70 % des entreprises interrogées s'estimaient concernées par l'intelligence économique et 51,1 % déclaraient la pratiquer. La moitié d'entre elles disaient avoir été victimes d'une attaque majeure ou mineure [1]. Philippe Clerc constate avec satisfaction que d'autres acteurs économiques se sont saisis de cette question. Il cite l'expérience de la Chambre de commerce et d'industrie du Morbihan, qui a mis en place un programme d'intelligence économique au profit d'une cinquantaine d'entreprises du pays de Vannes qui fabriquent du matériel de loisirs : kayaks, chars à voile, ULM. Une veille technologique et stratégique permet à ces sociétés de surveiller la concurrence et l'évolution des technologies dans ce type d'activités de plein air. Un dispositif appelé à faire école, selon ses promoteurs.

Quid de l'axe offensif ? Il reste tabou. Pourtant la pression économique n'a pas baissé. Gemplus, Carlyle Altran... les affaires de sécurité économiques ne quittent plus la une de nos journaux. On crie au scandale lorsque des forces étrangères tentent de déstabiliser nos entreprises pour récupérer leur technologie ou simplement les faire disparaître. L'heure de l'armistice économique n'a pas sonné. Tout juste pouvons-nous compter sur des cessez-le-feu temporaires dus aux aléas géopolitiques : guerre contre le terrorisme, conflits avec les pays de l'Axe du mal, chasse aux réseaux criminels de la drogue... Et encore, quand la France ose contester son allié américain, Washington la menace des pires conséquences commerciales. On reparle alors de boycott sur nos vins, nos fromages, nos produits de luxe... Heureusement, une fois ces tensions apaisées, chacun reprend sa place et le grand show économique peut continuer.

Reste à savoir si, en France, cette vision d'un monde en perpétuelle compétition économique est bien ancrée dans les esprits. Il semble que non, d'après certains experts. Pour Christian Harbulot

1. Enquête réalisée sous l'égide de l'Institut des hautes études de défense nationale à partir d'un échantillon de 5 000 entreprises de plus de 200 salariés : *L'Intelligence économique et stratégique dans les entreprises françaises*, Paris, Economica, 1999.

et le général Jean Pichot-Duclos, la France doit se réveiller. « Face à une Amérique conquérante, et à des alliés qui sont devenus des adversaires économiques, notre pays semble enlisé dans ses problèmes intérieurs et ne plus voir ce qui se passe à l'extérieur des frontières… La guerre commerciale, économique, qui fait rage menace la vie quotidienne de nos concitoyens [1]… » Et de poser la question lors d'un colloque organisé par l'École de guerre économique le 29 mars 2003 : la France a-t-elle encore une stratégie de puissance ?

Rapport Carayon : des tabous enfin brisés

Bernard Carayon, député du Tarn, s'est vu confier en janvier 2003 la rédaction d'un énième rapport sur l'intelligence économique par le Premier ministre Jean-Pierre Raffarin. « La compétition économique mondiale contraint nos entreprises à des efforts permanents d'innovation, de prospection, de qualité et de rentabilité, explique le locataire de Matignon dans sa lettre de mission. Pour conduire aux mieux ces actions, les acteurs économiques ont besoin d'une information fiable et prospective, et doivent pouvoir se prémunir contre des accès non souhaités à leurs propres données [2] », écrit-il.

Rendu à la mi-juillet 2003, le rapport du député en appelle au patriotisme économique. Il reprend ainsi un slogan formulé discrètement dans certains cercles de la société française au milieu des années 90. « Il émerge l'idée d'une profonde transformation des bases du patriotisme passant de celui de la terre entre 1871 et 1918 à l'introuvable patriotisme du "béton" HLM pour aller vers un patriotisme économique, culturel, informatif, sur lequel on en est aux premiers balbutiements, mais dont l'information ouverte sera de plus en plus l'incontournable expression [3]. »

---

1. *La France doit dire non*, Paris, Plon, 1999.
2. La Documentation française, 2003.
3. Rapport « Les avenues de l'information », 1995.

Dans son rapport au Premier ministre, le député formule trente-huit propositions pour placer l'intelligence économique au cœur d'une politique publique de l'État afin de construire « une France plus riche, mieux protégée, mieux respectée ». Bernard Carayon use d'une métaphore cinématographique pour résumer son projet : « trois mariages et un enterrement ». Mariage entre les administrations publiques, mariage entre les acteurs publics et privés, mariage entre l'information ouverte « et celle qui l'est un peu moins... ». Quant à la place au cimetière, il la réserve « aux naïvetés françaises ». Si l'auteur du rapport explique clairement les deux premiers mariages et l'enterrement, en revanche, il ne donne aucune explication sur les troisièmes noces entre information ouverte et « celle qui l'est moins », comme il l'a définie pudiquement. Le député sait qu'il ne faut pas heurter les bien-pensants. Toutes les naïvetés françaises n'iront donc pas au cimetière en même temps.

Parmi les propositions, on retiendra d'abord la nécessité pour l'État de définir les secteurs économiques stratégiques « en termes de souveraineté, d'emplois et d'influence », ainsi que les technologies qui en dépendent. A retenir également, l'idée de relancer un organisme présidé par le Premier ministre, composé de personnalités issues du monde économique et scientifique, et dont la mission consiste à émettre des avis sur la politique d'intelligence économique de l'État. Avec le CNCSE (Conseil national pour la compétitivité et la sécurité économique), Carayon ressuscite le CCSE créé par Balladur en 1995. Il reprend également l'idée d'un Intranet gouvernemental imaginé par le CCSE en 1996. Plus original, il préconise la nomination d'un délégué interministériel en charge des questions d'intelligence économique [1]. Sans fausse pudeur et moins langue de bois que le rapport Martre, le document de Bernard Carayon brise un tabou : le rôle des services de renseignement dans la guerre économique. « Il est temps, écrit clairement le député, de passer d'une posture statique et réactive (la

1. Alain Juillet, un cadre de la DGSE, assume cette fonction depuis le début 2004.

défense) à une démarche active (la sécurité économique) engageant tous les services de l'État, et en premier lieu les services de renseignement et de sécurité.» Le rapporteur place la DST au centre de ce nouveau dispositif, sans pour autant exclure les autres services de sécurité: RG, PJ, DGSE, DPSD, DGA, gendarmerie... Le député reconnaît implicitement que dans ce domaine tous les coups sont permis et qu'il vaut mieux s'y préparer en mettant les troupes en ordre de bataille.

L'État: un allié puissant

«Nous faisons sans rien dire.» C'est ainsi qu'un haut responsable du ministère de la Défense résume la politique française en matière de sécurité économique. Comparée à celle d'autres pays occidentaux (États-Unis, Japon, pays nordiques...) qui en font une priorité nationale et l'assument ouvertement, la position française paraît pour le moins timide. Il n'existe aucune doctrine de défense économique, semblable par exemple à celle du nucléaire. Et même si dans les hautes sphères du ministère de la Défense on prétend ne pas rester les bras croisés, il semble difficile de mobiliser les forces vives d'un pays avec une politique décidée en catimini. Or la question concerne la nation entière. La discrétion n'est peut-être pas le meilleur levier pour protéger le pays. «Les notes du Secrétariat général à la défense nationale sont distribuées au compte-gouttes et leur diffusion est très limitée», remarque Christian Harbulot qui regrette l'absence d'un grand dispositif de sécurité économique.

La guerre économique n'a même pas droit au chapitre à l'école des officiers de Saint-Cyr. Pour les futurs cadres de l'armée française, il n'y a de guerre que militaire... Et encore, l'art de l'attaque n'y est jamais ouvertement enseigné, seules la défense et la contre-attaque sont étudiées. Alors imaginez, la guerre économique! Elle n'est que délire de civils qui fantasment sur des aventures de James Bond en VRP. A voir.

Défense: le respect intégriste de l'ordonnance de 1959

Pour comprendre la faiblesse, pour ne pas dire l'incompétence des Français en matière de défense économique, il faut fouiller la mémoire militaire du pays.

Jusqu'au début des années 70, la question de la sécurité économique ne figure pas parmi les préoccupations des stratèges chargés de la défense du pays. Nulle trace d'intérêts économiques dans l'ordonnance du 7 janvier 1959 que certains ont baptisée «la cathédrale qu'on ne détruit pas»: «la défense a pour objet d'assurer en tout temps, en toutes circonstances et contre toutes les formes d'agression la sécurité et l'intégrité du territoire, ainsi que la vie des populations» (1er alinéa). Territoire et population sont donc les deux priorités de la Défense nationale. La possession de l'arme nucléaire et sa doctrine d'utilisation suffisent à la réflexion. Les stratèges n'ont qu'un mot à la bouche: la dissuasion nucléaire censée empêcher tous conflits.

Toutefois, l'ordonnance va plus loin et structure la Défense en trois niveaux de responsabilité politique. Le président de la République élu au suffrage universel en 1962 obtient, en 1964, la main sur l'emploi de l'arme atomique. Un rapport intime lie le président de la République à l'arme nucléaire. «La dissuasion, c'est le chef de l'État, c'est moi», dira François Mitterrand [1]. De son côté, le Premier ministre assure l'exécution de la politique de Défense en étroite collaboration avec le Secrétariat général de la défense nationale (SGDN), créé en juillet 1962. Enfin, les ministres sont responsables de la question au sein de leur ministère via notamment le haut fonctionnaire de défense (HFD). Trois ministères obtiennent de plus larges responsabilités: la Défense, l'Intérieur et l'Économie.

Sur le terrain, on déconcentre l'administration tout en préservant une forte hiérarchie: préfet de zone de défense, préfet de région, de département. Cette vision va légèrement évoluer sous la présidence de Georges Pompidou.

---

1. Hubert Védrine, *Les Mondes de François Mitterrand*, Paris, Fayard, 1996.

En 1969, l'ancien Premier ministre du général de Gaulle va élargir la notion de défense aux intérêts économiques. Son discours évoque la défense économique comme seul moyen de préserver le potentiel indispensable à la machine industrielle militaire en cas de conflit grave. L'économie apparaît comme une ressource aussi précieuse que l'appareil militaire. George Pompidou dépasse la simple vision de gestion d'une crise. Il anticipe et parle de gestion des risques afin de prémunir le pays contre toutes menaces pouvant nuire aux intérêts militaires, civils et économiques.

Dès cette époque apparaît le souci du risque environnemental. L'hôte de l'Élysée évoque «l'impérialisme commercial, monétaire, culturel dont l'expression paroxysmique est l'agression militaire». Pompidou a eu raison trop tôt et sa conception de la défense nationale ne sera pas entièrement appliquée.

De 1965 à 1980, c'est le tout-militaire qui triomphe. Dans le Livre blanc de 1972, les intérêts économiques ne sont abordés que sous l'angle militaire et n'apparaissent pas comme une donnée autonome et essentielle de la défense. Le Livre blanc montre aussi le peu d'enthousiasme de l'administration française à traiter ces questions. Bref, l'arme atomique se suffit à elle-même. Panacée de la défense, elle empêche toute réflexion à long terme. Aussi, quand l'imprévu surgit, nos stratèges tombent en panne sèche.

La puissance change de camp : du militaire elle passe à l'économique

Chute du Mur de Berlin, fin de l'Union soviétique, disparition du Pacte de Varsovie, mondialisation… autant d'événements majeurs qui bousculent tous les vieux schémas. Le principal ennemi n'est plus à l'Est. Même si la Russie conserve un arsenal nucléaire suffisant pour rayer l'Europe de la terre, elle ne fait plus peur. La fin de la guerre froide, c'est aussi la fin du monde bipolaire. Sur la terre ne reste qu'une puissance: les États-Unis. Au vieux monde las des luttes idéologiques se substitue un ordre instable qui a donné naissance à de nombreux conflits régionaux. Certains d'entre eux tourmentent même l'Europe. Au rayon des dangers planétaires, d'autres menaces apparaissent: prolifération des armes de destruction massive, crimes organisés, terrorisme... et mondialisation – qui bouscule le rôle des États au profit d'acteurs économiques dont les intérêts financiers ne coïncident pas toujours avec ceux des nations.

Au début de la décennie 90, il apparaît clairement que l'instrument de la puissance n'est plus seulement militaire, il devient surtout économique. «Les années récentes ont vu se développer le sentiment que la puissance d'une nation se traduit en termes économiques, industriels, scientifiques et technologiques, plus que militaires [1].» Qui, mieux que l'État, est disposé à assumer ce nouveau pouvoir? L'entreprise dans sa version mondialiste. C'est à la multinationale armée par les fonds de pension, essentiellement anglo-saxons, de reprendre le flambeau de la puissance.

Il faut donc tout repenser. Mais avec quels outils conceptuels? Dans les armoires des états-majors, on ne dispose d'aucun concept adapté à la nouvelle donne internationale. Les schémas de réflexion stratégique sont obsolètes. Tout comme l'arme nucléaire, que la fin du Pacte de Varsovie oblige à redéfinir: «Elle ne permet plus à la France d'assumer avec la même efficacité sa politique d'autonomie stratégique, ni dans le champ global des relations de forces militaires, qui redevient de plus en plus celui de l'action armée, ni dans celui de la dissuasion contre les risques complexes, divers, évanescents de la nouvelle configuration internationale [2].» Les analystes de l'armée sont donc vivement invités à plancher dans l'urgence pour reconstruire la vision hexagonale de la défense.

A peine une ébauche de nouvelle doctrine

Deux documents importants vont en établir les nouvelles bases: le Livre blanc de 1994, au contenu qualifié de «flou» et d'«à-peu-

1. «L'intelligence économique, un enjeu national», rapport du SGDN, 1995.
2. Louis Gautier, *Mitterrand et son armée, 1990-1995*, Paris, Grasset, 1999.

près» par l'ancien conseiller pour la Défense de Jospin [1], et la Loi de programmation militaire de 1996. Dans le premier, publié deux décennies après le Livre blanc de 1972, on liste les nouvelles menaces: prolifération nucléaire, chimique et biologique, terrorisme, extrémisme religieux, trafic de drogue… L'économie fait son grand retour. Elle devient une préoccupation majeure, non seulement en termes stratégiques, pour soutenir les capacités de l'industrie militaire, mais aussi et surtout comme un élément majeur de la compétitivité économique entre les pays dans le cadre de la mondialisation. Il s'agit de «toutes les capacités qui ne concernent pas directement la défense, mais qui représentent les clés de l'indépendance économique», notent les auteurs du Livre blanc.

Un premier pas. Timide et insuffisant toutefois pour prendre en compte la réalité de la menace et répondre à la question centrale: comment se prémunir des attaques qui mettent en danger cette indépendance économique?

En matière de renseignement, la réflexion des auteurs du Livre blanc s'arrête aux aspects purement militaires. Ils ne saisissent pas à l'époque l'importance de l'information ouverte évaluée à 95 %. Accessible à tous, cette masse de données qui double tous les quatre ans sert d'arme dans la guerre de l'information [2] que se livrent des États et des entreprises. «On trouve ici la première caractéristique française, note un rapport confidentiel daté de 1995, (…) de ne considérer l'information et ses flux que sous leurs aspects strictement militaire et quasiment toujours confidentiel, comme si seule l'information réservée était digne d'intérêt [3].»

Ce rapport, intitulé «Les avenues de l'information», qualifie

---

1. *Ibid.*

2. Voir chapitre 6.

3. Le général Jean-Pierre Faure, spécialiste du renseignement, va encore plus loin. Selon lui, «il existe en France une indifférence générale et malheureusement constante des gouvernants successifs à définir et surtout à mettre en œuvre une véritable politique du renseignement national dans le domaine de la sécurité intérieure et extérieure du pays», in *Le Renseignement à la française*, sous la direction de l'amiral Pierre Lacoste, Paris, Economica, 1998.

cette approche française de l'information de «Jurassic Rens». Il stigmatise particulièrement la Direction du renseignement militaire (DRM), créée en 1992 à la suite de la guerre du Golfe. A l'époque, la France, qui a envoyé 20 000 hommes pour expulser les Irakiens du Koweït, s'est trouvée totalement démunie en matière de renseignement militaire comparée aux Américains. Elle ne possédait que le satellite civil Spot – capable de voir par beau temps des détails d'au moins dix mètres – pour informer ses militaires sur le champ de bataille. La DRM succède donc au Centre d'exploitation du renseignement militaire (CERM), créé en 1976. Quatre ans après sa création, la DRM n'avait toujours pas saisi l'intérêt de l'information ouverte dans les conflits.

En fait, le mal est plus profond. Les militaires n'ont jamais aimé le renseignement. Au point, constate Raoul Girardet, professeur pendant quinze ans à l'école Saint-Cyr-Coëtquidan et autres écoles de guerre, qu'il «n'est presque jamais abordé» dans l'enseignement! «Dans les armées, la fonction d'officier de renseignement est tenue en règle générale pour subalterne. Suivant l'expression consacrée, elle est considérée comme peu porteuse [1].» Un état d'esprit situé aux antipodes de l'approche anglo-saxonne...

Sur le plan strictement militaire, la loi de programmation de 1996 va réduire l'importance de l'arsenal nucléaire à «un seuil de suffisance». L'idée est d'assurer la protection du sol national. La loi de programmation se contente d'ajouter deux objectifs aux armées: prévention des conflits et projection des forces armées, qui complètent les missions traditionnelles de protection et de dissuasion.

D'autre part, le ministère de la Défense multiplie les protocoles d'accord avec les autres ministères, afin de sensibiliser l'appareil d'État ainsi que la population aux nouvelles menaces. Pourtant, il rate le virage de l'information et ne perçoit pas son importance dans les futurs conflits militaires, économiques, culturels, sociaux. «L'information ouverte, conclut un expert particulièrement critique, n'est jamais envisagée comme un outil de défense dont il

1. *Ibid.*

faut se servir, comme si le côté offensif de l'information avait quelque chose d'anormal, peut-être même d'immoral, sans d'ailleurs savoir sur quels critères serait jugée cette immoralité. »

Les grosses têtes gradées ont beau faire évoluer la terminologie, il manque toujours une vraie doctrine de sécurité économique. Dorénavant, on parle moins de défense que de sécurité. Au côté passif de la défense, on préfère le dynamisme de la sécurité. Plus question d'attendre la menace, il faut la combattre avant qu'elle apparaisse. Sur le plan économique, cela se traduit par une vigilance accrue de l'environnement international des marchés sensibles : agriculture, industrie militaire, pharmacie, haute technologie… A croire que l'ambition de la France se limite à la préservation de ses prés carrés. Une position défensive qui ne pourra pas tenir longtemps face à l'émergence des nouvelles puissances économiques, notamment asiatiques.

Puissance ? Le mot est lâché. Il fait peur, politiquement incorrect, chargé d'arrière-pensées, d'histoires tragiques… Nos élites le fuient comme la peste. Paralysées par les démons nietzschéens qui hantent notre histoire, elles sont incapables de fournir le moindre discours sur l'accroissement de puissance de leur pays.

Aux gros mots, on préfère des termes plus lisses. En 1996, une note toujours confidentielle du Secrétariat général de la défense nationale (SGDN) sur l'intelligence économique évoque la nécessité « de développer l'influence de notre pays dans le monde […] par l'information stratégique, c'est-à-dire l'information dont les dirigeants, privés et publics, ont besoin pour prendre à temps les meilleures décisions en matière de recherche et de développement, d'investissements, de partenariats, de contrats… ». A l'époque, souligne la note, la France est le troisième producteur mondial d'informations, mais elle n'en est que le seizième consommateur.

Le défi est à la taille du pays. Du patron à l'ouvrier en passant par les employés et les cadres, tout le monde doit en être conscient. Le SGDN parle de « véritable patriotisme qui doit conduire chaque citoyen à être un veilleur au profit de son entreprise, son laboratoire, son administration ». Il invite la nation entière à imiter le Japon, pays où il existe une véritable culture de l'information au service de la compétition économique mondiale. Une compétition qui implique une action défensive et offensive.

Question défense, le SGDN met en garde contre l'intelligence des concurrents. Ce qui suppose que les entreprises sachent «retenir leurs meilleurs cadres et spécialistes, protéger leurs études, leurs recherches, leurs brevets, leurs systèmes de transmission de données... ».

Pour l'aspect offensif, la France doit convaincre le monde de la qualité de ses normes de production tout en plaçant des hommes de confiance aux postes stratégiques des grands organismes internationaux afin d'agir efficacement « au sein de ces structures où se prennent les décisions commerciales et technologiques majeures ».

Un beau et brillant discours, qui reste une nouvelle fois au stade de vœu pieux. Aujourd'hui, personne en France n'est capable de fournir une liste exhaustive des ressortissants français qui travaillent dans les institutions internationales : ONU, OMC, Banque mondiale, Banque européenne de développement... Difficile dans ces conditions de mettre en œuvre une véritable politique d'influence, capable sinon de faire jeu égal avec les autres puissances, du moins de maintenir une certaine autonomie politique et économique de la France.

Services de renseignement et économie : les liaisons dangereuses

A la fin de la guerre froide, tous les grands services de renseignement connaissent une phase de remise en question. La disparition soudaine de l'ennemi tant redouté les laisse orphelins de ce qui justifiait leur existence depuis plus de cinquante ans. Brutalement, les femmes et les hommes de l'ombre se retrouvent sans adversaire. Le constat est violent : l'ennemi d'hier, sans être notre ami intime, n'est plus le démon tant redouté. Pire : il devient parfois un partenaire. Un challenge pour des services encore bouleversés par la nouvelle donne internationale.

Du temps de la guerre froide, la mission était claire et l'ennemi bien identifié. Avec le terrorisme international, cela devient plus compliqué, mais les radicaux musulmans restent identifiables. Ce n'est pas le cas des attaquants dans le domaine économique.

Bernard Gérard, ancien responsable de la DST de 1986 à 1990, qui a donc connu la chute de l'Empire soviétique, en sait quelque chose : « Délicate est l'adaptation des méthodes, voire de la culture aux nouvelles donnes que sont l'espace globalisé, l'absence d'adversaire désigné, la nécessité d'ouvrir des collaborations avec les ennemis d'hier, l'obligation de défiance à l'endroit des amis de toujours dans le challenge technologique et économique. » Pourtant l'enjeu n'est pas moins important qu'avant 1989, puisqu'il concerne les intérêts fondamentaux de la nation. « Une notion qui, dans la compétition économique et technique, ajoute Bernard Gérard, s'élargit de la protection renforcée du patrimoine, véritable trésor de guerre des pays émergés, à la présence, la réussite, donc la compétitivité des entreprises sur le grand marché. »

Cette crise existentielle déclenche une réflexion politique approfondie quant à la vocation, voire même à l'utilité des structures de renseignement et d'action clandestine. Dès la chute du Mur, il faut réfléchir à l'avenir, se trouver de nouvelles missions, voire s'en inventer, afin de justifier ou de pérenniser l'existence des services secrets.

Bien avant le terrorisme des fous d'Allah, l'accroissement de la compétition économique entre nations développées devient pour nombre de ces structures une aubaine. On décide alors d'intensifier l'implication des services dans les sphères technologiques, commerciales et financières. Une partie de leur activité est recentrée sur l'appui aux entreprises. Ce changement n'est cependant pas totalement révolutionnaire. De tout temps, les services de renseignement ont conduit des opérations d'espionnage économique ou technique au profit de l'industrie nationale – en particulier pour les entreprises du secteur de l'aéronautique, de l'armement et de l'énergie. En même temps, ils cherchaient à protéger leurs entreprises de haute technologie de la curiosité des services adverses.

Toutefois, cette nouvelle finalité va connaître une ampleur auparavant inégalée, pour devenir une activité de première importance à laquelle sont accordés des moyens humains et techniques significatifs. Aujourd'hui, près de la moitié des moyens donnés à nos services de sécurité est consacrée au renseignement économique.

Les États-Unis assument l'espionnage économique de leurs alliés

Aux États-Unis, la CIA et la NSA sont très tôt réorientées pour aider les entreprises américaines à remporter des contrats à l'export. En 2000, James R. Woolsey, l'ancien directeur de la CIA (1993-1995), reconnaît publiquement que son pays espionne ses alliés européens [1]. Il justifie cela par un argument imparable. Selon lui, les Européens remportent des marchés grâce aux pots-de-vin qu'ils versent à leurs clients: les États-Unis sont donc en droit de se défendre en révélant cette corruption. Il cite deux exemples: le cas de Thomson CSF au Brésil et d'Airbus en Arabie Saoudite.

En revanche, la CIA n'a jamais reconnu officiellement qu'elle utilisait des agents sous couverture, employés dans des multinationales essentiellement américaines pour surveiller les entreprises étrangères.

C'est pourtant ce qui s'est passé dans l'affaire Plagnol. En 1993, Henri Plagnol, membre d'un cabinet ministériel, est la cible d'une opération de renseignement menée par la CIA concernant les négociations franco-américaines sur le Gatt [2]. Les Américains veulent tout savoir sur l'état d'esprit des Français à la veille de la conclusion des accords économiques. L'agence américaine opère via un agent sous couverture, une femme brillante nommée Mary Anne Beaumgartner, qui travaille pour la fondation Dallas Market

1. « Why we spy on our allies », James. R Woolsey, *The Wall Street Journal*, 17 mars 2000.

2. Henri Plagnol relate en annexe cette aventure dans le livre de Guillaume Dasquié, *Secrètes Affaires*, Paris, Flammarion, 1999.

Center censée valoriser les échanges transatlantiques. La dame est surveillée par la DST depuis quelques années. Lorsqu'elle approche Henri Plagnol, la DST choisit, avec la complicité du haut fonctionnaire, d'intoxiquer la CIA en livrant de vagues informations. L'affaire aurait pu s'arrêter là. Mais, en 1995, Charles Pasqua, alors ministre de l'Intérieur, demande l'expulsion de cinq espions de la CIA, dont quatre possèdent le statut de diplomate. Le bouillant ministre répond ainsi aux accusations américaines de corruption dans le marché d'équipement électronique radar du Brésil qui oppose Français (Thomson CSF) et Américains (Raytheon)...

Tandis que la CIA s'agite sur le front économique à l'étranger, le FBI s'occupe du contre-espionnage aux États-Unis. Au début des années 90, il développe un arsenal répressif permettant aux firmes d'outre-Atlantique de se prémunir de l'espionnage adverse.

En France, la Direction de la surveillance du territoire (DST) crée, au milieu des années 1980, une sous-direction exclusivement dédiée à la défense du patrimoine économique. Menant des actions de sensibilisation auprès des entreprises d'intérêt national, elle permet à un nombre croissant d'acteurs économiques majeurs de prendre conscience du danger potentiel qu'ils courent.

Chaque année, la DST anime 800 séances destinées à toucher plus de 32 000 personnes. D'autres acteurs de l'État participent à cette sensibilisation. Ainsi, la Gendarmerie nationale a créé en 1997 l'Institut d'étude et de recherche pour la sécurité des entreprises (IERSE) qui forme les cadres aux questions de sécurité économique. Dans l'ensemble, notre dispositif de sécurité est considéré comme insuffisant. D'où la proposition du député Bernard Carayon, auteur d'un rapport sur l'intelligence économique, de mettre la DST au cœur de notre système. Outre le fait que cette proposition fait grincer les dents au sein des autres services de sécurité de l'État, on se demande en quoi elle va modifier les mentalités. Car le plus important, comme toujours, ce n'est pas l'outil mais ce qui se cache dans la tête des gens. Tous nos espions sont-ils vraiment en phase avec les réalités de ce nouveau monde ?

Les entreprises recyclent les espions

Ce qui est fondamentalement nouveau dans le monde du renseignement, c'est qu'aujourd'hui la démarche du renseignement économique dépasse les seuls services secrets pour concerner un nombre croissant d'entreprises. Les plus grandes d'entre elles ont créé des structures ad hoc pour se procurer les informations – ouvertes ou secrètes – nécessaires à leur développement, en faisant appel à des cadres issus de la communauté du renseignement étatique (défense et intérieur). Auparavant, seules des multinationales comme Elf ou Total possédaient ce genre de service en interne. Aujourd'hui, la plupart des entreprises présentes dans des secteurs sensibles utilisent des professionnels pour s'occuper des questions de sécurité, voire pour initier une véritable politique d'intelligence économique.

Parallèlement, de nombreux cabinets de renseignement privés se sont développés afin de répondre à ces nouveaux besoins. L'augmentation des démarches d'information agressives et la multiplication des acteurs capables de conduire de telles opérations ont significativement modifié le contexte des échanges.

A l'étranger, cette filiation renseignement/intelligence économique est assumée, et le transfert des métiers et pratiques du renseignement vers les entreprises s'est fait assez naturellement selon deux modalités : par transfert direct lié au mouvement des hommes et par une culture partagée reposant sur des échanges fréquents et réguliers entre le monde des entreprises et celui du renseignement d'État (connectivité entre les acteurs nationaux).

La CIA a été confrontée, entre 1993 et 1996, à une vague de départs sans précédent, concernant plus de 20 % de ses effectifs. Parmi les nombreux officiers qui quittent Langley dans les années 90 figure une génération entière d'opérateurs formés au cours des années 60 à la rigoureuse école de la lutte clandestine contre l'URSS et le terrorisme international, passés maîtres dans la constitution de réseaux d'informateurs clandestins. Tous ces hommes et ces femmes rejoignent Boeing, Motorola, Lockheed Martin, les cabinets de lobbying internationaux qui jalonnent K Street dans le centre de Washington, et même Wall Street [1].

En Suède, la communauté du renseignement et les entreprises privées ont été mises en réseau avec le système de défense militaire sous l'impulsion gouvernementale. Ce pays dispose ainsi d'une organisation de veille et de recherche et développement unique en Europe.

Mettant à profit ce transfert de savoir-faire, les pays anglo-saxons ont ainsi développé des pratiques offensives tout à fait remarquables et sont opérationnellement les plus avancés.

Les espions français bien cotés

Quid des Français? Question espionnage économique, certains spécialistes américains prétendent qu'ils seraient les meilleurs. Le général Heinrich, fondateur de la Direction du renseignement militaire et président du conseil de surveillance de Géos, une société d'intelligence économique française, fait remarquer que «dans les avertissements rédigés par le gouvernement américain et adressés aux chefs d'entreprises qui voyagent dans le monde entier, on les met particulièrement en garde contre les Français». Oublié le flop du *Rainbow Warrior* et autres bévues des services français. Voici enfin l'occasion de se réjouir de l'efficacité de nos espions.

«Le service de renseignement français est l'un des meilleurs du monde, explique Peter Schweizer dans son livre [2]. Et si l'on en croit les responsables américains de l'espionnage, les États-Unis sont une de ses cibles les plus importantes.» Le journaliste américain décrit par le menu les techniques des espions français pour

1. *Le Monde du renseignement* daté du 2 mars 1995 rappelle que la CIA et Wall Street ont toujours entretenu d'excellentes relations. La CIA ne s'est jamais privée de recruter des courtiers tandis que ses retraités finissaient leurs jours dans le temple du capitalisme.

2. *Les Nouveaux Espions. Le pillage technologique des USA par leurs alliés*, Paris, Grasset, 1993, publié aux États-Unis sous le titre *Friendly Spies*, The Atlantic Monthly Press.

voler les secrets technologiques de leurs alliés américains : pose de micro en classe affaire des avions d'Air France effectuant la navette entre Londres, New York et Paris ; enregistrement des conversations de fonctionnaires américains lors des grandes négociations commerciales ; cambriolages et vols d'informations dans les chambres d'hôtels où descendent les businessmen américains ; infiltration d'agents dans les sociétés de haute technologie ; recrutement de cadres de grandes entreprises françaises comme honorables correspondants... IBM, Texas instruments, Du Pont ou Sony auraient été victimes de ce genre d'entourloupe, prétend Peter Schweizer, qui publie son ouvrage en 1993. Juste au moment où les Américains entreprennent leur reconquête économique. Une pure coïncidence ?

Reste que l'espionnage économique n'est pas une nouveauté et qu'aucun service de renseignement ne peut décemment se vanter de ne pas le pratiquer. Mais ce n'est pas tout de se procurer de l'information, encore faut-il savoir l'utiliser. Comme le rappelle un rapport classé confidentiel-défense, « pénétrer le secret d'une enveloppe donnant le chiffre proposé pour une soumission internationale est une chose, connaître la totalité des éléments intéressant le projet en est une autre, que seule l'information ouverte sera en mesure de fournir ». « Quand nos services sont parvenus à mettre la main sur le plan de développement d'un grand constructeur automobile nippon, explique un ancien agent, nous n'avons pas su exploiter le document, car rien ne nous avait préparés à ce genre d'approche. »

A l'heure d'Internet, ce travail de recueil de l'information n'est plus l'apanage des services de renseignement. « Cette information peut être acquise au moindre coût, précise un rapport confidentiel du Secrétariat général de la défense nationale, dans les meilleurs délais et par des moyens légaux partout où elle est disponible. Elle permet de répondre à plus de 95 % des questions que se posent les entreprises. » Qu'en est-il des 5 % restant ? Cette part de l'information appelée « noire » revient justement aux services de renseignement nationaux et à certaines sociétés privées.

Du discours à la pratique, les difficultés ne manquent pas pour mettre en musique les stratégies de défense économique afin de relever ces nouveaux défis. Personne en France ne sait jusqu'à présent comment mettre la communauté du renseignement au service du pays dans la perspective de la guerre économique. Les Américains n'ont eu aucun état d'âme à inventer un nouveau dispositif pour mettre l'ensemble de l'administration (services secrets compris) à la disposition des entreprises lors des grands appels d'offre [1]. En France, on ose à peine évoquer la question tant elle paraît taboue. Et l'exemple qui suit illustre parfaitement l'incompréhension et l'absence de culture commune entre l'État et ses entreprises.

L'éternelle incompréhension entre Dassault et les services de renseignement

Cet exemple, particulièrement frappant, concerne les relations entre la société Dassault et l'État français. Il témoigne de l'incapacité depuis une trentaine d'années de ces deux acteurs à définir ensemble une stratégie économique claire face au rouleau compresseur américain. Pour bien comprendre le médiocre niveau des relations État/entreprises, prenons trois marchés dans lesquels Dassault a concouru. Rappelons au préalable que Dassault est une des entreprises françaises les plus importantes à assurer une indépendance militaire et donc diplomatique à la France. Elle est la dernière à tenir tête à la suprématie américaine dans la fabrication d'avions de chasse.

Revenons donc aux trois appels d'offre concernant ces appareils. En 1985, le client est l'Arabie Saoudite. En 1992, il s'agit de la Finlande et, fin 2002, de la Pologne. Trois tentatives, trois échecs. A croire qu'aucune leçon n'a été tirée entre 1985 et 2002. On verra que pourtant des bilans ont été réalisés, mais qu'aucune mesure n'a été mise en place pour mieux aborder les futurs marchés.

---

1. Voir chapitre 8.

Au début des années 80, les Saoudiens annoncent leur intention de moderniser leur défense aérienne et d'acheter des avions de combat. Les offres des Français et des Britanniques apparaissent rapidement comme les meilleures aux yeux de Riyad. La bataille va donc se jouer entre le Mirage de Dassault et le Tornado de British Aerospace. A la clé, un fabuleux contrat estimé à une vingtaine de milliards de livres. Une somme colossale qui garantit au vainqueur une bonne partie de son chiffre d'affaires pour une quinzaine d'années. Ce fabuleux contrat est baptisé Al Yamamah.

Difficile de laisser Dassault se débrouiller seul. L'État veut aider son poulain à remporter le contrat. Les services de renseignement entrent donc en contact avec la direction de la société implantée à Saint-Cloud. «Nous sommes allés les voir pour leur proposer nos services, explique un témoin engagé de l'époque. Comme nous n'étions pas du métier, nous leur avons demandé ce que nous pourrions faire pour eux. Leur absence de réaction m'a fait comprendre qu'ils ne souhaitaient pas notre soutien.»

Un sentiment confirmé par un cadre important de Dassault: «Je n'ai pas entièrement confiance dans nos services de renseignement. Je crains leurs coups tordus qui pourraient faire capoter les négociations.» Mais pour notre interlocuteur le plus grave est ailleurs. «En réalité, je n'ai rien contre eux car la plupart font du bon travail. Je me méfie surtout des hommes politiques censés les couvrir. Voyez l'affaire du *Rainbow Warrior*. A la première alerte, les responsables politiques ont lâchement abandonné la DGSE et ses hommes impliqués dans l'attentat contre le bateau de Greenpeace. Comment leur faire confiance après une telle affaire?»

Chacun a donc travaillé dans son coin. Dassault avec son propre réseau et son lobbying, la DGSE avec ses moyens. Du coup, personne n'a vu arriver le coup des Britanniques. «Ils avaient fait un excellent travail en amont, se souvient un membre des services de renseignement. Ils étaient parvenus à endormir les hommes qu'on possédait dans les différents cercles autour du pouvoir saoudien. Ils les avaient payés pour qu'ils ne travaillent pas en notre faveur. Nous avons été aveugles.» Et d'ajouter avec beaucoup d'amertume: «Les cadres de Dassault savaient que certaines des discussions secrètes entre les Saoudiens et les Anglais se déroulaient dans de grands palaces parisiens. Si nous avions été informés, nous aurions pu agir. Surtout que le fils du Premier ministre, Margaret Thatcher, était impliqué dans ces négociations [1]. Nous aurions pu notamment surveiller les agapes qui concluaient ces rencontres afin d'en faire un moyen de pression sur les Britanniques. »

Plus tard, on découvrira que le dossier était directement piloté par la Dame de fer. Le fameux contrat britannique Al Yamamah n'existait qu'en trois exemplaires : le premier se trouvait chez le Premier ministre, le second chez un député des Communes (Lord Blythe) et le troisième chez Anthony Harris, PDG de British Aerospace. Pour des questions d'efficacité commerciale et de confidentialité, les autres ministres ne faisaient même pas partie du cercle très restreint des initiés.

En face, la stratégie des Français paraissait timide et confuse. Dassault (avions), Matra (missiles), Thomson (électronique radar)... les sociétés françaises partaient dispersées à la conquête du marché.

Après la défaite, un rapport sur les raisons d'un tel camouflet commercial a été rédigé. Il comparait l'approche commerciale des deux pays dans un dossier aussi important. La conclusion était sans appel : seul l'engagement des plus hautes instances de l'État peut aider les entreprises à conquérir des marchés de cette taille. Visiblement ce rapport « Tornado » n'a pas eu les effets escomptés, car sept années plus tard les Français vont commettre les mêmes erreurs.

Un cadre de Dassault le reconnaît : « Dans le marché finlandais, on a fonctionné à l'aveuglette. C'était l'âge de pierre de l'intelligence économique. » *Exit* l'expérience saoudienne, oublié le rapport Tornado, Dassault repart la fleur au fusil. L'échec de la vente des Mirages 2000-5 à la Finlande sera disséqué en 1994 par

1. En 1989, une commission officielle anglaise enquêta sur d'éventuelles commissions touchées par les protagonistes du contrat Al Yamamah. Ses conclusions furent jugées trop sensibles pour être publiées. La presse anglaise évalua à 30 % le montant de ces commissions.

Intelco, un cabinet conseil rattaché au ministère de la Défense. Et ce à l'initiative du Commissariat général du Plan dans le cadre de la mission d'Henri Martre sur l'intelligence économique. Une analyse censurée à la demande d'un des quatre industriels engagés dans le dossier finlandais (Dassault, Thomson, Matra, Snecma). Que dit ce rapport de si sulfureux pour mériter ce purgatoire ?

Il relève une nouvelle fois la dispersion et l'individualisme des acteurs français dans le dossier : « Les entreprises ne savent pas communiquer en amont. Les réunions entre PDG sont insuffisantes pour planifier la demande d'informations sur le pays cible. L'information est cloisonnée par les différentes directions générales sans circulation transversale. » Même les acteurs qui connaissaient le marché finlandais n'ont pas été consultés. Dassault n'a jamais interrogé Aérospatiale, qui avait pourtant vendu des missiles Apilas à l'armée de terre finlandaise. Et Thomson, qui a vendu des missiles Crotale, n'a pas fait profiter ses partenaires de son expérience. Personne ne s'est soucié de connaître le contexte politique, social, économique du client. On ne s'est pas interrogé sur la culture du secret d'un peuple qui a su résister passivement à la menace soviétique. « Pas d'approche pluridisciplinaire des sources françaises d'information sur la Finlande ; pas de stratégie globale française en termes d'influence ; faible croisement des informations d'environnement (aucune exploitation des sources ouvertes de long terme faute de politique du renseignement à long terme) ; pas de gestion transversale du renseignement économique entre l'ouvert et le fermé. » N'en jetez plus…

Autant de critiques qui visent à la fois les industriels et l'administration française, peu concernée par le dossier évalué pourtant à plus de 10 milliards de francs. L'audit évoque des « carences graves de la part des experts gouvernementaux sur la connaissance historique et politique du pays [1] ». Des amateurs, les Français ?

En face, leurs concurrents n'ont rien d'enfants de chœur. Deux sociétés américaines répondent concurremment à l'appel d'offres

1. Contrairement à ce qu'affirme « une très bonne source » gouvernementale citée dans le livre de Jean Guisnel, *Les Pires Amis du monde*, Paris, Stock, 1999.

finlandais : Lockheed Martin avec son F-16 et McDonnell Douglas avec son F-18. Alors que Dassault surveille la première, estimant qu'elle est son véritable concurrent, c'est la seconde qui remporte la mise à la surprise générale. Étonnant. Étrange, même, si on regarde de plus près le contenu de l'appel d'offres.

L'armée de l'air finlandaise exige un monomoteur : le F-18 est un bimoteur. Elle veut un avion de combat air-air : le F-18 est un avion d'attaque au sol. Bref, aucun rapport avec les spécifications techniques préalablement définies dans le cahier des charges des Finlandais. Et, pour finir, il est 30 % plus cher que ses concurrents...

Comment expliquer ce décalage ? Une modification de la stratégie militaire de la part des Finlandais ? Sans doute le changement de chef d'état-major de l'armée de l'air finlandaise, en juillet 1991, ne fut-il pas étranger à la révision confidentielle de ce cahier des charges.

Tout au long de ce dossier, les entreprises françaises ont avancé dans le brouillard le plus opaque. Personne n'a évalué ni anticipé le résultat des élections intervenues en Finlande au cours des négociations qui ont duré cinq ans (1987 à 1992). Excepté les Américains qui ont « su en tirer profit pour renforcer leur lobbying et faire pencher la balance en leur faveur ». Un homme bien placé vaut mieux que toutes les qualités techniques réunies d'un produit.

Cerise sur le gâteau, les entrepreneurs français ont passé leur temps à se tirer dans les pattes. Les uns faisant courir le bruit que les Finlandais désiraient plus de missiles que d'avions, les autres affirmant que les rabais devaient être négociés au dernier moment, le jour de la signature. Bref, les Français se sont fait hara-kiri. « Les quatre industriels français ont évolué inconsciemment dans une logique concurrentielle, précise l'audit censuré. Ils n'ont pas su résoudre le problème de l'échange d'informations dans le cadre de concurrence/coopération. » Perdant leur temps à régler leurs petits problèmes internes, les Français ont oublié de se pencher sur le système américain de promotion, de vente et surtout de lobbying au plus haut niveau. Aucun des responsables commerciaux des sociétés françaises ne connaissait le dispositif de la concurrence. Ils n'ont pas su que le dossier était piloté directement par le gouvernement américain.

Seul bon point dans cette affaire: la France avait fait le forcing pour compenser l'achat de ses avions par la garantie qu'une somme équivalente serait investie en Finlande. Elle disposait d'ailleurs d'un bureau à Helsinki. Ce qui n'était pas le cas pour les entrepreneurs américains! Une question de frais commerciaux, paraît-il. Un milliard de francs de contrats avait déjà été engagé: la Compagnie méridionale de navigation avait commandé un cargo au chantier finlandais pour 475 millions de francs; le port de Marseille en fit de même pour une grue...

De bons arguments certes, mais insuffisants pour remporter la mise. Dassault et ses frères ennemis ont échoué: «Depuis la Seconde Guerre mondiale, la France a perdu toutes ses batailles commerciales en aéronautique militaire lorsqu'elle a été confrontée aux États-Unis; sauf à quatre reprises où il y a eu partage de marché», conclut l'audit d'Intelco.

Quelques années plus tard, nos quatre mousquetaires réagissent et parviennent à décrocher un contrat à Taiwan. Mais le sursaut n'est que temporaire.

Une nouvelle fois, en 2002, Dassault voit un contrat lui passer sous le nez. Cette fois, il s'agit de la Pologne, pays qui vient tout juste d'être invité à rejoindre l'Europe des quinze. Il faut dire que l'état d'esprit chez l'avionneur français n'est plus le même. La direction semble avoir totalement baissé les bras. Dassault estime qu'il ne suffit plus d'avoir le meilleur avion du monde, le Rafale, il faut une puissance politique pour le vendre. «Face aux Américains, on ne peut rien», confie un dirigeant.

Dans le dossier polonais, Dassault savait plusieurs mois à l'avance à quoi s'en tenir. D'où l'absence de représentation commerciale en Pologne. «C'est l'État qui nous a poussés à y aller alors qu'on savait depuis longtemps que les Américains avaient déjà ficelé le dossier. Du coup, on a perdu du temps, de l'argent et de la crédibilité...»

Les Américains, eux, ont pris leur temps. Six ans que Lockheed Martin travaille ce dossier en relation avec son gouvernement.

Ensemble, ils mènent une série d'opérations de lobbying depuis la fin du Pacte de Varsovie. Les politiques, les universitaires, les milieux de la culture, les entrepreneurs polonais ont été approchés et sensibilisés aux charmes de l'économie américaine.

En persuadant les Polonais de jeter leurs vieux Mig-21 aux oubliettes pour s'équiper en F-16, c'est l'ensemble des ex-pays de l'Est désireux d'entrer dans l'Otan que visent les industriels américains. Les 3,5 milliards d'euros dépensés par les Polonais pour l'achat de 48 avions F16 procurent une petite idée des promesses du futur marché de la grande Europe. D'ailleurs, outre-Atlantique, le Congrès américain n'a pas hésité à prêter à la Pologne la même somme pour l'achat de ces avions. Un parfait exemple du fonctionnement du triangle de fer américain: Congrès, Pentagone et industrie militaire. D'où le découragement des dirigeants de Dassault. Comment lutter contre un monstre économique et militaire?

En coordonnant l'action des industriels avec celle de l'État, par exemple. Et en multipliant les amicales pressions comme les Américains savent le faire. La France, via l'Europe, ne pouvait-elle en appeler à la solidarité européenne au moment où la Pologne faisait son entrée dans l'Union européenne? Était-il possible de jouer sur la Politique agricole commune (PAC) dont on sait que la Pologne sera l'un des grands bénéficiaires? Peugeot, qui négociait au même moment l'implantation d'une usine en Pologne ou en République tchèque aurait-il pu faire partie des arguments de vente en faveur des Français? Quelques semaines après la décision polonaise, on apprenait que la firme au Lion avait opté pour la République tchèque. «Les Polonais pensent qu'il s'agit d'une mesure de rétorsion, explique un membre des services de renseignement. Ce n'est pas le cas, mais il vaut mieux leur laisser penser le contraire. Sinon nous risquons vraiment de passer pour des rigolos.»

Rigolos ou pas, si l'industrie aéronautique de défense française ne se réveille pas, elle aura disparu dans quelques années. Car le but des Américains est clair: vendre du vieux matériel aujourd'hui pour tuer les concurrents demain. Le Pentagone compte sur la fabrication du prochain avion de combat polyvalent, le F-35 de

Lockheed Martin (prévu vers 2010), pour inonder le marché. «Les industriels américains, écrit Michèle Alliot-Marie, ministre de la Défense, sont, eux, dans une logique de guerre économique. La finalité avouée de ce projet est de verrouiller l'industrie aéronautique militaire européenne, d'affaiblir d'autant ses divisions civiles (Airbus, EADS, Ariane) et de boucler un système dont la clé opérationnelle sera à Washington [1].»

Les Américains sont déjà parvenus à diviser les Européens. Six pays sont actuellement engagés à hauteur de quatre milliards de dollars dans le programme ambitieux du F-35: la Grande-Bretagne, les Pays-Bas, la Norvège, l'Italie et la Turquie. Dassault pourra-t-il jouer cavalier seul encore longtemps en refusant les propositions de partenariat avec le consortium européen EADS? Sans l'Europe, cette guerre semble perdue d'avance.

---

1. *Le Monde*, 14 juin 2003.

Chapitre 4

Les armes de la guerre économique

> «Si tu uses du sabre pour régler un problème politique, sache au moins que tu t'engages dans une guerre longue et jamais gagnée.»
>
> (SUN TSÉ)

Est-ce une question de vases communicants ? La guerre froide terminée, la réflexion sur les techniques de guerre est passée du terrain militaire au domaine économique. Dès la chute du Mur, les pratiques concurrentielles connaissent un nouvel essor. Les acteurs étant plus nombreux à se partager un même gâteau, les luttes économiques se radicalisent. La participation des États ajoute à la confusion. De nouveaux modes d'action, originaux et agressifs, sont développés par les acteurs économiques pour contourner les règles d'accès aux marchés ou venir à bout de la concurrence. Les états-majors des entreprises recrutent chez les anciens militaires, policiers ou membres des services de renseignement. Ils font même parfois appel à des hackers ou à d'anciens agitateurs reconvertis. Les entreprises fourbissent leurs armes et affinent leur stratégie. Industriels, banquiers, financiers, assureurs... disposent d'une panoplie guerrière assez large pour ce grand jeu. On relève une dizaine de nouvelles techniques offensives de conquête des marchés ou de déstabilisation : le *benchmarking* offensif, l'attaque d'un produit par la contrefaçon, le détournement des opérations de recrutement, la neutralisation par la coopération, la *war room*, le lobbying, la prise de contrôle par la normalisation, le *social learning*[1] et les affaires civilo-militaires. Ces pratiques sont essentiellement apparues à la fin de la guerre froide. L'expérience acquise ces dernières années leur confère à présent un impact redoutable dans les affrontements économiques.

Le *benchmarking* offensif

L'idée est simple: observer et reproduire les bonnes idées des autres. Grâce à cette technique d'analyse de veille, qui se fonde sur une recherche d'informations très précise, une entreprise cherche à identifier les meilleures pratiques des concurrents et agit pour les égaler ou les dépasser. Le *benchmarking* permet de connaître l'organisation et les performances des concurrents ou des leaders d'un secteur, de découvrir leurs forces et leurs faiblesses, ainsi que les siennes, et d'y remédier.

Le *benchmarking* est une pratique totalement légale lorsque le processus est mené en accord avec les entreprises étudiées. Dans une étude réalisée en 1999 auprès de cinquante grandes entreprises européennes par *Les Échos*, 94 % d'entre elles estiment que le *benchmarking* est devenu une technique de management incontournable[2].

En revanche, il devient illégal (on parle alors de *benchmarking* «offensif») lorsqu'il se fait à l'insu du concurrent observé et à son détriment, afin d'étudier les failles de son système. Dans ce dernier cas, les protagonistes ne reculent devant aucun effort. Si l'information ne peut pas être obtenue par des sources ouvertes (plaquette de communication, publicité, site Internet...), l'investigation est poussée à son extrême. Au cours de notre enquête, nos interlocuteurs ont accepté de nous dévoiler quelques-unes de leurs méthodes. Le B-A BA: cacher sa véritable identité en se faisant

---

1. Méthode de conquête des marchés en manipulant les élites et les centres de décision d'un pays.
2. Cette étude payante intitulée «*Benchmarking* et intelligence économique» a été réalisé par Jean-Marie Lépeule et Yves-Michel Marti.

passer pour un client, un fournisseur ou un journaliste... C'est fou alors ce qu'on peut apprendre de l'entreprise et de ses produits au téléphone ou au cours d'un simple entretien! On peut également envoyer un étudiant faire un stage dans l'entreprise visée. Parfaitement briefé, il fera à coup sûr une excellente pêche aux informations. Si cela ne suffit pas, les business espions passent à la vitesse supérieure. Il s'agit alors, par exemple, de lancer un faux appel d'offres auquel répondra la société ciblée, afin de se faire communiquer ses tarifs, évaluer sa marge de manœuvre pour baisser ses prix, voire même se faire inviter dans ses locaux. Sur des gros marchés internationaux, il arrive ainsi qu'une fausse entreprise soit montée de toutes pièces pour appuyer l'appel d'offres fictif. «Dans ce cas, nous montons l'opération à partir de pays moins structurés sur le plan administratif», explique cet expert qui a récemment agi depuis Varsovie et Tachkent pour piéger de grands industriels. Dans les secteurs de l'hôtellerie et de l'aérien, les pratiques peuvent aller encore plus loin. Quels sont alors les risques de dérive? Un spécialiste de la profession évoque des cas extrêmes auxquels il a été confronté. Il reconnaît avoir provoqué des incidents (incendie, etc.) pour tester les normes de sécurité de l'équipement hôtelier du concurrent et étudier ses réactions. Cette pratique n'est visiblement pas exceptionnelle. En 1988, révèle le magazine *Fortune*[1], la société Marriott, qui gère une chaîne d'hôtels haut de gamme, souhaite évaluer les prestations de ses concurrents. Elle forme une équipe de plusieurs hommes et femmes qui se font passer pour des clients ordinaires. Tout est passé au crible: service à l'étage, restauration, literie, sanitaire... Mais Marriott veut en savoir plus sur le professionnalisme de ses concurrents. Les dirigeants demandent donc à leurs taupes de déclencher de faux incidents pour tester les réactions du personnel. Nul doute que la répétition délibérée de ces accrocs a nui à l'image des concurrents.

1. *Fortune*, le 7/11/88.

La contrefaçon concurrentielle

Même approche, mais cette fois il s'agit de copier un produit et non un processus. Et l'astuce est de ne pas s'arrêter à une vulgaire reproduction. Pour déstabiliser un concurrent, il faut aller plus loin. On imagine généralement que la contrefaçon est exclusivement menée par des mafias qui veulent simplement s'enrichir. Ce n'est pas toujours le cas. Une entreprise peut générer elle-même une contrefaçon des produits d'un concurrent pour lui nuire. Il lui suffit de lancer sur le marché ces « faux » volontairement mal imités afin de générer des mécontentements parmi la clientèle ! L'auteur de cette machination s'arrange parallèlement pour donner un écho médiatique à ces protestations, via la presse – pas toujours consciente du rôle qu'on lui fait alors jouer.

La contrefaçon concurrentielle a pour but de détruire l'image du rival et d'attenter directement à son chiffre d'affaires.

On a ainsi vu des logiciels contrefaits conçus pour détériorer les ordinateurs dans lesquels ils étaient utilisés. Ce qui peut être lourd de conséquences lorsqu'il s'agit de la commande d'un processus industriel ou du système de sécurité d'une tour de contrôle ou d'un aéronef…

Aussi, certaines entreprises cherchent à maîtriser elles-mêmes leur propre contrefaçon, et coupent ainsi toute marge de manœuvre aux concurrents mal intentionnés. L'avantage est double : d'une part, les ventes de la contrefaçon alimentent les recettes de la maison mère ; d'autre part, la qualité des produits contrefaits est ajustée pour qu'il n'y ait pas d'amalgame possible avec les produits véritables, ni de défauts majeurs qui puissent lui porter préjudice.

En effet, les faux ne respectent pas les normes de sécurité des produits imités. Pire, ils peuvent se révéler dangereux. Les exemples sont légion : des copies de poupées Barbie inflammables ; de faux robots ménagers Seb ou Moulinex sans les mêmes systèmes de sécurité que les appareils imités ; le prétendu cognac fabriqué en Russie avec des solvants qui peuvent rendre aveugle ; certaines copies de disjoncteurs d'une marque connue, fabriquées en Chine, qui ne disjonctent pas…

Dans certains cas, ce type de malveillance peut même avoir des conséquences mortelles : en 1995, 3 000 personnes sont mortes de méningite au Niger, vaccinées en pleine épidémie avec de faux vaccins totalement inopérants… Les copies imitaient les emballages des deux grands spécialistes mondiaux du vaccin : Pasteur-Mérieux et SmithKline Beecham. Elles reproduisaient des numéros de série exacts, mais ne contenaient aucun principe actif.

D'autres entreprises, notamment dans le domaine de l'informatique, n'hésitent pas à fabriquer et à diffuser elles-mêmes des logiciels contrefaits qui endommagent les systèmes de leurs mauvais clients. Curieuse façon de lutter contre les impayés.

Débauchage concurrentiel

Dès 1998, la sonnette d'alarme est tirée. Le recrutement est devenu au cours des années 90 une arme redoutable de guerre économique. A tel point qu'il a été l'objet d'une étude confidentielle de l'Institut des hautes études de sécurité intérieure (IHESI). Pour les auteurs de cette enquête, il ne fait aucun doute que le « recrutement est un outil de renseignement et de déstabilisation ». Ils rappellent en préambule de leur réflexion les origines de la profession de conseil en recrutement, fondée aux États-Unis dans les années 40 afin d'attirer les meilleurs managers du privé dans le secteur militaire et les fonctions gouvernementales. Après la guerre, les techniques de chasse en ressources humaines seront transposées dans le domaine civil. D'où la domination américaine dans le conseil en recrutement. En Europe et en France, les plus gros cabinets de chasseurs de têtes sont américains : Heidricks et Struggles, Egon Zehnder, GKR Neumann… Un cadre chassé parle facilement au cours d'un entretien d'embauche, ne serait-ce que pour vanter ses mérites et ses exploits commerciaux. On imagine alors le type d'informations qu'il laisse innocemment filtrer sur l'état de son entreprise (tarifs des produits, noms des principaux clients, organisation des services, projets en cours...). «Les entretiens de fausse embauche sont identifiés comme source de fuite d'informations», note le rapport de l'IHESI. Nous avons relaté l'approche d'un spécialiste de ce genre de coup fourré dans le chapitre 3.

Le chasseur de têtes, lorsqu'il est complice, dispose d'un pouvoir de nuisance sans limite. Il le sait et en abuse. En mission commandée, il peut agir dans le but d'attaquer une entreprise via un cadre important, pour le compte d'une société concurrente. «Notre boulot, c'est de déstabiliser quelqu'un qui se plaît là où il est, raconte un chasseur. On lui dit qu'il est mal payé ou que l'évolution de sa carrière est coincée. On essaie tout. C'est très pervers [1].»

Pour les postes de recherche et développement ou de direction, le débauchage concurrentiel revêt parfois une importance stratégique. C'est aussi une façon de s'approprier le savoir-faire du concurrent. On peut alors parler d'une guerre du recrutement.

La «chasse de têtes» peut, dans certains cas, être utilisée pour préparer une opération de rachat ou, pire, tuer l'entreprise concurrente. Le scénario consiste à vider peu à peu une société de ses cadres clés et à leur soutirer le maximum d'informations avant d'engager l'action. Il arrive même qu'un chasseur reçoive mandat pour recruter le directeur juridique d'une entreprise cible d'une OPA. Lorsque plusieurs cadres quittent subitement l'entreprise victime, on parle de débauchage massif, acte évident de concurrence déloyale, sanctionné par la loi.

En 1997, Borland International, après le départ d'une trentaine d'ingénieurs architectes de software et spécialistes du marketing, accusait Microsoft de vampiriser ses ressources humaines.

En 2000, l'usine Philips de production de téléphones mobiles, située au Mans, ainsi que le site de recherche parisien, ont été victimes de ce genre d'attaque. Après avoir constaté une hémorragie des cerveaux dans son laboratoire de recherche de Montrouge, précédée d'étranges cambriolages, la direction de l'usine fait appel

1. *Le Nouvel Économiste*, n° 1099, 13 mars 1998.

à un cabinet d'intelligence économique pour élucider ces mystères. Ce cabinet choisit d'enquêter à partir d'outils informatiques. Des logiciels spécialisés (Analyst's Note Book et Origin de Microcal) permettent d'analyser les flux téléphoniques entre l'usine, le laboratoire et l'extérieur. Résultat: l'agresseur, une nouvelle société basée en Angleterre et fondée en 1999 par un ancien cadre, est identifié. Celui-ci a déjà débauché vingt-cinq ingénieurs et continue tranquillement ses emplettes. Une attitude qualifiée dans le rapport remis aux dirigeants de l'usine Philips de «pratiques de recrutement prédatrices». La menace est sérieuse et peut mettre en péril l'existence de l'entreprise si les dirigeants ne font rien. La décision de contre-attaquer doit être prise au plus haut niveau. Or, du côté de la maison mère, c'est le silence radio, personne ne veut faire de vagues. Pourtant les résultats de l'enquête du cabinet d'intelligence économique montrent les failles du système de sécurité de l'usine et du laboratoire de recherche. Ils constatent que «le taux de pénétrabilité de l'entreprise est particulièrement élevé et les différents tests et interviews montrent qu'il est facile d'accéder à des informations essentielles pour l'entreprise concernant en particulier l'identification des projets en cours et des cadres sensibles pour la réalisation et le succès des projets». Deux niveaux de sécurité semblent faibles: celui de l'accueil et celui des assistantes. Ces dernières sont considérées comme particulièrement exposées à l'«agresseur».

Malgré certaines recommandations, la multinationale ne bouge pas. L'usine et les laboratoires continuent de se vider de leur matière grise. Et ce qui devait arriver arriva. Philips ne parvient plus à lutter contre la concurrence. Malgré un bénéfice de 63 milliards de francs en 2000, les résultats ont chuté de 90 % au premier trimestre 2001. Le 26 juin 2001, le groupe néerlandais annonce l'arrêt de la fabrication de portables, suivi d'un plan de suppression d'emplois. Le Mans étant la seule usine européenne de la multinationale à fabriquer des mobiles, la nouvelle est accueillie brutalement dans la Sarthe: près de 50 % des 2 536 postes sont supprimés. Montrouge perd plus de soixante employés tandis que le siège de Suresnes est amputé de vingt-sept postes.

Pour faire passer la pilule, Philips précise qu'elle maintient une activité de fabrication de téléphones fixes sur le site du Mans, ce qui permet de sauver 600 emplois. Dans le même temps, elle annonce que son partenaire chinois, China Electronics Corporation (CEC), avec qui elle a créé une filiale commune à Shenzen (zone franche située dans le sud de la Chine), reprend son activité mobile. CEC fabriquera donc les portables en sous-traitance sous la marque Philips. Une partie des machines et des ressources humaines (280 ingénieurs, cadres et techniciens) de Philips sera transférée à Shenzen.

Moins de six ans après s'être implantée au Mans avec plusieurs dizaines de millions d'aide publique, Philips tire sa révérence et quitte la scène par la petite porte. Une question demeure: pourquoi la direction de Philips n'a-t-elle pas réagi à l'attaque contre son personnel? A la lueur des événements ultérieurs, on peut se demander si elle n'a pas préféré laisser pourrir la situation, sachant qu'elle vendrait son activité aux Chinois. «A l'époque, se souvient un cadre supérieur, nous avons alerté à plusieurs reprises la direction en Hollande sans jamais avoir de réponse.» Un ingénieur licencié s'interroge également: «N'avons-nous pas été sacrifiés pour permettre à Philips de pénétrer le juteux marché chinois au moment où Pékin était pressenti pour accueillir les Jeux olympiques de 2008? Plus d'un milliard de Chinois, ajoute-t-il, chercheront à s'équiper de téléviseurs et de téléphones pour l'occasion.»

Silence radio également du côté de la DST et des RG. «Ils ne se sont pas intéressés à nous parce que notre société était néerlandaise.» Les 1 235 licenciés français apprécieront le sens de la solidarité européenne de nos services de sécurité… Les rescapés de ce plan de restructuration ne sont pas sortis d'affaire pour autant. Deux ans après la reprise par les Chinois, ceux-ci pourraient jeter l'éponge à leur tour. Des rumeurs courent sur le départ des Asiatiques. Un départ programmé depuis le début: les Chinois ne sont intéressés que par la technologie. Une fois celle-ci parfaitement maîtrisée par leurs ingénieurs, ils préfèrent rapatrier cette activité chez eux, les coûts de revient étant largement plus bas.

Débauchage massif, suppression d'emplois, fermeture d'usine, transfert de technologie vers l'Asie... ce sont quelques-uns des dégâts les plus visibles d'une guerre économique perdue stupidement par des cadres dont la vision stratégique demeure pour le moins limitée.

Autre illustration des dégâts du recrutement comme arme de guerre économique: le cadre cheval de Troie. Jean-Baptiste M. travaille au plus haut niveau dans une grande banque française. Il y a deux ans, il a été chassé par un cabinet anglo-saxon qui lui proposait un salaire bien plus élevé que le sien: «Au cours des nombreux entretiens à Londres et à Paris, on me posait des questions extrêmement précises sur le marché parisien, notamment sur les rapports avec les organisations de place, en me demandant parfois de montrer des documents. Progressivement, je suis devenu tour à tour apporteur d'informations, conseiller et... cheval de Troie. J'ai réalisé un jour que la banque de la City se servait de moi pour préparer son implantation parisienne [1].»

Autre technique: l'entrisme. A la mode trotskiste, certaines entreprises n'hésitent pas à envoyer leurs ingénieurs aux entretiens de recrutement de leurs concurrents. De l'infiltration pure. «D'après Sun MicroSystems, sur 87 000 candidatures reçues en 1996, 217 personnes se sont présentées sous une fausse identité [2].»

La neutralisation par la coopération

Rien de tel qu'un bon partenariat pour leurrer son concurrent. Un piège terrible qui consiste à le conduire à concentrer ses forces sur un projet de recherche qui ne débouchera sur rien. Invitée à investir de l'argent dans ce faux partenariat, l'entreprise se trouve

1. G. T., «Quand chasse de tête rime avec espionnage industriel», *Les Échos*, 14 mars 1995.

2. François Auer, «Comment se protéger de l'espionnage, de la malveillance et de l'intelligence économique», *Secret Consulting*, 1998.

rapidement neutralisée. Un exemple : il y a quelques années, une entreprise britannique du secteur de l'armement propose à une société française le développement d'un produit commun. Cette société, qui dispose d'un avantage technologique dans ce domaine, réclame et obtient la maîtrise d'œuvre, en même temps qu'elle finance le projet aux deux tiers. Ce projet mobilise l'ensemble de ses moyens de recherche et développement. Par ailleurs, l'entreprise française n'hésite pas à accueillir les ingénieurs britanniques dans ses laboratoires et à les informer généreusement.

Arrivée à l'étape de la commercialisation, contre toute attente, la société britannique annonce que le gouvernement de Londres refuse d'équiper ses forces armées avec ce matériel. Pire, le ministère de la Défense britannique met son veto à l'exportation du matériel de guerre, jugé néanmoins performant. Le périmètre de vente, qui se limite désormais à la seule France, devient trop étroit pour rentabiliser l'investissement. La société française se retrouve alors dans une situation extrêmement délicate. Quant au partenaire qui a financé un tiers de l'investissement, il semble a priori aussi victime de cette décision gouvernementale.

A priori seulement. Car, à observer de plus près, la situation n'est pas la même pour lui. En effet, cette société anglaise a mené en parallèle un partenariat similaire avec une entreprise américaine, pour la production d'un équipement directement concurrent du projet franco-britannique. Elle finance 10 % de ce projet transatlantique. Au final, les ministères de la Défense britannique et américain acquièrent ce matériel, qui connaîtra un rapide succès à l'exportation. Ainsi, les marges dégagées par la vente du produit anglo-américain couvrent largement les dépenses engagées dans le projet franco-anglais. Et, en prime, un groupe industriel français, concurrent sérieux, est mis hors circuit. Il a mobilisé ses équipes et investi en vain. De plus, en accueillant des chercheurs britanniques dans ses laboratoires de recherche, il leur a permis d'évaluer précisément son savoir-faire.

« Excepté le Concorde et le Tunnel sous la Manche, explique un vieux roublard français du renseignement industriel, tout ce que nous avons entrepris avec la perfide Albion a échoué. »

War room : la machine à gagner des appels d'offres

C'est lui ou personne. Le patron de cette grande société de BTP est ferme : il veut Alain Chitrit comme conseiller spécial pour diriger son dispositif afin d'emporter un appel d'offres. L'enjeu est important, il s'agit d'un grand équipement culturel estimé à 20 millions d'euros dans un premier temps, qui doit doubler ultérieurement après les extensions prévues. L'appel d'offres émane d'une ville prestigieuse de la banlieue parisienne associée à différents ministères (Finances, Culture, Équipement...). Ce patron connaît Alain Chitrit. Un mauvais souvenir pour lui. Les trois dernières fois que son entreprise a concouru pour un projet de cette importance, elle a échoué. Dans l'un des cas, elle a trouvé en face d'elle Alain Chitrit, qui conseillait son heureux concurrent. Lui se souvient : « En moins de quinze jours, nous avions mis cette société hors circuit. » Alors, pour l'entrepreneur en travaux publics, il n'est pas question de gâcher cette nouvelle occasion. Peu importent les moyens, sa crédibilité en dépend. La réponse à un appel d'offres de cette importance mobilise l'énergie de l'entreprise et coûte cher, en moyenne près d'un million d'euros, investis en pure perte en cas d'insuccès. Un nouvel échec grèverait considérablement les comptes.

Qui est donc ce joker que l'on s'arrache ? Alain Chitrit est un spécialiste de la compétition économique, expert dans la mise en place d'une chambre de guerre commerciale *(war room)* au sein des entreprises. Sur sa carte de visite, l'intitulé de ses prestations s'étale sur trois lignes : « Conseil en stratégie, relations extérieures, veille et intelligence économique, *War Room Business* ». Sa société de lobbying est implantée à Paris. Elle entretient des relais à Bruxelles. En une dizaine d'années, l'homme s'est forgé une réputation de *killer* dans le milieu du business. Pourtant, rien ne le prédestinait à cette carrière dans l'arène économique. Ses parents souhaitaient pour lui un métier artisanal. Lui a préféré quitter la France pour se former à l'école du droit américain : stage et emploi dans un cabinet d'avocats aux États-Unis, suivis d'une formation universitaire. En quelques années de terrain, il acquiert les techniques de lobbying auprès des maîtres américains. Autant dire qu'Alain Chitrit connaît bien les pratiques commerciales utilisées des deux côtés de l'Atlantique. Il a même payé le prix fort pour le savoir. Son appartement a été incendié, un incendie criminel selon les pompiers. Aujourd'hui, il a choisi de partager son expérience avec ses confrères français au sein de l'Association des auditeurs de l'IHEDN (Institut des hautes études de défense nationale) qu'il a présidée jusqu'à l'été 2003. Son objectif: alerter les décideurs économiques et politiques de la nécessité de construire une véritable politique d'intelligence économique en France. «Pas facile tant les obstacles sont nombreux pour sensibiliser une cible qui refuse de voir la réalité en face.»

Mais revenons à notre affaire. Nous sommes début 2000. Un gros marché se présente pour les entreprises de BTP. Chacune s'active pour présenter le meilleur projet architectural aux ministères des Finances et de la Culture ainsi qu'au conseil municipal de la ville censée accueillir l'édifice culturel. Alain Chitrit accepte donc le contrat que lui propose l'une de ces sociétés: monter une *war room*, une chambre de guerre économique, dans le but de décrocher le marché. Il trace la feuille de route.

Avant tout, veiller à garantir la confidentialité du travail de l'équipe qui évolue autour de son client: architecte, cinéaste, ergothérapeute, ingénieurs… tous ces experts doivent signer un document dans lequel ils s'engagent à ne divulguer aucune information à l'extérieur. Un engagement des plus sérieux qui entraînerait, le cas échéant, le contrevenant au tribunal civil et pénal. Le contrat de confidentialité stipule que l'indiscret risque une amende pouvant aller jusqu'à 10 millions d'euros. Une somme exorbitante conforme aux pratiques américaines.

Malgré ces chiffres dissuasifs, un membre de l'équipe cède à la tentation. Il trahit son client en transmettant une partie du dossier à la concurrence. Un cas de figure prévu par Alain Chitrit, qui a pris soin de placer une taupe chez le concurrent malveillant. Il suffit à Alain Chitrit de récupérer une photocopie des documents pour remonter la piste du traître. Rien de plus facile, chaque document distribué aux différents experts engagés est individualisé par des détails typographiques : une virgule en plus ou en moins, un espace de plus ou de moins, un mot différent, une statistique rédigée en lettres ou en chiffres… et l'infidèle est repéré.

Que faire alors ? Le dénoncer en le traînant, lui et le concurrent, devant les tribunaux ? Simple mais pas franchement productif comme solution, l'objectif étant avant tout de remporter l'appel d'offres. Alain choisit de contre-attaquer en transformant cette trahison en avantage pour son client. Il décide donc de manipuler sa brebis galeuse pour intoxiquer la société concurrente. C'est le coup classique de l'arroseur arrosé. On ne révèle rien de l'affaire et on continue à fournir des informations au traître. A un détail près : certaines sont totalement fausses. Le concurrent est intoxiqué et neutralisé. *Exit* la concurrence.

La bataille n'est pas remportée pour autant. Il faut aussi gagner la confiance du jury, essentiellement constitué de fonctionnaires et d'élus. L'ensemble de l'équipe se prépare aux auditions. Là encore, la démarche est très professionnelle. Alain Chitrit recommande la présence d'un *profiler*. Aux États-Unis, le *profiler* est un expert en psychologie qui aide les policiers à mettre la main sur les *serial killers*. Au sein de la *war room*, ses compétences sont utilisées dans un autre but. Sa mission consiste à tirer un profil psychologique de chacun des membres du jury afin d'anticiper leurs éventuelles questions. « Nous devons connaître la formation et le parcours professionnel de chacun des jurés. C'est le seul moyen efficace pour prévoir leur comportement lors des auditions. »

Enfin, dernière précaution avant d'affronter le grand oral : renforcer l'équipe en introduisant un technicien capable de répondre aux questions les plus inattendues. Un homme spécialement choisi par Alain Chitrit pour ses qualités d'improvisation en cas de problème.

Bien lui en a pris, car durant l'audition un membre du jury a posé une question piège concernant le degré d'une pente de toit. « Heureusement mon technicien a su répondre. Il avait particulièrement étudié le profil Arts et Métiers de ce juré. » Lequel a sans doute été impressionné comme l'ensemble du jury par la qualité des réponses de ces guerriers du business formés à bonne école.

Le lobbying et les actions d'influence

«Lobby franc-maçon», «lobby juif», «lobby des anciens de grandes écoles», «lobby arabe»... en France, contrairement aux États-Unis, le mot a mauvaise réputation. Sulfureux, péjoratif, le terme, en économie, évoque la face cachée, souvent sombre, des négociations commerciales dont les décisions tiennent moins aux qualités d'un produit ou d'un service qu'à l'entregent du réseau politique, économique, philosophique, religieux des protagonistes. Encore tabou en France, mais strictement réglementé outre-Atlantique, le lobbying correspond à toutes les tentatives de changement des règles du jeu économique par la conduite d'actions d'influence dans les différents domaines. En politique, cette activité consiste à influencer directement ou indirectement les processus d'élaboration, d'application ou d'interprétation de mesures législatives, normes ou règlements. En clair, le lobbyiste s'arrange pour dicter le contenu des lois aux législateurs. Alors le lobbying est-il une imposture [1] ? Agissant sur des centres de pouvoir en vue d'obtenir, d'infléchir ou de s'opposer à des décisions, le lobbying peut aussi bien avoir pour but d'empêcher le développement ou la validation d'un produit concurrent que d'imposer ses propres normes. On a coutume de dire que si le juriste applique la loi, le lobbyiste la change. Pour le vérifier, il suffit de tirer le bilan de la loi Évin du 10 janvier 1991 concernant l'interdiction de la publicité sur le tabac et les alcools. En seulement trois ans, «le lobby (de l'alcool et du tabac), puissamment aidé par celui des publicitaires et des médias, a fini, avec des méthodes plutôt opaques, par vider la loi Évin de toute logique et de tout contenu [2]».

Le lobbying s'affirme donc comme un outil indispensable sur

---

1. Éric Eugène, *Le Lobbying : une imposture ?*, Paris, Le Cherche-Midi, 2002.
2. *Ibid.*

les marchés d'accès difficile. Lorsque, pour emporter un marché, le vendeur fait exercer sur l'acheteur une pression par des élus, par une administration, par l'opinion publique via la presse, évoquant des enjeux de santé publique, d'écologie, de développement local ou de concurrence déloyale, c'est bien de lobbying qu'il s'agit. L'utilisation des « carnets d'adresses », des relations professionnelles, des amitiés nouées au cours des études permet de diffuser des idées par l'intermédiaire des leaders d'opinion d'autant plus crédibles qu'ils ont une position socialement significative et qu'ils n'ont pas de lien direct apparent avec le concepteur initial du projet.

Le lobbying n'est pas en lui-même une action répréhensible. Toutefois son utilisation systématique, couplée à des pressions politiques ou diplomatiques d'une administration nationale, est une arme redoutable dans la compétition économique et culturelle. L'influence peut s'orchestrer à des niveaux très différents. On connaît l'exemple classique de l'intervention de chefs d'État de pays occidentaux auprès d'un pays tiers pour lui vendre des produits militaires ou civils. Mais des actions de lobbying aux échelons subalternes n'en sont pas moins efficaces. Outil normal de travail pour les Anglo-Saxons, il devient instrument de déstabilisation malhonnête lorsqu'il emploie des moyens déloyaux. Un lobbying agressif consiste par exemple à mettre en place un système de renseignement ciblé sur un individu. Il pourra s'agir de trouver les violons d'Ingres de la « cible », d'envoyer des personnes l'approcher par ce biais afin de construire une relation amicale. Une fois ces rapports établis, il s'agira de récupérer des informations, d'influencer des prises de décision, ou même de pratiquer un chantage.

Le lobbying fait désormais partie de l'arsenal des entreprises qui cherchent à promouvoir ou à défendre leurs intérêts. Cette évolution tient à de nombreux facteurs, notamment à l'influence grandissante des pouvoirs publics, à la fois autorités et acteurs du jeu économique – pouvoirs eux-mêmes diversifiés avec l'essor de l'Europe et des organisations internationales.

La Politique agricole commune : cible de la CIA

S'il existe un domaine en matière de lobbying où la France reste très vigilante, c'est le secteur de l'agriculture. Récemment, les autorités françaises ont décelé une opération de lobbying intense contre la Politique agricole commune (PAC). Le plan de bataille semble avoir été conçu par les Anglais, principaux adversaires de la PAC.

En décembre 2002, les Français sont intrigués à la lecture de trois brochures publiées par les Britanniques sur l'avenir de la PAC. Leurs auteurs sont des intellectuels rattachés à un *think-tank* anglais, le Foreign Policy Center lancé en 1998 par le Premier ministre, Tony Blair, et son ancien ministre des Affaires étrangères, Robin Cook. Le but de ce *think-tank* est de proposer des pistes de réforme dans des domaines variés, en contournant l'étape diplomatique jugée trop lourde. Le Foreign Policy Center est animé par Mark Leonard, un ancien journaliste de *The Economist*. Il est accompagné d'une équipe d'experts et de chercheurs, spécialisés dans les questions économiques et les relations internationales. Le Foreign Policy Center est soutenu et financé par de prestigieuses sociétés : BBC, Accenture, BP International... La question de la PAC est gérée par Jack Thurston, ancien conseiller spécial du ministre de l'Agriculture de 1999 à 2001. L'objectif de l'étude qu'il vient de diriger est clairement indiqué dans son titre : « Comment réformer la PAC ? ».

A la lecture, on s'aperçoit très vite que les auteurs ne présentent pas une nouvelle vision de la PAC, conçue au début des années 60. Ils proposent tout bonnement un changement radical de la Politique agricole commune qui engloutit près de la moitié du budget européen. En fait, un véritable mode d'emploi pour détruire la PAC.

Le plan prévoit d'isoler les professions agricoles partisanes du statu quo et de « réduire et diluer l'opposition politique à la réforme en donnant des compensations aux perdants (une aide spécifique aux petites exploitations est une manière économique de les faire taire)». L'étude recommande d'agir avec discrétion, patience et prudence. Elle préconise de manipuler les ONG et groupes de pression susceptibles d'être intéressés et favorables à cette réforme radicale: les militants de l'égalité de traitement entre agriculteurs du Nord et du Sud; les mouvements contre les méthodes de productions industrielles; les partisans d'une agriculture bio... Parmi ces ONG qui dénoncent la PAC, on trouve le WWF, Greenpeace, Friends of the Earth Europe, Oxfam International...

Enfin, les auteurs de ce projet recommandent d'ouvrir les instances des décisions européennes concernant les affaires agricoles aux ministres des Finances, du Commerce et de l'Environnement, histoire de retirer le pouvoir aux seuls ministres de l'Agriculture. «Le gouvernement britannique a donc su déplacer le débat sur le terrain de la société civile, en suscitant ou en exploitant la mobilisation de leaders d'opinions influents», estime Jean-Renaud Fayol, ancien cadre de Cairn Executive, un cabinet d'intelligence économique français.

Quelle est la réponse des Français face à cette attaque des Britanniques? Les arguments pour défendre la PAC existent, reste à les faire connaître. A priori, c'est la mission d'Étienne de Certaines, le monsieur «Intelligence économique» du ministère de l'Agriculture, un personnage sympathique, tout en rondeurs, chargé du dossier depuis une dizaine d'années au moins. «En France, nous faisons de l'intelligence économique comme monsieur Jourdain fait de la prose», prévient-il d'emblée. Selon lui, le ministère de l'Agriculture sait parfaitement mettre en place des stratégies d'influence pour se défendre à Bruxelles, mais «il y a des moyens qu'on s'interdit d'utiliser». Sans en arriver à des extrêmes que d'autres ont moins de scrupules à mettre en œuvre, de quels moyens le ministère dispose-t-il pour contrer les attaques des *think-tanks* anglais? En guise de réponse aux critiques du Foreign Policy Center, le ministère a publié un fascicule qui reprend en couverture tous les arguments des antiPAC... On a connu plus efficace comme contre-propagande. La question importante est la suivante: la France est-elle prête à contrer ces attaques plus finement? En utilisant elle aussi par exemple les services de *think-tanks*?

Réponse d'Étienne de Certaines : un sourire. Blasé ou entendu ? Chacun est libre de l'interpréter comme il le veut. En attendant, une chose est sûre, la France perd du terrain à Bruxelles.

Les dernières négociations (juin 2003) sur la PAC apparaissent-elles comme une victoire des réformistes ? Pour le journaliste du *Monde* qui titre ainsi son article : « Agriculture : oublier la PAC, un peu… [1]», il semble que les antiPAC aient gagné du terrain. C'est un coup dur pour les autorités françaises qui pourtant se préparent depuis longtemps à ce type d'attaque. Si l'on en croit le ministre de l'Agriculture, Hervé Gaymard, les Anglais ne sont pas les seuls à en vouloir à la Politique agricole européenne. « Voilà quarante ans qu'à travers la CIA et son lobby d'intelligence économique les États-Unis cherchent à dézinguer la PAC », accuse le ministre [2]. Et d'ajouter, pour enfoncer le clou sur les méthodes des Américains : « Quinze ans qu'ils brandissent l'argument de l'appauvrissement du tiers-monde. Bravo pour ce boulot de pro ! » Hervé Gaymard a fait ses comptes. Selon lui, les Américains subventionnent chacun de leurs agriculteurs à hauteur de 20 803 euros par an. Soit 25 % de plus que l'Europe. A la charge des Français de diffuser ces informations à bon escient… Il semble que, depuis quelques mois, il souffle un vent nouveau au ministère de l'Agriculture. Rue de Varenne, on a compris les enjeux de cette guerre de l'information et on se prépare à mener bataille sur ce front.

Pernod contre Bacardi : la guerre du rhum

A l'origine de cette rocambolesque histoire, véritable cas d'école qui illustre la puissance du lobbying et de ses dérapages, un banal contentieux commercial entre deux géants du secteur des vins et spiritueux, Bacardi et Pernod-Ricard.

Ces deux entreprises s'affrontent pour récupérer une marque

1. François Grosrichard, *Le Monde* du 3 juillet 2003.
2. *Paris-Match*, 27 février 2003.

prestigieuse de rhum: le Havana Club [1]. En 2000, la société Bacardi traîne en justice les dirigeants de Pernod qui viennent de recevoir l'autorisation des autorités cubaines pour commercialiser des bouteilles de rhum sous la célèbre marque. La société Bacardi, gérée par une vieille famille cubaine exilée en Floride, n'accepte pas cet accord commercial. Elle prétend qu'elle a racheté les droits en 1997 aux véritables propriétaires, les membres de la famille Arechabala. Celle-ci avait déposé avant la Révolution cubaine la marque Havana Club, sans pour autant commercialiser de produits sous ce nom. D'ailleurs, elle ne s'est même pas souciée d'en proroger la protection. Aussi, à la Révolution, Castro nationalise les entreprises et le nouveau gouvernement cubain devient propriétaire de toutes les marques, notamment de Havana Club. C'est donc naturellement vers les autorités cubaines que se tourne Pernod pour utiliser ce nom.

Mais, le 2 octobre 2000, la justice américaine se prononce contre la société Pernod en lui interdisant la vente dans le monde entier du rhum sous la marque Havana Club. Première bataille remportée par les dirigeants de Bacardi qui ont su activer les bons réseaux politiques, économiques et même gouvernementaux.

Pour se défendre, Pernod sollicite les services d'une société spécialisée dans la contre-influence. A sa tête Jean M., un ancien militaire. A peine briefé par les dirigeants de Pernod, Jean M. part donc en mission à Cuba et aux États-Unis pour enquêter sur les réseaux Bacardi. Il parvient à prendre contact au plus haut niveau de la société et du lobby cubain-américain en se faisant passer pour un investisseur européen.

Ce qu'il découvre dépasse ses pires craintes. Bacardi n'est pas n'importe quelle société d'alcools. C'est le seul groupe capitaliste ayant survécu à la Révolution. Pour les Cubains en exil (plus de 2 millions aux États-Unis), elle est le dernier symbole de la résistance au régime castriste et surtout le dernier avocat de la défense

1. La marque apparaît au 79e rang du Top 100 des alcools avec 220 millions de dollars de chiffre d'affaires. A comparer avec la deuxième place du rhum de Bacardi, au-dessus des 2 milliards de dollars. *Impact* du 1er au 15 avril 2003.

des intérêts économiques des Cubains floués par le régime castriste. Alors, quand une société française s'arrange avec La Havane pour commercialiser un rhum de légende, la réaction de Bacardi est forcément double : patriotique et économique. D'autant que Bacardi craint que Cuba ne soit qu'une première étape pour Pernod, alléché par l'immense marché américain.

Pas question donc de laisser faire. Bacardi a les moyens de réagir et va le prouver. Jean M. découvre que la société est une véritable machine de guerre contre le régime castriste et autres opposants des États-Unis en Amérique du Sud. Et qui dit mouvement d'opposition sud-américain dit CIA... Un livre fort documenté témoigne des relations entre Bacardi et l'agence de renseignement américaine [1].

Bacardi est si bien introduite dans les sphères du pouvoir américain qu'elle est considérée comme l'un des plus actifs lobbyistes à l'origine de la loi Helms-Burton en 1995-96 qui réglemente – pour ne pas dire interdit au monde entier – tout commerce avec Cuba. L'enquête de Jean M. évalue à plus de 20 millions de francs la somme dépensée chaque année par Bacardi pour ses frais de lobbying. Ce qui a permis à l'avocat de la société d'influencer des membres du Congrès pour amender à la dernière minute la Loi sur les investissements des États-Unis. Cet amendement, intitulé section 211, stipule que les États-Unis n'assurent plus la protection des marques déposées qui ont fait l'objet d'une nationalisation cubaine. En réaction, l'Union européenne a déposé une plainte auprès de l'OMC contre la section 211. Via les États-Unis, le lobby américano-cubain déclare la guerre aux entreprises étrangères entretenant des relations d'affaires avec Cuba. Un harcèlement dont certaines sociétés telles que Sherritt, Sol Melia et First Key feront les frais.

Le lobby de Bacardi ne vise pas à interdire tous contacts commerciaux avec l'île. L'objectif est plus machiavélique. Il mêle politique et business. Les dirigeants de Bacardi veulent contraindre

1. Hernando Calvo Ospina, *Rhum Bacardi. CIA, Cuba et mondialisation*, Bruxelles, EPO, 2000.

toutes les sociétés étrangères à entrer en contact avec les propriétaires des marques considérés comme légitimes « afin de contribuer à un changement de gouvernement et mettre sur pied des partenariats solides sur le long terme », explique Jean M.

Au-delà du contentieux commercial, Bacardi prépare l'après-Castro. « Un futur gouvernement démocratique se montrerait plus indulgent envers une entreprise européenne qui aurait pris soin, bien qu'ayant collaboré avec une société d'État sous le régime castriste, d'offrir une compensation au propriétaire légitime », peut-on lire dans le rapport de Jean M. Et d'ajouter : « Cette compensation peut être assimilée à une forme d'assurance risque-pays... » Du politiquement correct...

A l'évidence, toute cette histoire dépasse largement le simple cadre commercial. Pernod s'est égaré malgré lui sur des chemins aux enjeux géopolitiques qui le dépassent totalement. C'est en tout cas l'une des hypothèses de Jean M. « L'examen des structures et des pratiques de Bacardi montre bien que le groupe est au centre d'une coalition d'intérêts politiques et participe de ce fait à la base financière, économique et législative du futur pouvoir cubain. Lorsque Pernod-Ricard croit affronter un concurrent du secteur de l'alcool, il affronte en fait un pouvoir politique déjà constitué autour d'une entité industrielle génératrice de moyens financiers. »

Dix ans après le début du contentieux entre les deux protagonistes, la situation reste bloquée. La balle est toujours dans le camp de la cour de justice américaine qui repousse constamment le moment où elle devra se prononcer sur la discrimination faite aux entreprises étrangères qui entretiennent des relations commerciales avec Cuba. En attendant, pour Pernod, cette guérilla commerciale commence à coûter cher.

Thomson, la Luftwaffe et l'OTAN

Il arrive parfois que guerre électronique et guerre économique aillent de pair, comme l'illustre l'histoire suivante. Le pod électronique ASTAC[1], fabriqué par Thomson CSF (aujourd'hui Thalès) au milieu des années 90, permet de surveiller le spectre électromagnétique adverse en localisant et en cataloguant avec précision les émissions des radars sol-air. La compacité du pod lui permet d'être emporté sous la plupart des avions de combat tactiques, seuls capables d'aller tester les défenses ennemies pour recueillir des informations valables. Ce concept d'emploi est très éloigné de la doctrine américaine, qui attribue les missions de reconnaissance électronique à des avions lourds ou vulnérables (KC135, U2) tenus d'opérer à distance de sécurité. Déjà exporté au Japon, le pod ASTAC est également en service au sein de l'armée de l'air française qui l'a utilisé en ex-Yougoslavie.

En 1996, à la suite d'une démonstration particulièrement réussie, la Luftwaffe est conquise par le système français et annonce son intention de se le procurer. Une compétition est tout de même organisée pour respecter la règle des appels d'offres. Simple formalité dans ce cas, car le produit de Thomson est le seul dans sa catégorie, et le seul qui ait été testé au combat. Autre argument jouant en sa faveur, il est immédiatement disponible. Les jeux semblent donc être faits. C'est sans compter sur la pugnacité du lobby américain en Allemagne. Le processus d'acquisition ayant été confié par les Allemands à un organisme dépendant de l'OTAN, les Américains présentent leur candidature et commencent par dénoncer le cahier des charges défini par la Luftwaffe. Ils remuent ciel et terre tant et si bien qu'ils remettent en cause l'essentiel des clauses techniques exprimées par les Allemands et peuvent ainsi concourir avec des matériels très éloignés des besoins initialement exprimés.

C'est ainsi qu'à la surprise générale la consultation est remportée par une entreprise américaine avec un matériel ne correspondant pas aux besoins de la Luftwaffe. Celle-ci parvient tout de même à annuler la procédure. En juillet 1997, elle reprend l'affaire

1. Ou «nacelle» (nacelle électronique): il s'agit d'un système embarqué qui s'installe sous l'avion (comme une bombe ou un missile), dans lequel est placé le système de guerre électronique.

à zéro et lance une nouvelle étude qui aboutit à la sélection de Thomson CSF.

Le lobby américain hurle alors à la corruption et parvient une nouvelle fois à annuler la transaction. A l'heure actuelle, le bras de fer se poursuit entre la Luftwaffe, sûre de ses choix techniques et un ministère de la Défense allemand empêtré dans les exigences politiques. Les grands perdants de cette affaire ubuesque et exemplaire, qui fait quelque bruit en Allemagne, sont bien entendu les industriels français, la coopération européenne et surtout la Luftwaffe, qui ne recevra peut-être jamais le matériel qu'elle souhaite.

Les mésaventures de Dassault au pays du Matin calme

A la fin des années 1980, un contrat avec la Corée du Sud pour la fourniture de huit avions de patrouille maritime Dassault-Bréguet Atlantic 2 est conclu. A cinq reprises, un comité interministériel sud-coréen a voté en faveur de l'avion français, écartant son rival américain, le P3 Orion. Ne pouvant faire annuler le contrat, les Américains sortent alors l'artillerie lourde. Ils parviennent tout simplement à faire sauter le ministre de la Défense et à le faire remplacer par le chef d'état-major de l'armée de terre, plus malléable. Il leur suffit ensuite de l'inviter dix jours à Washington. A son retour, oubliés les avions Dassault, la décision d'achat se porte sur les P3 Orion américains.

Quelques années plus tard, en 2002, l'avionneur français connaît une nouvelle mésaventure sud-coréenne. Une fois de plus opposé à un concurrent américain, Dassault se voit entraîné dans une affaire de corruption débouchant sur la saisie de tous ses biens par la police de Séoul : les locaux, mais aussi les ordinateurs et l'ensemble des dossiers confidentiels. Il est fort probable que ces derniers soient alors passés entre les mains des ennemis de la société française. Une « affaire » qui tombe à point nommé pour le concurrent américain !

Le cas Cores et les tentatives de pénétration japonaises en Europe

La conduite d'actions d'influence élaborées n'est pas le seul monopole des Anglo-Saxons. Au cours des derniers mois de 1988, Cores, une firme de consultants nippons spécialisés dans le marketing international, soumet aux vingt plus importants fabricants japonais de matériel électronique un plan détaillé d'influence à l'égard des pays européens. L'objectif est de peser sur les réglementations imposées par la CEE en vue du grand marché prévu pour la fin 1992. Ce plan préconise un certain nombre de mesures.

Il faut avant tout pénétrer un maximum d'associations industrielles locales. Cet entrisme se fera essentiellement par des subventions généreusement distribuées aux lobbies et aux spécialistes des relations publiques de chacun des douze pays de la CEE. L'objectif est de constituer un réseau d'acquisition d'informations dans chacun. L'étape suivante consiste à installer des unités de production ou de services dans ces mêmes pays, à embaucher des juristes et des experts financiers européens capables de diriger ces nouvelles entreprises. Le plan prévoit également d'inviter au Japon de nombreuses personnalités européennes influentes des milieux intellectuels, politiques ou journalistiques et de nommer dans chaque pays un dirigeant politique chargé de couvrir toutes les initiatives japonaises. Une personnalité suffisamment importante pour ouvrir toutes les portes et orienter les lobbies dans les milieux officiels.

Heureusement, cette approche a été décelée en cours de manœuvre par plusieurs services de sécurité européens. Les Japonais ont donc été gentiment priés de remballer leurs cartons.

La normalisation, arme de guerre économique

Dès le début de l'ère industrielle, il s'est révélé nécessaire de normaliser les productions à un niveau mondial. Qu'il s'agisse de pas de vis, d'écartement des rails de chemin de fer ou de la composition des alliages, il fallait assurer la cohérence, la simplification de la gestion des stocks, et au-delà, évidemment, favoriser les économies d'échelles.

L'ouverture du Marché unique européen a donné une nouvelle impulsion à ce phénomène… Envisagées initialement comme de simples outils de spécification technique, les normes remplissent aujourd'hui une fonction beaucoup plus stratégique. Elles permettent soit de se protéger, soit au contraire de faciliter la conquête de nouvelles parts de marché. La norme constitue ainsi un outil d'intelligence économique et une remarquable méthode de conquête commerciale. Henri Martre, ancien président de l'Afnor et auteur du premier rapport officiel sur l'intelligence économique, en a fait l'un de ses chevaux de bataille.

Il s'agit pour l'entreprise d'imposer ses standards comme référence au niveau international. Cet objectif peut être atteint de plusieurs manières. Soit par l'acquisition d'une position dominante qui oblige les concurrents à adopter la norme de l'entreprise leader. Soit par un lobbying intense qui devra convaincre les institutions normatives internationales de légiférer dans le sens souhaité. Soit, enfin, par une alliance avec les concurrents afin d'imposer un standard commun. La réglementation est donc à la fois un enjeu et un terrain d'affrontement.

En 1992, Pechiney menace de saisir le Gatt (ancêtre de l'OMC) si son concurrent Alcoa, leader mondial de l'aluminium, ne revient pas sur ses déclarations. Alcoa avait laissé entendre à un constructeur d'avions civils asiatique que seul son aluminium lui permettrait de recevoir l'habilitation de la Federal agency for aviation (FAA), véritable gendarme du trafic aérien américain. Trois ans plus tard, c'est au tour de Framatome de faire les frais de cette approche déloyale des affaires. Le leader français est empêché de participer à l'appel d'offres pour la construction d'une centrale nucléaire à Taiwan. Motif invoqué : Framatome ne respecte pas les normes taiwanaises. En fait, ces dispositions techniques ont été dictées aux Taiwanais par un regroupement d'entreprises américaines.

Nos amis d'outre-Atlantique ont placé cet enjeu en tête de leurs préoccupations et ne s'en cachent pas. En 1996, le National Research Council (NRC) demande au gouvernement fédéral de contraindre les entreprises étrangères à adopter les normes américaines. « Les États-Unis devraient chercher agressivement à réduire les barrières commerciales liées à la normalisation... » Difficile d'être plus clair [1].

Des guerres commerciales, autour de la définition des normes, ont donc lieu très en amont des marchés. A plusieurs reprises, Danone a dû se battre pour contrer les attaques de ses concurrents anglais, allemands, hollandais et américains sur le marché du yaourt dont il est leader. Ces derniers souhaitaient élargir la définition sanitaire d'un yaourt pour y inclure des produits qui n'ont pas grand-chose à voir avec la fermentation du lait.

Devant le *Codex Alimentarius*, l'instance internationale qui gère les labels de la nourriture au sein de la FAO, Danone a toujours gagné. Elle le doit à une approche astucieuse mise en musique par une société d'intelligence économique qui a mené, en 1997 et 1999, deux campagnes d'influence auprès des lobbies du lait dans les différents pays concernés, campagnes menées à l'abri d'un faux *think-tank* européen créé pour les besoins de la mission.

La société fondée par Antoine Riboud aurait pu se contenter du lobbying fourni par les syndicats et autres fédérations professionnelles françaises, mais elle a préféré mettre toutes les chances de son côté pour cet enjeu vital. Toutefois, rien ne garantit que ses adversaires aient totalement abandonné le combat. Affaire à suivre... Danone est condamnée à une surveillance permanente de ce front économique pour stopper le plus en amont possible les offensives de ses concurrents.

En matière de normes, l'éventail des protections nées de l'imagination humaine se révèle très large quand une industrie est menacée. Ainsi, au début des années 70, les réfrigérateurs français

1. *Le Monde du renseignement*, 22 février 1996.

fabriqués par les firmes Brandt et Thomson sont soumis à une forte concurrence des modèles Zanussi d'origine italienne. Les responsables de Thomson et de Brandt accusent les Italiens de dumping et appellent au secours les pouvoirs publics français. Ceux-ci décident d'imposer une norme sur les dimensions, censée pénaliser l'importation des réfrigérateurs italiens. Mais les ingénieurs transalpins sont prompts à la réplique. En trois mois, ils fabriquent des réfrigérateurs aux normes françaises et peuvent de nouveau déferler sur le marché de l'hexagone.

Après cette contre-attaque éclair, on demande aux ingénieurs français de faire preuve d'un peu plus de technicité. Ils éditent alors une nouvelle norme qui modifie considérablement les performances techniques et thermiques des réfrigérateurs. Qu'à cela ne tienne: en moins de six mois, les Transalpins trouvent à nouveau la parade et mettent au point des réfrigérateurs aux normes tricolores qui finissent par ébranler la santé des deux champions français du secteur.

Heureusement pour l'industrie française, quelques mois plus tard, Zanussi, victime de sa propre stratégie, dépose son bilan [1].

Le *social learning*

Atteindre les esprits, les formater sur le plan culturel et social afin de transformer les citoyens en consommateurs dociles, tel est l'objectif du *social learning*. Les gagneurs de demain se trouveront parmi les entreprises qui auront su ancrer durablement leurs produits ou leurs services dans les habitudes des consommateurs. Il faut que la consommation d'un produit devienne un véritable réflexe pavlovien. Pour cela, les entreprises s'attaquent aux normes socio-culturelles, psychologiques et mentales qu'elles tentent de conditionner via leur marketing afin d'influencer les comportements et le mode de vie des consommateurs.

---

1. Bernard Esambert, «Guerre économique mondiale et intelligence économique», *Les Cahiers de Mars*, n° 162, 3e trimestre 1999, p. 85-86.

L'enjeu est de taille et il est au cœur des nouveaux affrontements économiques et culturels. Après les guerres territoriales, les guerres idéologiques et les guerres économiques, arrive le temps des guerres pour un choix de société dans un cadre accepté par tous, le libéralisme. L'arme essentielle de cette guerre, c'est le *social learning*.

Le *social learning* intervient essentiellement à travers la formation des futurs cadres et donne, en apparence, l'impression d'associer à son action les populations cibles elles-mêmes. Cette manœuvre oriente en toute légitimité les publics visés vers l'offre cachée derrière ce processus de formation apparemment anodin. Il s'agit d'une « conquête des cœurs et des esprits » très en amont des marchés.

Dans un livre exceptionnel consacré à la plus gigantesque opération d'influence culturelle orchestrée par la CIA en Europe pendant la Guerre froide, Frances Stonor Saunders [1] définit les deux objectifs de l'agence de renseignement américaine : « Vacciner le monde contre le communisme et faciliter l'introduction à l'étranger des intérêts américains en matière de politique extérieure. »

Aujourd'hui le premier but est largement atteint, même s'il existe encore des pays qui se réclament de l'idéologie communiste (Chine, Cuba, Corée du Nord). Qu'en est-il du deuxième objectif ? Il est l'instrument d'influence permanent que les États-Unis exercent sur toute la planète depuis la fin de la Seconde Guerre mondiale. Une prétention d'ailleurs qui exaspère tous ceux qui s'opposent à son hégémonie politique, économique et culturelle.

A l'ère de l'information, la diplomatie de la canonnière se voit ainsi remplacée par l'influence intellectuelle, essentiellement exercée à travers l'éducation et les médias. Les outils du *social learning* sont la langue anglaise, l'éducation et la formation, les activités culturelles, plus particulièrement le cinéma et la télévision.

---

1. *Qui mène la danse ?* Paris, Denoël, 2003.

En effet, de *war room* à *benchmarking*, de *think-tank* à *lobby*, imposer son vocabulaire, c'est remporter la toute première bataille. Face à cette déferlante linguistique, combien les Européens peuvent-ils revendiquer de termes d'envergure mondiale ?

« Dans la mesure où l'américanisation du vocabulaire accompagne celle du mode de consommation, ce phénomène culturel quasi planétaire offre l'un des supports les plus efficaces de pénétration des entreprises US sur les marchés porteurs. » Les Yankees ont le génie d'associer à leurs stratégies économiques la diffusion d'une image très positive d'eux-mêmes : jeunesse, dynamisme, décontraction, professionnalisme, technicité. « C'est grâce à cette imprégnation croissante que l'influence culturelle américano-britannique s'est étendue aux trois quarts du monde. Des élites dirigeantes, des secteurs tertiaires aux bataillons "avancés" des couches moyennes, elle s'est diffusée au sein des classes populaires [1]. »

L'influence du mode de vie sur la consommation est essentielle. Et, dans cette compétition, les Anglo-Américains ont plusieurs longueurs d'avance. En France, reconnaît Bernard Carayon, auteur d'un récent rapport sur l'intelligence économique, « nous sommes davantage sous influence qu'influenceurs ».

Principal vecteur d'influence des Anglo-Saxons, le cinéma. Le septième art américain figure à la troisième place derrière l'aéronautique et l'agroalimentaire dans le palmarès des exportations. C'est dire l'importance de cette industrie pour ce pays. La CIA, qui dispose d'un bureau au cœur de Hollywood, reconnaît ouvertement qu'elle collabore avec les producteurs de film dans le but d'améliorer l'image des espions américains. Quant au Pentagone, il travaille avec certains réalisateurs pour mettre en valeur les technologies d'armement *made in USA*. Les relations entre les services de renseignement, le ministère de la Défense et Hollywood sont si riches qu'on peut parler de « complexe militaro-

1. Rémi Kauffer, *L'Arme de la désinformation. Les multinationales américaines en guerre contre l'Europe*, Paris, Grasset, 1999, p. 290-291.

cinématographique[1] ». Dans les faits, Hollywood est aussi un poids lourd du dispositif d'appui aux autres exportations américaines[2]. Car la diffusion, partout dans le monde, de livres, films, émissions, etc., permet de préparer le terrain aux entreprises d'outre-Atlantique, rendant plus facile, ultérieurement, l'installation de leur domination économique.

Déjà en 1944, à la Libération, les Américains ne distribuent pas seulement chocolat et chewing-gum, ils débarquent avec des stocks impressionnants de films. Dans un premier temps, seules les séries B sont diffusées. Les chefs-d'œuvre attendent la signature des accords Blum-Byrne du 28 mai 1946, qui instaurent une politique de quotas. Contre une aide de 650 millions de dollars, les Français acceptent de consacrer neuf des treize semaines d'un trimestre aux films américains, les quatre autres étant réservées à la production nationale. Le président Hoover déclarait : « Là où le film américain pénètre, nous vendons davantage d'automobiles américaines, plus de casquettes, plus de phonographes américains[3]. »

Rappelons que le plan Marshall de 1947, s'il contribue incontestablement au redressement de l'économie européenne, permet également de l'utiliser comme un espace de débouchés et d'ouvrir les marchés sans lesquels la prospérité américaine eût été illusoire.

Par ce biais s'installe un alarmant formatage des idées sur le modèle américain dans bon nombre de pays d'Europe. Partout, la norme anglo-saxonne s'installe. Au niveau des écoles de commerce, les MBA sont la référence. Les cabinets de conseil et d'audit anglo-saxons incarnent la norme en matière de management. Au niveau des boissons gazeuses, de la restauration rapide, certains produits américains règnent sans partage. Et concrè-

1. Voir l'excellent livre de Jean-Michel Valantin, *Hollywood, le Pentagone et Washington*, Paris, Autrement, 2003.

2. Jean-François Tacheau, *Stratégies d'expansion du nouvel empire global*, Lausanne, L'Age d'homme, 2001, p. 99.

3. Philippe d'Hugue, *L'Envahisseur américain : Hollywood contre Billancourt*, Lausanne, Favre, 1999.

tement, à qualité égale, il est plus facile de vendre des produits américains que des produits européens, asiatiques ou arabes à des personnes qui ont fait une école de commerce américaine, s'abreuvent de cinéma américain, de Coca-Cola, et mangent McDonald's.

Sécurité : la manipulation des esprits au service de la guerre économique

Illustration concrète du *social learning*, certains spécialistes français soupçonnent les États-Unis de manipuler nos élites sur les questions de sécurité afin de les amener à penser selon les mêmes schémas qu'eux les problèmes de délinquance. Mais la démarche d'influence américaine entretient des arrière-pensées machiavéliques envers la France. Selon des spécialistes de la contre-influence, nos amis d'outre-Atlantique comptent ainsi toucher l'un des talons d'Achille de l'Hexagone : le mal des banlieues et le malaise de ses habitants, en particulier des jeunes issus de l'immigration.

En couplant les questions sécuritaires avec les difficultés d'intégration rencontrées par ces jeunes, les oiseaux de mauvais augure venus d'outre-Atlantique et leurs « idiots utiles » français veulent contraindre nos élites à répondre à ce problème par une répression intensive. Dans quel but ? Pendant que le pays est occupé à se perdre dans une politique du tout-répressif, négligeant la recherche de solutions plus constructives pour lui, il ne consacre pas son génie ni son énergie à remporter les batailles économiques.

Les Américains ont compris il y a dix ans déjà quels enjeux économiques se cachaient derrière la nécessité d'intégrer les minorités. Dès 1993, dans le programme d'intelligence économique des États-Unis développé par Robert D. Steele, ancien de la CIA devenu l'un des spécialistes les plus réputés dans ce domaine, la question devient une priorité nationale. Ce programme invite vivement l'Amérique à accentuer l'intégration des minorités ethniques pour renforcer la cohésion nationale et en faire bénéficier les entreprises qui profiteront de leur ancrage culturel extérieur. En clair, les minorités servent directement les intérêts américains lorsqu'elles sont utilisées pour gagner des marchés dans les régions du monde dont elles sont originaires.

Des thèses similaires circulent dans le milieu universitaire français. Sans se connaître, des spécialistes de la guerre économique et des chercheurs tels que Pierre Bourdieu et Loïc Wacquant pensent la même chose : les Américains sont parvenus à nous imposer leur vision du traitement de la sécurité civile. Attention, il ne s'agit pas de nier les phénomènes de délinquance qui frappent la France. Il s'agit seulement de révéler la manière dont nos adversaires commerciaux peuvent les instrumentaliser à des fins de guerre économique.

Dans leurs travaux, Pierre Bourdieu et Loïc Wacquant décryptent la façon dont les élites européennes ont été sensibilisées aux idées américaines [1]. Principaux instruments de cette manipulation mentale, les *think-tanks* américains sont parvenus « à redessiner durablement la physionomie » de nos sociétés [2]. L'American Heritage Enterprise, le Cato Institute, la Fondation Heritage et surtout le Manhattan Institute, dont l'un des fondateurs (William Casey) a dirigé la CIA, travaillent depuis le début des années 80 à refaçonner les sociétés en appliquant les théories économiques ultralibérales au règlement des problèmes sociaux.

Leur grande trouvaille, c'est le fameux slogan sur la tolérance zéro. En fait, une adaptation pseudo-scientifique du vieux dicton populaire « qui vole un œuf vole un bœuf », revêtu pour les besoins de la cause des oripeaux de la science sous la forme de la doctrine du « carreau cassé ». Le principe est simple : il faut sanctionner, entendez emprisonner, celui qui commet le moindre acte délictueux. Ne pas le punir, c'est prendre le risque qu'il devienne par la suite encore plus nocif pour la société.

Politiques, universitaires, fonctionnaires, journalistes, mili-

---

1. Voir notamment « Les ruses de la raison impérialiste », *Actes de la recherche en sciences sociales*, n° 121-122, mars 1998.

2. *Les Prisons de la misère*, Loïc Wacquant, Raisons d'agir, 1999.

tants associatifs... toute la classe dirigeante française s'est convertie à la doxa anglo-saxonne sur le traitement de la sécurité ainsi qu'à la thérapie importée des États-Unis pour régler le problème [1]. La France d'en haut sait-elle que la manipulation ne s'arrête pas là? Que nos intérêts économiques sont directement visés par cette offensive idéologique? Délire issu d'un antiaméricanisme primaire ou réalité tout droit sortie de l'imagination parfois démoniaque de certains néoconservateurs de Washington: pour la France, la réponse importe peu. Manipulée ou non, la question des banlieues devra être réglée une bonne fois pour toutes. Nul doute, sinon, qu'un jour ou l'autre un adversaire sera tenté d'exploiter pleinement cette fissure.

Or il ne tient qu'à nous de transformer cette fêlure en avantage. Pourquoi ne pas imiter les Américains qui savent parfaitement utiliser leurs minorités pour renforcer leur cohésion nationale et leur puissance extérieure? Voyez Colin Powell et Condoleeza Rice, deux personnalités issues de la communauté noire qui exercent leur talent au plus au niveau de l'État. Voyez les délégations commerciales américaines envoyées au Proche et au Moyen-Orient, on y trouve toujours un ou deux Américains d'origine arabe. La France, elle, préfère ignorer ses millions de Français originaires des pays africains et arabes. Dommage, ils pourraient lui rendre bien des services dans cette guerre économique. En Afrique du Nord, au Proche et au Moyen-Orient, les portes s'ouvrent plus facilement à ceux qui possèdent la même culture.

Main basse sur l'Europe de l'Est

L'ampleur de la stratégie de prise de contrôle des pays européens libérés de l'autorité soviétique est encore méconnue Pourtant, au début des années 90, en Belgique, les institutions européennes et l'OTAN sont des lieux privilégiés où les experts

1. Malek Boutih, ancien président de SOS Racisme, est également partisan de la tolérance zéro.

anglo-saxons de l'influence appliquent les méthodes offensives du *social learning*. Pour couronner l'implosion soviétique d'une réussite politique et assurer l'avenir, il convient d'enseigner la démocratie aux Européens de l'Est et de les conduire vers une société ouverte, pluraliste et orientée vers le marché.

En Belgique sont reçus régulièrement des universitaires, des diplomates, des attachés d'ambassades et des experts politiques, économiques et militaires des pays de l'Est souhaitant rejoindre l'OTAN et la Communauté européenne. Le terrain neutre, l'atmosphère chaleureuse permettent d'établir des contacts et des relations de confiance entre ces hommes. Des réseaux se tissent, des informations précieuses s'échangent au niveau des décideurs ou de leurs conseillers les plus proches… C'est ainsi que se forgent les opinions qui vont déterminer les choix politiques des futurs dirigeants d'Europe de l'Est.

Ces actions sont prolongées par des séminaires de formation dans les universités des pays de l'Est. Un réseau de professeurs et de lecteurs anglo-saxons est déployé par les Britanniques et les Américains. Ils animent, après la chute du Mur, des enseignements sur le thème du développement et de la démocratisation. Au programme, des cours de management, de finance, de ressources humaines et autres, appliqués aux questions de défense. Ces opérations sont soutenues par de nombreux réseaux : universités britanniques, *think-tanks* américains, etc. A l'arrivée, on obtient une élite formatée aux produits anglo-saxons.

Parallèlement, Britanniques et Américains décident de réformer les sociétés civiles et les structures de l'économie consacrées essentiellement au domaine militaire. Dans ce contexte, ils lancent des missions tous azimuts. En décembre 1996, 1 500 officiers russes sont diplômés du cours de reconversion à la vie civile, mis en place par les Britanniques, dans le cadre d'une aide à la réduction des effectifs de l'Armée rouge. Dans la même perspective, en juin 1997, l'Air Force Special Operations School ouvre ses portes pour accueillir une trentaine de responsables politiques et militaires d'Europe de l'Est afin de leur prodiguer « les principes de base de la démocratie ». C'est la deuxième session de ce type organisée par les spécialistes américains des affaires civiles, sous l'égide du Civil Military Strategy for International Development (CMSID). Il s'agit d'apprendre aux stagiaires la manière de prendre en compte les problèmes dans une société démocratique. Pour le directeur de ce stage, il faut avant tout «présenter et démontrer le bien-fondé des conceptions américaines sur des sujets tels que la démocratie, la libre entreprise et les droits de l'homme». Et d'ajouter: «Nous espérons que les étudiants mettront à profit ce qu'ils ont appris lorsqu'ils seront de retour chez eux et qu'ils intégreront ces principes dans les relations qu'ils auront avec les autres.» Ces opérations révèlent une culture anglo-saxonne conquérante et sans scrupule. Et les pays de l'Est semblent effectivement «conquis», puisque tous frappent à la porte de l'OTAN.

Pour Washington, l'OTAN est un moyen de façonner les événements afin qu'ils correspondent à l'objectif national américain. L'Europe doit savoir qu'en confiant l'essentiel de sa sécurité à l'OTAN elle permet aux Américains d'étendre leurs contacts à l'Europe centrale et orientale. Autant de zones d'influence pour les entreprises d'outre-Atlantique, qui bénéficient ainsi de retombées concurrentielles significatives.

Benchmarking, lobbying, social learning... les différentes techniques de la guerre économique peuvent être observées chaque jour, un peu partout à travers le monde. On ne compte plus leurs succès, ni malheureusement leurs victimes. Leur redoutable efficacité a fait ses preuves, mais leur enseignement reste confidentiel. Comme pour toute bonne recette, chacun garde pour soi les ingrédients de son succès. Car, à trop le diffuser, on prend le risque de permettre à de futurs concurrents de l'utiliser contre soi. Pas de manuel donc, mais des pratiques qui ne cessent de se généraliser.

Deux autres techniques méritent d'être étudiées avec plus d'attention encore: l'intelligence humanitaire et la guerre de l'information. Elles illustrent les dérives auxquelles la nouvelle hypercompétition économique mondiale pousse ONG et médias.

Chapitre 5

Le vrai cynisme du faux prétexte humanitaire

> « Vouloir ramener les nations barbares à des mœurs plus cultivées, c'est un prétexte sous lequel on voit la convoitise du bien d'autrui. »
>
> PLUTARQUE

Mandela a-t-il contribué malgré lui à déniaiser la France ? Au début des années 90, lorsque l'Afrique du Sud se libère de l'apartheid, la France se vante partout dans le monde d'avoir été à la pointe du combat contre le régime raciste de Pretoria et d'avoir toujours soutenu l'ANC de Mandela. Lorsque les dirigeants de la nouvelle nation sud-africaine annoncent leur intention de moderniser leur marine nationale, la France, fière patrie des droits de l'homme, s'estime légitimement la mieux placée pour vendre ses frégates. Grave erreur de jugement.

Pendant que les fiers Gaulois pérorent, leurs concurrents économiques adoptent une position plus pragmatique et approchent discrètement les nouveaux responsables du pays dans le but de faire des affaires. Alors, quand la France entame les négociations pour la promotion de ses frégates, elle a déjà plusieurs trains de retard. Question de planning. Tandis que notre pays s'offrait le premier voyage présidentiel dans une Afrique du Sud libre, les concurrents européens et américains envoyaient des ministres et des secrétaires d'État accompagnés d'une cohorte de chefs d'entreprises et de banquiers pour annoncer le montant des crédits mis à la disposition de leurs nouveaux amis sud-africains. Finalement, les Allemands ont emporté le marché en 1999 (quatre frégates et trois sous-marins), à la surprise générale, grâce à une intense et astucieuse campagne de lobbying.

Depuis, les Français ont compris que les droits de l'homme et l'humanitaire pouvaient servir à gagner des marchés à condition de les mettre au service d'une véritable stratégie économique. Ce cynisme est partagé par l'ensemble des pays industrialisés, qui se livrent une guerre sans merci sur le terrain humanitaire pour écouler les produits de leurs entreprises. Souvent appuyées par un dispositif d'État, des sociétés parviennent ainsi à profiter de la situation de crise régnant dans un pays pour y faire des affaires juteuses, directement ou grâce à des financements internationaux. C'est bien connu, le malheur des uns fait le bonheur des autres.

Il n'existe que deux types d'acteurs capables de faire de la pénétration de marché dans des pays en crise malgré l'insécurité : les militaires et les ONG. Ainsi sont apparues deux redoutables techniques de conquête de marché : les affaires civilo-militaires et l'intelligence humanitaire.

Les actions civilo-militaires

En raison du grand nombre de conflits locaux qui sévissent dans le monde, près d'un tiers de la population de la planète se trouve aujourd'hui dans une situation nécessitant la reconstruction d'un pays. Depuis 1990, ces guerres ont fait plus de cinq millions de morts et ont entraîné des destructions considérables.

Pour faciliter le retour à la paix et la reprise des activités économiques, les Occidentaux ont développé les actions dites « civilo-militaires » (ACM). Elles consistent à accompagner la sortie de crise d'un État et son redémarrage économique, en prenant garde de veiller aux besoins des populations touchées par la guerre, afin que de nouvelles frustrations ne viennent relancer les hostilités. Les ACM ont pour but de mettre en place toutes les mesures permettant d'assurer des conditions aussi normales que possible à la vie locale et de contribuer à la reconstruction administrative, économique et juridique du pays.

Or, la remise en ordre d'un État ravagé par une guerre offre des débouchés dans tous les domaines d'activité: reconstitution des services publics, réhabilitation des institutions, reconstruction des infrastructures... Ces marchés sont loin d'être négligeables. Ils ont été évalués, à la fin des années 90, à 50 mil-liards de dollars pour le Koweït, 7 milliards de dollars pour le Liban, 5 milliards de dollars pour le Cambodge, à plus de 20 milliards de dollars pour l'ex-Yougoslavie et à 5 milliards de dollars pour le Kosovo. Pour la reconstruction de l'Irak, qui ne dépend pas de l'ONU mais de l'agence américaine de développement USAID, les plus folles estimations montaient jusqu'à 130 milliards de dollars. La compétition économique pour l'obtention de ces marchés financés par les grands organismes internationaux (ONU, UE, OTAN, FMI, etc.) est sans concession. On comprend dès lors les convoitises dont ils sont l'enjeu et le rôle déterminant des actions civilo-militaires qui servent de tremplin pour l'obtention des marchés d'infrastructures et d'équipements. Les militaires se transforment ainsi systématiquement en prospecteurs commerciaux de leurs économies respectives.

A peine les dernières balles tirées, les entreprises du monde entier se précipitent pour participer à la reconstruction. Tous les moyens sont bons pour rafler des contrats et profiter des financements réunis dans ce but par les organismes internationaux. Les pays anglo-saxons s'appuient sur l'envoi de cadres de réserve dont la principale mission est de faire du renseignement économique. Ces hommes sont généralement issus des grandes entreprises. Ils interviennent en uniforme. Ce qui leur permet d'être les premiers sur le terrain pour identifier au plus tôt les besoins en matière d'infrastructure, et de nouer avec les décideurs locaux des liens aussi étroits que possible.

Les plus organisés en la matière sont, encore une fois, les Américains. Ces «commerciaux» en tenue disposent d'importants effectifs rattachés à l'US Special Operations Command. Ils ont été engagés à l'occasion de toutes les interventions dans le cadre de l'ONU (Cambodge, Somalie, Haïti, Bosnie, Koweït) ou autres (Irak), avec pour mission, à travers l'assistance au redémarrage économique d'un pays en sortie de crise, de rafler tous les marchés à leur source, au profit des entreprises américaines. Dès 1994, dans la revue française *Capital*, un journaliste dénonce le partage des marchés de la reconstruction en Bosnie-Herzégovine. Il évoque notamment le rôle ambigu joué par l'International Rescue Comittee, une ONG britannique soutenue par la fondation Soros, et spécialisée dans la réhabilitation des réseaux de gaz et l'évaluation des destructions subies par les centrales électriques [1].

Ce n'est certainement pas un hasard si les Civil Affairs, composés majoritairement de réservistes, sont rattachés au même commandement que les unités d'action psychologiques (Psyops). Leurs actions s'appuient sur des opérations de propagande élaborées. Au Koweït, dès la fin des hostilités contre l'Irak en 1991, le 352nd Civil Affairs Battalion a accompagné les décideurs koweïtiens dans le choix des entreprises chargées de réparer les destructions de l'invasion. On imagine aisément vers quelles entreprises les conseils avisés des militaires américains ont entraîné les cheiks arabes !

Ces pratiques américaines remontent à la Seconde Guerre mondiale. En 1942, ils créent l'European Civil Affairs Regiment (ECAR). Les 1 500 hommes affectés à cette unité reçoivent la mission de concevoir le gouvernement militaire américain en Europe après le débarquement. Ils doivent également s'assurer des infrastructures routières et ferroviaires du vieux continent afin de garantir les communications. Nul doute que les leçons tirées par l'ECAR serviront par la suite au général Marshall pour lancer en 1947 son plan de sauvetage de la vieille Europe : près de 14 milliards de dollars quasiment offerts aux démocraties européennes pour reconstruire leur pays. Offerts ? Oui, à condition tout de même d'acheter *Made in USA*... Depuis, les forces américaines intègrent systématiquement une dimension civile à leurs interventions.

A côté de ces prospecteurs déguisés en militaires ou en acteurs

1. Jean-François Rougo, *Capital*, n° 32, mai 1994.

humanitaires, on voit également se multiplier des actions de noyautage des instances de l'ONU, tandis que le lobbying des agences nationales de développement international et de coopération ne cesse de prospérer.

Les naïvetés françaises

«C'est pire que de l'incompétence, c'est de la connerie élevée au rang d'art de vivre.» Christian fulmine. Malgré les années, il ne parvient toujours pas à oublier le comportement de ses compatriotes français lors de la reconstruction de la Bosnie. Nous sommes au milieu des années 90, en plein conflit des Balkans. Les Européens se décident enfin à intervenir pour stopper le rouleau compresseur serbe qui écrase les Musulmans bosniaques. Le conflit entre alors dans sa quatrième année, le bilan est très lourd: 150 000 morts et 2 millions de réfugiés sur une population de 4,3 millions de personnes. Les accords de paix (Dayton) signés à Paris le 14 décembre 1995 entre Bosniaques, Serbes et Croates permettent l'implantation d'une force internationale de 60 000 hommes, l'IFOR. Entre 1995 et 1996, la force d'interposition est dirigée par un Français, le général Jean Heinrich. Sa mission: imposer la paix aux belligérants et remettre en place les infrastructures nécessaires à la relance économique de la Bosnie.

En 1996, l'ensemble de l'aide internationale s'élève à 1,8 milliard de dollars. A l'époque, Christian travaille au sein de la Banque mondiale. C'est à ce titre qu'il rencontre le général Heinrich. «J'ai pris l'initiative avec un collègue français d'attirer fortement l'attention du général sur les fonds importants que la Banque s'apprêtait à investir dans la région.» Christian reconnaît qu'il a dépassé le cadre de sa mission en invitant le général à favoriser les entreprises françaises dans l'attribution des marchés. Pour ce haut gradé, il n'est pas question d'aider telle ou telle société. «Je me suis imposé une neutralité totale. Pourtant, même si ce n'est pas moi qui décidais de l'attribution des marchés, j'avais mon mot à dire en tant que chef de la KFOR.»

Toutefois, le général admet qu'il a relayé de nombreuses informations sur les appels d'offres auprès de sa hiérarchie à Paris. En guise de réponse : un silence radio. Alors même que, les fonds étant garantis par la Banque mondiale, les sociétés ne courent aucun risque commercial. Des dizaines d'appels d'offres de plusieurs millions de francs lancés et pas une seule réaction française. Ni du côté du Quai d'Orsay ni des entreprises. Et ce n'est pas faute de les avoir sollicités. « J'ai envoyé des dizaines de télégrammes pour alerter les Affaires étrangères. On ne m'a jamais répondu », regrette le général aujourd'hui président du conseil de surveillance du groupe Geos, spécialisé dans la sécurité des entreprises.

Cette absence de réaction illustre parfaitement le dédain de nos brillants diplomates pour les questions économiques. Pas question que la noble diplomatie française aille se fourvoyer dans de vulgaires affaires commerciales. Mais le reproche s'adresse aussi aux entreprises. « Dans le dossier de l'aéroport de Sarajevo, ajoute le général, j'ai eu de nombreux contacts avec les Aéroports de Paris (ADP). Les dirigeants m'ont pris de haut. J'ai reçu un fax minable censé répondre à l'appel d'offres. » Résultat : sur le terrain, Anglais, Américains, Italiens empochent les dividendes de la paix.

Bien sûr, les mieux organisés sont les Américains. Le patron des Civil Affairs, officier de réserve, est l'un des trois plus importants managers du géant des télécommunications ITT. « Je le connaissais bien, se souvient le général Heinrich. Il était fier de servir son pays. Un personnage sympathique et ouvert. Il reconnaissait ouvertement que sa mission était de placer des entreprises américaines. » Ce qu'il accomplit avec beaucoup de talent.

De leur côté, les Italiens ne sont pas en reste. Ils construisent, à leurs frais, cinquante kilomètres de voie ferrée. Une action de solidarité humanitaire menée non sans arrière-pensée. Lorsqu'il faut reconstruire les chemins de fer, la logique impose d'emblée l'entreprise italienne qui a commencé gracieusement les travaux.

Les Britanniques, quant à eux, se réservent la reconstruction des ponts détruits par les bombardements. Ils se battent également pour refaire l'aéroport de Banja Luka avec un financement international.

Et les Français? Ils ont bien créé en 1995 une Chambre de commerce et d'industrie franco-bosniaque (CCIFB) constituée de militaires et de civils, mais celle-ci n'a pas servi à grand-chose. «Une coquille vide qui n'a jamais reçu le moindre soutien des autorités françaises», regrette Christian. Pourtant, aujourd'hui, il peut l'avouer: «Nous avions formaté l'appel d'offres de l'aéroport de Sarajevo pour les entreprises françaises avec l'aide du Commandement des opérations spéciales (COS) français qui travaillait sur la question depuis 1993.» Seule la société Thomson s'est manifestée pour mettre en place une partie des appareils de sécurité électronique de la tour de contrôle. Mais l'ensemble des travaux a été réalisé par d'autres pays (Autriche, Suède, Allemagne, Pays-Bas) sur des fonds européens.

Un vrai gâchis pour Christian, qui a dû avaler une dernière pilule: faute de ministre français disponible, pour cause de vacances estivales, ce sont les Américains qui ont inauguré l'aéroport de Sarajevo le 15 août 1996. Ils n'avaient pourtant pas versé le moindre centime. Warren Christopher, secrétaire d'État américain, a pu ainsi récolter les fruits semés par les Européens… Sans commentaire.

L'exemple bosniaque est-il l'unique défaillance de la diplomatie économique française? Il semble bien que non. Quelques années plus tard, au Kosovo, le même scénario se reproduit, faute d'une réelle prise de conscience et d'une stratégie d'action adaptée. Cette fois, il s'agit du contrat des télécommunications des forces de sécurité civile. Thalès (ex-Thomson) est sur les rangs. La France accepte de prendre en charge la première tranche de ce marché, mais refuse d'assumer financièrement les autres tranches, ne se donnant même pas la peine de rechercher des fonds internationaux.

Les Suédois, qui flairent le potentiel futur de ce projet, proposent leurs services. Ils sont prêts à financer le reste du programme à condition de reprendre le dossier à zéro. Ils évoquent des raisons techniques qui impliquent le renvoi de Thalès au profit de la société suédoise Ericsson. Ces conditions auraient évidemment réduit à néant les investissements français de la première tranche. Heureusement, un sursaut national a permis d'éviter ce scénario catastrophe.

Des exemples comme celui-ci ne manquent pas. Ils illustrent l'état d'esprit français. Dans l'affaire du tribunal de Pristina, encore, nos compatriotes ont manqué de persévérance. Au départ, ils choisissent d'aider les Kosovars à restructurer le greffe du tribunal. Ce soutien pourrait permettre par la suite d'orienter le droit de cette jeune nation vers le modèle juridique français – action essentielle qui faciliterait les échanges commerciaux entre les deux pays. Encore aurait-il fallu aller jusqu'au bout de cette logique et ne pas se désengager en cours de route, faute de financement.

Même scénario pour la rénovation de l'école de Mitrovica qui servit de campement aux soldats français. Lorsqu'il fallut quitter le bâtiment, la question de sa rénovation s'est posée. Trop cher, selon le ministère de la Défense. C'est naturellement une agence américaine qui se proposa pour financer les travaux. Une fois de plus, la France laissa s'échapper un outil d'influence essentiel.

Cette incompétence chronique a fini par alerter le pouvoir législatif, qui s'est penché sur la question. Un rapport parlementaire rédigé par le député Robert Gaïa, publié le 20 juin 2001, fustige tous les errements économiques de la politique extérieure française dans le cadre des affaires civilo-militaires [1]. Tout d'abord, il déplore l'absence de doctrine française dans ce domaine et brise un tabou. « Outre qu'il n'y a rien de choquant à vouloir, une fois la paix revenue, participer à la compétition économique dans des pays où sont intervenus et sont parfois morts nos soldats, l'intervention économique est aussi un élément fondamental de la sortie de crise. Aider des entreprises à s'installer sur un marché contribue certes à augmenter le profit des sociétés en question, puisqu'il est admis que c'est ce qui guide leur action, mais c'est aussi per-

1. Robert Gaïa, « Les actions civilo-militaires. De l'urgence au développement : quels outils pour la France », rapport d'information sur « L'action civile des armées sur les théâtres extérieurs », commission de la Défense, Assemblée nationale, n° 3167, juin 2001.

mettre aux populations locales de se procurer les biens et les services qui les conduiront vers une vie normale.»

Sans fausse pudeur, le député place les entreprises nationales au centre du dispositif des affaires civilo-militaires. Une vision de l'humanitaire qui fait grincer beaucoup de dents en France. «Les officiers qui mènent les actions civilo-militaires ont tous un point commun: l'idée même d'un retour sur l'investissement que constitue l'engagement de leur force n'est jamais exprimée explicitement, car pas politiquement correcte. Mais, en privé, rares sont ceux qui ne reconnaissent pas que les ACM créent, même de façon indirecte, un environnement favorable pour les entreprises de leur pays.»

Les Américains l'ont compris les premiers. Les Anglais et les pays nordiques suivent cette voie. Parfaitement conscients des enjeux commerciaux, les Français ne veulent pas rester en dehors de cette compétition. Reste à se mettre en ordre de bataille. Et visiblement ce n'est pas gagné, si l'on en juge par les obstacles dénoncés dans le rapport du député Robert Gaïa: absence d'agence opérationnelle comme il en existe dans les autres pays occidentaux [1], blocage du ministère des Affaires étrangères [2], crédits insuffisants [3], manque de coordination interministérielle [4]... Bref, notre pays ne dispose d'aucun moyen cohérent pour exercer son influence à l'étranger dans le domaine des ACM et récupérer des contrats pour nos entreprises.

«Complexe du drapeau tricolore?» s'interroge Robert Gaïa, dont les dix propositions contenues dans son rapport ont été expédiées aux oubliettes de l'histoire des réformes administratives

---

1. «... un organisme capable de fournir une assistance technique, de mobiliser des crédits nationaux et internationaux et de faciliter le financement d'opérations civiles.»

2. Le rapport parle de «lourdeurs administratives» et évoque «le caractère peu opérationnel du Quai d'Orsay».

3. En 2000, le budget des actions civilo-militaires était de 1,2 million de francs, soit le prix de sept obus de 155 mm...

4. «... chaque ministère a monté sa propre structure de coopération internationale... Cette somme de petites actions ne constitue pas une politique coordonnée et cohérente.»

mort-nées. Déjà en 2000, face aux médiocres bilans des ACM, la mission interministérielle pour l'Europe du Sud-Est (MIESE), dirigée par l'ancien ministre Roger Fauroux, avait proposé de réformer toute l'approche française dans ce domaine. Faute de consensus au niveau de l'administration, essentiellement du fait du ministère de l'Économie, ses propositions étaient restées lettre morte.

L'intelligence humanitaire

Les belles âmes naïves pensent que l'action humanitaire est un outil de développement et d'assistance, au service désintéressé des plus démunis. La réalité est parfois moins noble. Depuis quelques années, l'humanitaire se révèle être un instrument d'influence économique, politique et culturel, exploité par un grand nombre de pays occidentaux. Il s'agit moins d'aider l'autre que de permettre à ses propres entreprises de rafler des marchés dans des pays en développement. C'est moins une aide effective qu'un juteux retour sur investissement qui est recherché. L'action humanitaire est ainsi parasitée par de puissants intérêts économiques souterrains [1].

Pour pénétrer les marchés, afin de ne pas heurter de front les susceptibilités locales, toujours vivaces, les tactiques sont essentiellement indirectes. Elles sélectionnent astucieusement des projets dans des domaines porteurs – le développement économique et social, l'éducation, les droits de l'homme, la santé – afin de prendre le contrôle de l'économie. Humanitaire et *social learning* agissent alors de pair. Ces projets épousent toujours les axes prioritaires du développement économique et social des pays concernés. Les donateurs s'appuient sur les notables locaux, qu'ils aident à développer leurs projets économiques.

---

1. Éric Denécé et Gilles Sohm, *Les Organisations non-gouvernementales, nouveaux outils de conquête des marchés émergents*, Institut de coopération sociale internationale (ICOSI), Paris, janvier 1997; et «Les ONG à la conquête des nouveaux marchés», *Défense nationale*, décembre 1998.

On découvre ainsi que les subventions attribuées aux économies émergentes pour permettre le décollage économique se doublent toujours d'offres de services ciblées autour des besoins identifiés: juristes pour rédiger la nouvelle loi foncière; ingénieurs BTP pour étudier la mise en place d'un nouveau réseau routier, la reconstruction d'une ville – électricité, réseau de distribution de l'eau – ou l'agrandissement d'un aéroport; urbanistes pour reconfigurer le développement de zones urbaines, etc. Les subventions dissimulent en fait des stratégies d'expansion économique des pays donateurs, qui se trouvent être les premiers à profiter du développement.

L'agence américaine pour le développement, l'USAID, annonce d'ailleurs sans complexe que les principaux bénéficiaires des programmes d'assistance américains à l'étranger ont toujours été les États-Unis. On notera au passage que la « commercialisation » de la démocratie touche principalement deux aires géographiques au potentiel de développement fort: l'Europe de l'Est et l'Asie du Sud-Est. L'intérêt porté à l'Afrique ou à l'Amérique latine demeure en revanche limité.

Toutefois, des signes récents tendent à montrer que les États-Unis et l'Europe se livrent, depuis peu, une concurrence dans certains pays africains. Au point d'inquiéter les Français, qui voient leur zone d'influence traditionnelle menacée par les appétits de ces nouveaux concurrents. La dernière tournée de George W. Bush en Afrique, en juillet 2003, montre le nouvel intérêt que portent les États-Unis à cette région du monde riche en matières premières énergétiques. De récents rapports confidentiels établis par des sociétés d'investigation françaises indiquent que les lobbies américains sont très actifs au Tchad, au Congo, en Angola… Or, pour installer ses relais d'influence dans une Afrique brisée par tous les fléaux, il faut nécessairement passer par l'action humanitaire. D'où la présence d'une multitude d'ONG en tout genre qui ne font pas uniquement de l'humanitaire, mais savent ouvrir des marchés à leur industrie nationale.

Certaines d'entre elles accomplissent en effet un véritable travail de marketing, proche du renseignement: études des goûts et du comportement des populations; introduction et tests de nouveaux produits; orientation de normes locales et conditionnement éventuel, etc. Ainsi les offres commerciales et les produits des entreprises pour le compte desquelles elles agissent en sous-main seront les mieux placés pour l'emporter. Dans un pays encore non solvable, ces ONG du business peuvent effectuer discrètement de véritables études de marché pour de grands groupes pharmaceutiques: identifier les principales pathologies, les carences alimentaires, mais aussi les principaux interlocuteurs, les circuits de décision... Cette approche peut aller parfois jusqu'à organiser, grandeur nature, des campagnes de vaccination sur des populations africaines, dont une partie sert de test pour évaluer l'efficacité réelle du principe actif.

Si des ONG de ce type savent ouvrir des marchés, elles savent également les interdire à la concurrence. Expertes en manipulation, elles peuvent être extrêmement nuisibles lorsqu'elles mobilisent l'opinion et les médias contre un adversaire. A tel point qu'on parle aujourd'hui d'intelligence humanitaire pour définir les batailles dans lesquelles s'affrontent ONG et multinationales [1].

Une grande partie des ONG japonaises et américaines sont en réalité des structures para-étatiques, véritables têtes de pont d'opérations commerciales offensives à l'étranger, qui interviennent dans le cadre de stratégies coordonnées au plus haut niveau de l'État. Certaines méritent même l'appellation péjorative de GONG *(Governmental ONG)*. Les Allemands et les Britanniques ont également une approche très active des acteurs non gouvernementaux (instituts de recherche, fondations, clubs). Les grandes fondations allemandes, souvent liées au monde politique, ont beaucoup investi dans des projets communs avec leurs homologues du tiers-monde, en particulier en Asie. Dans tous les cas, on est loin de l'esprit et de la démarche humanistes des *French Doctors* des ONG françaises.

---

1. Éric Denécé, «Les enjeux de l'intelligence humanitaire: stratégies d'influence étrangères et conquête des marchés émergents sous couvert d'actions humanitaires et de développement», *Veille Magazine*, n° 3, avril 1997.

Le label «non gouvernemental», fièrement revendiqué, masque mal la diversité des ONG et soulève des questions de fond sur ces organisations. Certaines restent des acteurs indépendants capables de définir leurs propres stratégies, tandis que d'autres ne sont que de simples sous-traitants de bailleurs de fonds ou d'entreprises privées. Cette instrumentation acceptée par nombre d'ONG engendre une dérive de leur vocation. Ainsi, loin de définir leurs priorités en fonction des besoins, une part notable d'entre elles tend à se précipiter sur les financements disponibles, quitte à définir ensuite des projets répondant aux attentes des donneurs d'ordre.

A côté de ces méthodes existent d'autres processus d'influence. Ils consistent à infiltrer les organismes internationaux d'aide au développement. C'est en leur sein que s'effectue l'attribution des marchés liés à l'action humanitaire. Les grands organismes répartiteurs de l'aide internationale, tels que la Banque mondiale ou la Commission européenne, sont de véritables banquiers de l'humanitaire. De nombreux pays ont compris combien il pouvait être utile d'exercer une influence significative sur ces institutions internationales et y ont mis en place un réseau efficace. Pour ne citer qu'elle, l'Italie exerce par exemple un quasi-contrôle sur le Fonds européen de développement, notamment dans les processus d'attribution des contrats de BTP.

Au siège de ces organismes internationaux, les stratégies de pénétration employées consistent non pas à rechercher des postes de direction voyants et exposés, mais des responsabilités fonctionnelles et opérationnelles pouvant influer sur les décisions: secrétaires de comité, responsables des appels d'offres ou experts chargés d'orienter les décisions, etc. Sur le terrain, les pratiques d'influence prennent différentes formes: positionner au bon endroit un conseiller technique qui servira de relais d'opinion ou d'informateur pour la prospection commerciale; faire nommer, à la tête de la radio créée par une organisation internationale, un agent d'influence sous couverture, qui aura pour mission d'infléchir à des moments précis la politique éditoriale de ce média dans un sens déterminé, etc. La créativité en la matière ne connaît pas de limite.

L'aide publique au développement : des dons intéressés

A côté des ONG traditionnelles, divers pays se sont dotés d'organismes gouvernementaux chargés de financer et de coordonner l'aide au développement. Sans rien renier de leur vocation humanitaire officielle, ces agences poursuivent de façon plus ou moins déclarée des stratégies de rentabilisation économique et politique de leurs dons et de leurs actions humanitaires effectués à l'occasion de crises ou de conflits, ou plus généralement à titre d'assistance à des pays pauvres.

Les pays en développement attirent la convoitise des entreprises américaines. « Le monde émergent, de l'Asie à l'Amérique latine, en passant par l'Europe de l'Est, fut pour les entreprises américaines une source primordiale de croissance dans les années 90 », insiste Joe Quilan, économiste chez Morgan Stanley.

Ce nouveau volontarisme américain s'incarne dans une nouvelle politique d'aide au développement. Fini la philanthropie, les États-Unis veulent en avoir pour leur argent.

Dans cet esprit, George Bush lançait, le 14 mars 2002, le Millenium Challenge Account, pour lutter contre la pauvreté et favoriser la croissance. Présentée comme la troisième grande initiative de relance depuis la Seconde Guerre mondiale, après le plan Marshall et l'alliance pour le progrès de Kennedy, elle fournit 17 milliards de dons annuels à des pays éligibles sur des critères précis, comme l'ouverture à la concurrence des marchés de l'eau, de l'électricité et du téléphone. « Les entreprises ont bien fait leur travail de lobbying, puisque 70 % de l'aide distribuée leur reviendra à terme d'une façon ou d'une autre [1]. »

---

1. « Comment l'Amérique veut contrôler le monde », *L'Expansion*, n° 669, novembre 2002, p. 48.

L'organisme le plus présent dans le monde est l'USAID (United States Agency for International Development). Il affiche sans complexe son souci de rentabilité nationale, comme en témoignent les extraits suivants de sa présentation sur Internet: «La faible portion *[sic]* du budget fédéral américain qui assiste les nations en voie de développement sert directement les meilleurs intérêts des États-Unis. (...) Les activités de l'USAID débouchent sur des bénéfices économiques directs dans presque tous les États de l'Union.» L'USAID joue un rôle capital, puisque c'est elle qui est chargée, en Irak, d'attribuer les marchés de la reconstruction aux entreprises candidates. On imagine aisément à qui vont ses préférences.

Moins important, mais tout aussi présent dans le monde, le DFID (Directorate for International Development) britannique est rattaché au plus haut niveau du pouvoir exécutif [1]. Il se présente, sur Internet, sous une forme beaucoup plus altruiste, mais dans son discours percent cependant quelques soucis d'intérêt national, comme en témoignent les extraits suivants: le DFID «réaffirme à la fois l'argument moral de l'implication britannique dans l'effort de développement [de pays en voie de développement] et l'argument d'un intérêt national éclairé. (...) Le but est une Grande-Bretagne plus prospère dans un monde plus pacifique et plus prospère. (...) Le gouvernement s'assurera que les contributions multilatérales n'avalent pas notre aide bilatérale».

Mais Américains et Britanniques ne sont pas les seuls à avoir développé l'outil humanitaire à des fins de pénétration économique de marché. Les Scandinaves ne sont pas en reste sur ce terrain. Bien au contraire. La Suède, par exemple, a toujours joué un rôle de médiation dans les conflits et d'assistance aux populations menacées. Stockholm fait partie des grands acteurs de l'humanitaire mondial. Elle privilégie cependant largement l'aide bilatérale (75 % du montant total de son aide publique au développement), ce qui lui permet de contrôler directement l'attribution de

1. Anciennement dénommé ODA (Overseas Development Administration).

ses financements. Elle dispose à cet effet de la Swedish Industrial Development Agency (SIDA), organisme qui gère à lui seul la majeure partie des subventions suédoises. La SIDA est la principale source de financement des ONG de ce pays. Elle a pour mission l'évaluation des besoins de l'aide, la recherche des opérateurs et la coordination des actions de développement financées par Stockholm.

Un exemple concret de l'action de la SIDA a été observé en Namibie [1]. Dès 1970, la Suède apporte un soutien financier aux exilés du principal parti d'opposition namibien, la SWAPO. Entre 1970 et 1990, 600 millions de couronnes sont versés directement à cette organisation et 150 millions supplémentaires attribués sous forme d'aide multilatérale, aux agences de l'ONU œuvrant en Namibie. En 1988, en contrepartie de son soutien, la SWAPO propose à la Suède de choisir les domaines d'activité dans lesquels elle dispose d'un savoir-faire, afin de contribuer au développement du pays après l'indépendance. C'est soudain le début du retour sur investissement. La Suède choisit alors d'intervenir en priorité dans les secteurs des transports et des télécommunications, dans lesquels excelle son industrie.

La SIDA finance alors la préparation d'un plan de construction autoroutier pour la région d'Ovambo, ainsi qu'une étude sur l'état des routes en milieu rural et prend en charge la rédaction du Livre blanc sur la politique des transports. Elle réussit à faire nommer un économiste suédois auprès du ministère des Transports et signe, en 1991, un accord de coopération sur le long terme. Dans le secteur des télécommunications, la SIDA conduit une mission de restructuration du ministère des Postes et Télécommunications namibien et intervient pour rétablir des réseaux de communications. La part de l'aide suédoise dans le développement des télécommunications en Namibie passe ainsi de 25 % en 1991 à 42 %

---

1. Franck Galland, *Le Système d'intelligence économique en Suède. Les organisations non gouvernementales, nouveaux outils de conquête des marchés émergents.* 1re partie, 19 juin 1996; 2e partie, 23 août 1996. Les rapports de Franck Galland à propos de l'humanitaire suédois n'ont jamais été publiés. Il les a rédigés sous forme de notes qu'il a distribuées autour de lui aux spécialistes du sujet.

en 1993. Les financements profitent à des entreprises suédoises, notamment au Swedish Management Group, un cabinet de conseil spécialisé. Par ailleurs, un Suédois est nommé administrateur local pour les télécommunications. L'action de la SIDA en Namibie permet de mettre en lumière la connivence qui existe entre les ONG et les entreprises de transport et de télécommunications suédoises. La mise à disposition d'experts, le prêt de matériel et l'octroi de financements aux pays assistés n'y sont pas dénués d'arrière-pensées et se traduisent par de nombreux contrats pour les entreprises de ces secteurs.

La France face à la dérive humanitaire

Face à ces pratiques, comme dans le domaine des actions civilo-militaires, la position de la France, de ses entreprises et de ses ONG est encore en décalage. A travers son aide publique au développement – essentiellement de caractère multilatéral –, elle fait plus pour le tiers-monde que beaucoup d'autres grands pays industrialisés. Mais la France travaille le plus souvent à fonds perdus, là où d'autres pays appliquent une stratégie cynique qui consiste à faire de l'aide humanitaire un investissement commercial. Paris ne récolte guère plus de dividendes politiques et économiques de ses actions d'interposition militaire dans le cadre de l'ONU. Et ce contrairement à la plupart des autres pays industrialisés, dont les hommes d'affaires accèdent aux importants marchés de la reconstruction grâce au soutien de puissantes organisations étatiques.

De leur côté, les ONG françaises sont réservées et ne se sentent pas concernées par les stratégies d'influence en milieu humanitaire. Pourtant, elles pourraient bien en subir les conséquences. Le refus de dénoncer la compromission de leurs consœurs étrangères risque de nuire à la neutralité et à l'efficacité de leurs actions. Les ONG françaises ne peuvent plus éluder ce débat. Elles doivent l'affronter et définir une stratégie claire qui leur permette de se situer dans cette « guerre de l'humanitaire ». Existe-t-il une politique alternative, leur permettant d'éviter ce cynisme mercantile tout en maintenant leurs positions ? Ne pas se prononcer sur un débat aussi vital, c'est prendre le risque de subir, tôt ou tard et de plein fouet, les effets négatifs de pratiques si éloignées de la conception française de l'humanitaire. La vision hexagonale, qui respecte les intérêts et la culture des populations locales avant de se soucier de les transformer en vulgaires consommateurs, est bien éloignée de la conception anglo-saxonne de l'assistance aux pays en voie de développement. Enfin, face à des ONG qui raisonnent prioritairement en termes de « marché », qui confondent business et humanitaire, les ONG françaises risquent un jour ou l'autre de se faire évincer de leurs zones d'intervention pour que ces organismes, dénués de tous scrupules, puissent mener leurs petites affaires en toute liberté.

Quant aux entreprises françaises, elles ne perçoivent même pas la connivence des acteurs étrangers et les effets bénéfiques qu'en retirent leurs concurrents. Elles semblent incapables de développer des actions similaires et ne discernent pas l'importance de l'arme humanitaire dans les affrontements économiques. Moins liées que les ONG aux questions éthiques, elles devraient être plus aptes à réagir.

Qu'elles le veuillent ou non, les ONG sont devenues des instruments de conquêtes économiques et les complices souvent inconscients de la guerre commerciale. A trop vouloir ignorer certaines réalités, c'est l'ensemble du mouvement humanitaire qui risque d'être discrédité.

L'arme humanitaire : Soros contre Total

Le milliardaire américain d'origine hongroise George Soros est-il un bienfaiteur de l'humanité ? Créateur de nombreuses fondations et associations humanitaires, il est soupçonné par des spécialistes français de l'intelligence économique de chercher à affaiblir les positions de la firme Total en Birmanie.

L'histoire de Total en Birmanie commence par le projet Yadana, du nom d'un gisement de gaz offshore situé dans le golfe de Martaban. L'entreprise française a découvert un gisement particulièrement juteux, estimé à plus de 150 milliards de mètres cubes. Cela n'est pas sans provoquer la convoitise des trois autres pétroliers engagés dans des opérations de prospection : l'Anglo-Néerlandais Shell et les Américains ARRCO et Texaco. La compétition économique est parasitée par la situation politique du pays. Depuis août 1988, une dictature militaire sévit dans cette ancienne colonie britannique. Une junte militaire brutale et sans merci fait face aux opposants démocrates menés par le prix Nobel de la Paix Aung San Suu Kyi.

Après une intense campagne de lobbying fort bien décrite par Rémi Kauffer [1], Total signe un contrat de production en juillet 1992. L'entreprise française est notamment chargée de construire un immense gazoduc (420 km) servant à transporter le gaz vers la Thaïlande. Car Bangkok a un besoin urgent d'énergie pour assurer son développement économique. Dans ce contrat, Total est partenaire de la société américaine Unocal au sein d'un consortium nommé MGTC.

C'est alors que les ennuis commencent. Parallèlement à la construction du pipe-line, l'armée birmane décide de mobiliser de force des milliers de villageois pour édifier une ligne ferroviaire. Les travailleurs sont traités comme du bétail, avec le fouet comme unique salaire. Des villages entiers sont évacués pour laisser place à cette ligne de chemin de fer. Il se trouve, pour le plus grand malheur de Total, que le chantier du gazoduc doit croiser celui du chemin de fer de la honte. Une occasion unique pour les adversaires du pétrolier de faire l'amalgame. Les ONG anglo-saxonnes dénoncent sa présence en Birmanie en insinuant que les dirigeants de Total se font les complices des généraux négriers de la junte et encouragent les exactions. Selon eux, aux travaux forcés s'ajoute la brutalité policière. Sous prétexte de garantir la sécurité du personnel de Total contre les rebelles karens, le pouvoir organise des descentes musclées dans certains villages proches du chantier.

1. Rémi Kauffer, *L'Arme de la désinformation*, *op. cit.*

Bref, les méthodes expéditives de la junte ne servent pas les intérêts de Total, qui aspire à plus de discrétion. Les ONG occidentales se déchaînent contre Total tandis que les médias relaient les critiques.

Selon les dirigeants de Total, le groupe est victime d'une manipulation grossière des événements : le rapport de la Fondation internationale des droits de l'homme (FIDH) publié en 1996 est qualifié de « tissu d'approximations et d'amalgames contribuant à la désinformation ». Total se dit prêt à démonter toutes les informations qu'elle juge erronées ou délibérément fausses qui circulent sur le Web et sont systématiquement relayées par les grands médias anglo-saxons. Les reportages des télévisions procèdent à des attaques directes contre le projet, en manipulant des images obtenues sur le chantier de construction du chemin de fer et en tronquant des interviews de réfugiés ayant fui la zone des travaux. Une très large diffusion de ces documents a été faite dans le milieu des ONG afin de multiplier les leviers d'action contre Total et Unocal. Rarement une entreprise a subi une telle campagne. Mais on ne dîne pas avec le diable, même avec une grande cuillère…

C'est au tour de la justice de se mêler de cette affaire. A la suite d'une plainte déposée fin août 2002 par des villageois et qui s'appuie sur les témoignages de deux Birmans ayant travaillé sur le chantier du gazoduc Yadana, des juges français enquêtent sur les accusations de travail forcé en Birmanie dans le cadre de la construction du gazoduc par Total. Le parquet de Nanterre ouvre une information judiciaire pour « séquestration ». Deux autres travailleurs se sont associés depuis à la plainte. Celle-ci vise particulièrement le PDG de Total, Thierry Desmarest, et le patron de Total en Birmanie jusqu'en 2000, Hervé Madéo. L'information judiciaire ouverte contre X porte sur des faits criminels d'enlèvement et de séquestration de plus de sept jours. Le réquisitoire introductif du parquet est signé le 9 octobre 2002 et la juge d'instruction Catherine Cornier désignée le 10 octobre.

De son côté, Total rejette toutes les accusations de travail forcé en Birmanie. « Il est assez inimaginable qu'une entreprise comme la nôtre ait pu utiliser à un moment ou à un autre le travail forcé.

Ni nous-mêmes ni nos prestataires de services n'ont eu recours au travail forcé», affirme son porte-parole.

Total est en outre attaqué par un rapport de la Confédération internationale des syndicats libres (CISL), publié en septembre 2002 à Genève, qui l'accuse de contribuer à perpétuer le travail forcé en Birmanie. Les accusations de la CISL sont appuyées par un entretien accordé au quotidien *Libération*[1] par leur auteur, Janek Kuzkiewicz, qui dénonce «le recours au travail forcé encore cette année» pour la construction de routes et d'autres travaux d'infrastructure liés à la mise en service du gazoduc Yadana. Selon Janek Kuzkiewicz, «pas moins de seize villages ont été forcés de participer en avril à la construction d'une route à proximité du gazoduc. Et alors qu'on avait assuré aux familles – un millier de personnes – qu'elles seraient payées, elles n'ont rien perçu».

Le groupe pétrolier continue de nier en bloc ces accusations, les qualifiant dans un communiqué de «raccourcis, simplifications, voire d'allégations mensongères». Total «n'a jamais eu de contrat avec l'armée birmane. Il est de la responsabilité des gouvernements des pays hôtes, en Birmanie comme ailleurs, d'assurer la sécurité des personnes et des installations, et cela sans contrepartie». Total reconnaît que la junte birmane «a eu recours au travail forcé», mais relève que deux décrets ont été publiés en 1999 et 2000 pour abolir cette pratique. Il affirme néanmoins qu'il «a la maîtrise complète de ses opérations dans ce pays et travaille dans le respect de ses exigences habituelles vis-à-vis des personnes employées sur ses projets». Les sous-traitants qui travaillent pour le groupe «agissent de même». Le groupe a par ailleurs nié que des populations aient été déplacées lors de la construction du gazoduc, en se basant sur des cartes IGN établies avant et après les travaux.

Si la plainte est la première à être déposée en France, d'autres ont déjà été inscrites à l'étranger. En Belgique, un recours a été enregistré, en avril 2002, contre le groupe français pour «complicité de crimes contre l'humanité». Aux États-Unis, une cour d'appel

1. Christian Losson, 21 octobre 2002.

fédérale a décidé le 18 septembre 2000 que le pétrolier américain Unocal – son partenaire – pouvait être poursuivi devant des juridictions fédérales concernant les violations des droits de l'homme commises lors de la construction du gazoduc. La cour a notamment estimé que les plaignants, représentés par des organisations de défense des droits de l'homme, avaient « amplement prouvé la complicité d'Unocal dans ces violations ». Ces villageois affirment que la junte les a forcés à construire des infrastructures et que des soldats ont tué et violé certains de leurs proches. Cette décision d'un tribunal américain signifie que les sociétés, quand elles sont impliquées dans des violations des droits de l'homme à l'étranger, vont devoir réfléchir à deux fois avant de décider de rester impliquées dans ces projets.

Malgré les pressions exercées de toutes parts, Total a mené à bien ses projets en Birmanie. C'est pourquoi des ONG occidentales ne comptent pas cesser leurs campagnes contre le pétrolier français.

Début décembre 2003, a été rendu public un rapport de mission rédigé par l'ancien ministre de la Santé, grand défenseur de la cause humanitaire, Bernard Kouchner. Ce document d'une vingtaine de pages, diffusé le 29 septembre 2003 et intitulé « Relation d'un voyage et de la découverte d'une industrie muette (après l'arrestation d'Aung San Suu Kyi) », a été mis en ligne sur le site de Total consacré à son action en Birmanie. Aussitôt publié, il a déclenché contre lui un feu nourri de critiques, émanant des ONG opposées au groupe pétrolier français – au premier rang desquelles la Fédération internationale des droits de l'homme (FIDH) – et de la presse. Ainsi, dès le 10 décembre, dans *Libération*, Philippe Grangereau intitulait son article « Kouchner fait écran Total sur le travail forcé en Birmanie ». L'ancien ministre était accusé de « blanchir Total » et d'être à la solde du groupe dirigé par Thierry Desmarest. La somme qu'il avait touchée pour cette étude était immédiatement révélée : 25 000 euros. Le lendemain, *Le Figaro* reprenait la critique. Une nouvelle fois, la propagande humanitaire frappait.

Devant les attaques dont il est l'objet, Bernard Kouchner réplique en s'interrogeant sur les raisons pour lesquelles Total est aussi systématiquement condamné, tandis qu'aucun groupe anglo-saxon présent en Birmanie ne se voit jamais cloué au pilori d'une façon comparable.

Un autre document, « Yadana Gas Transportation Project », publié en novembre 2002, présenté par Total sur son site, n'est par ailleurs nullement évoqué. Rédigé par Mary Anderson, Doug Fraser et Luc Zandvliet de l'ONG américaine Collaborative for Developement Action (CDA) il est consacré à l'étude des actions socio-économiques conduites par Total pour améliorer la situation des populations locales dans sa zone de travaux. Il conclut en notant que l'ampleur et l'efficacité des actions socio-économiques mises en place par le pétrolier français dans le Tenasserim sont en passe d'imposer un nouveau standard dans cette industrie, qui se préoccupait fort peu jusqu'alors des retombées de ses activités sur les populations locales.

Une semaine après les premières réactions contre le rapport Kouchner, l'affaire rebondit encore. *Le Figaro*, sous la plume de Frédérique Martin, publie le jeudi 18 décembre un texte (« Total accusé de collusion avec l'armée sur le chantier Yadana ») fondé sur un entretien avec un certain Jean-Claude K., présenté comme l'ancien responsable de la sécurité de Total. Il révèle avoir assisté au travail forcé et à la mort de paysans birmans sur des mines et reconnaît avoir réalisé des simulacres de manifestations de soutien à Total lorsque des journalistes occidentaux venaient visiter les villages dans la zone du chantier; tout cela à la demande du directeur général du groupe pétrolier à Rangoon.

Or cet individu, aujourd'hui en situation d'échec personnel dans le Sud-Est asiatique depuis la fin du chantier, ne fut qu'un des *security managers* du chantier et jamais le responsable. D'après Éric Denécé qui, lui, fut responsable des questions de sûreté, ce témoignage « n'est que mensonge et affabulation ».

L'étude de cette offensive médiatique est riche d'enseignements. Elle permet de voir que l'action des ONG tend à nuire préférentiellement à Total, alors qu'il ne faut pas oublier que le projet Yadana est une opération menée conjointement par Total, Unocal

(États-Unis), PTT (Thaïlande) et MOGE (Birmanie). Reste à savoir à qui profitent ces agressions contre le pétrolier français. Pour Éric Denécé, spécialiste de la guerre économique qui s'est trouvé impliqué dans ce dossier, il ne fait aucun doute que les concurrents de Total encouragent ces campagnes de déstabilisation médiatique afin de prendre le contrôle du très prometteur marché birman [1].

En effet, dans l'ombre d'Aung San Suu Kyi, se profilent les intérêts économiques et commerciaux d'entreprises anglo-saxonnes actuellement absentes en Birmanie, en raison des prises de position de leurs gouvernements respectifs. Ces sociétés visent la reconquête de ce marché dans le cadre d'un retour à une démocratie dirigée par Aung San Suu Kyi. C'est pourquoi elles luttent depuis plusieurs années contre l'implantation d'entreprises étrangères dans le pays, soit directement, soit en activant tout un réseau d'associations qui, sous couvert de soutien à la cause de la démocratie birmane, visent à saper ou interrompre le développement local d'entreprises européennes sur les marchés qu'elles ciblent.

La main invisible de Soros

C'est ici que l'on retrouve George Soros, car l'ONG moteur des actions de déstabilisation contre l'État birman et ses partenaires économiques – The Burma Project – est née, en 1994, au sein de l'Open Society Institute de New York, une des principales fondations politico-humanitaires de George Soros. The Burma Project est dirigé par Maria Cristina Aragon. Son but est de dénoncer la dictature birmane et de réussir la transition du pays d'une société «fermée» vers une société «ouverte». Parmi ses conseillers, on note la présence d'Aung San Suu Kyi, prix Nobel de la paix. Le Burma Project a initié et appuyé plusieurs programmes et acti-

1. Éric Denécé, «Les actions de déstabilisation contre Total en Birmanie: illustration des nouvelles pratiques concurrentielles anglo-saxonnes», *Veille Magazine*, n° 1, février 1997.

vités. Ils concernent le soutien à diverses organisations œuvrant pour la restauration et la préservation des libertés fondamentales, dans les domaines de la politique, de l'économie, de l'environnement et des droits de l'homme pour la population birmane. Cette organisation s'est également penchée sur la mise en place de programmes d'éducation en faveur des étudiants exilés suite à la sévère répression de 1988. Enfin, elle propose des formations professionnelles à destination de la jeunesse birmane exilée et destinée à retourner vivre et travailler dans une future démocratie. Il est important de souligner cette approche visant à former la future élite du pays et à placer ses cadres au sein de différentes ONG et institutions privées lorsque leur cycle d'études est terminé. C'est du *social learning* en action.

The Burma Project soutient par ailleurs les médias électroniques, radiophoniques, télévisuels et écrits à travers le monde. En 1997, le projet a créé Burmanet, un site Internet qui fournit en temps réel des informations sur la Birmanie. On y trouve des forums qui évoquent des sujets tels que le pétrole, la drogue, le boycott, les réfugiés et le droit des femmes. De plus, il propose différentes lettres d'information traitant de la Birmanie qui atteignaient, fin 1997, 1 000 souscriptions à travers le monde.

En 2001, l'ONG a distribué un million de dollars à différents médias et organisations que l'on retrouve derrière les procès intentés à Total et Unocal quant à l'emploi de main-d'œuvre forcée [1]. Parmi les ONG récipiendaires, on note l'association française Sherpa, dirigée par l'avocat altermondialiste William Bourdon, qui a intenté un procès à Total au tribunal de Nanterre [2]. Des subventions ont été également versées au parti de Aung San Suu Kyi (National League for Democracy/NLD) ainsi qu'à diverses associations militant pour une Birmanie démocratique, dont The Burma Fund, qui est la façade américaine de la NLD, et à Earth Rights International, également impliquée dans les attaques contre le projet Yadana.

---

1. www.soros.org/burma/
2. La procédure est en cours.

Burma Project se révèle donc être la principale source de financement aux opposants du régime birman et à ses partenaires. Et, dans son ombre, George Soros, le marionnettiste.

A travers ses nombreuses ONG et fondations, George Soros cherche à se positionner comme un grand humaniste. Depuis la chute du communisme, il tente de mettre en place un mécanisme de soutien en faveur de la transition économique et politique des pays de l'Europe de l'Est. Dans son livre, Nicolas Moinet détaille avec précision le dispositif d'influence de Soros dans les pays de l'Est[1]. Soros est également connu pour son action en faveur de l'Afrique du Sud et de la lutte contre l'apartheid durant les années 1980.

La fondation créée par George Soros a un fort ressort idéologique. Elle milite pour la promotion de « sociétés ouvertes », ainsi définies dans le rapport annuel de l'organisation : « En pratique, une société ouverte est caractérisée par un État de droit ; le respect de droits de l'homme, des minorités et de leurs opinions ; des gouvernants démocratiquement élus ; une économie de marché, où les entreprises sont indépendantes du gouvernement ; et une société civile épanouie. »

Pour Soros, le système capitaliste et ses agents sont parfaitement efficaces dans leur logique propre : celle de l'enrichissement personnel et de la création de valeur. Mais ce qu'il conteste fortement, c'est la mainmise de cette idéologie mercantile sur les affaires du monde. Selon lui, les mécanismes du marché sont incapables de prendre en charge les besoins collectifs de l'humanité : police, justice, santé, culture, services sociaux. Soros considère donc que « sans un renforcement parallèle de notre dispositif politique et social international, la mondialisation débouche sur un développement social très bancal ». Du coup, le financier s'efforce d'utiliser sa connaissance intime du système pour dessiner les contours d'une mondialisation plus harmonieuse. Il apparaît comme le chevalier blanc d'une noble cause.

---

1. *Les Batailles secrètes de la science et de la technologie*, Lavauzelle, 2003.

L'homme et sa légende présentent ainsi des paradoxes étonnants : spéculateur sans vergogne et bête noire des banquiers d'un côté ; réformateur social et correcteur des inégalités de la mondialisation de l'autre. Il incarne à la fois le cynisme des marchés et la défense des droits de l'homme, du développement et de la démocratie. Un bien troublant paradoxe.

Les opérations conduites sont servies par la constance du refus du régime de Rangoon de toute évolution démocratique. De la Bosnie à la Birmanie, du Kosovo à l'Irak, le monde est devenu un vaste champ de rivalités pour les acteurs économiques spécialistes de la reconstruction et du développement. Parce que les enjeux économiques et politiques sont énormes, États et entreprises n'hésitent pas à employer tous les moyens possibles, quitte à instrumentaliser – souvent à l'insu de la majorité d'entre eux – militaires et humanitaires dans la conquête des marchés émergents et la captation des financements internationaux.

Chapitre 6

Sur le front de l'information

> «Avec des détails tous vrais, on peut faire un mensonge.»
>
> MERLEAU-PONTY

> «Les mots, c'est évident, sont la plus puissante drogue utilisée par l'humanité.»
>
> RUDYARD KIPLING

Désormais, la guerre de l'information, c'est le Far West: le premier qui tire a gagné. Combien de démentis lisibles dans les médias pour une rumeur publiée dans des dizaines de journaux? L'expérience prouve que la moyenne est inférieure à cinq. Cette différence en dit long sur le déséquilibre qui existe entre l'attaque et la défense. Pour un acteur économique victime d'une rumeur, malveillante ou accidentelle, les recours juridiques et judiciaires sont longs et coûteux dans la plupart des cas. Les opérations de flagrant délit relèvent quasiment du miracle. Autrement dit, la guerre de l'information est un placement très avantageux pour nuire à un adversaire, quelle que soit sa taille.

Lancement de rumeurs, d'informations partiellement exactes ou tronquées, propagande, attaque par virus informatique, sabotage du réseau d'une entreprise… telle est la guerre de l'information. Un concept défensif et offensif d'origine militaire appliqué au domaine économique. Son but: affaiblir, déstabiliser ou détruire un concurrent.

Guerre de l'information : un savoir-faire militaire

Les origines militaires de la guerre de l'information remontent au concept d'*information warfare*. Nos amis américains ont été les premiers à imaginer des stratégies basées sur l'information pour attaquer un adversaire sur le champ de bataille et le rendre sourd, aveugle, inopérant, incapable de réagir. Ces nouveaux guerriers utilisent une combinaison de moyens issus de la guerre électronique, des ondes, des images… ce que l'on appelle, outre-Atlantique, la datasphère.

La guerre de l'information peut s'exercer à deux niveaux. Au niveau matériel, en neutralisant les capacités d'un adversaire en attaquant son infrastructure (cyberguerre); au niveau immatériel, en tentant d'influencer la perception des décideurs ou des opinions publiques, décisives dans la conduite des conflits modernes (guerre de l'influence) [1]. Le but est alors de modifier les perceptions et les représentations mentales de l'adversaire, d'agir directement sur sa volonté. En planifiant et synchronisant ces moyens, l'adversaire peut tomber avant même d'avoir tiré sa première cartouche. Indolore, incolore, la guerre de l'information à l'ère numérique se résume à une question de 0 et 1.

Il faut s'arrêter un instant sur les origines militaires de la guerre de l'information. Elles se trouvent au cœur des réflexions américaines élaborées après la guerre du Golfe de 1991 – qui aboutissent au *Military Technological Revolution (MTR)* et à la *Revolution in Military Affairs (RMA)* – qui fondent la nouvelle doctrine militaire des États-Unis, largement présentée dans les ouvrages de Aïdi et Alvin Toffler [2]. Dès le début des années 90, les deux prospectivistes américains annoncent la fin de la force comme condition du pouvoir et son remplacement par l'information. Celui qui maîtrise l'information obtient les instruments et les outils du pouvoir. Utilisée dans

1. Jacques Baud, *Encyclopédie du renseignement et des services secrets*, collection « Renseignement et guerre secrète », 3e éd., Lavauzelle, p. 378.

2. Notamment Alvin et Heidi Toffler, *Guerre et Contre-guerre*, Paris, Fayard, 1994.

une guerre permanente contre ses adversaires, l'information transforme celui qui la possède en Big Brother orwellien.

Pour les militaires américains, il s'agit de démontrer que les technologies de l'information marquent définitivement la supériorité de leurs armées et ne permettront pas à un cauchemar tel que celui du Vietnam de se reproduire. Selon les stratèges du Pentagone, dominer les moyens de communication, c'est dominer le monde. Seule la maîtrise de l'information permet aux militaires américains de faire face aux nouvelles menaces nées de la fin du monde bipolaire : guerres interétatiques, guérilla, guerres régulières, guerres idéologiques, guerres économiques, mafias, terrorisme... Autant de formes de conflits, autant d'adversaires différents dont certains sont immergés dans la société civile et ne peuvent pas être combattus avec les moyens traditionnels d'une armée. Appliquées au théâtre militaire en même temps qu'à la propagande – ou à la communication, pour rester politiquement correct –, ces nouvelles dispositions garantissent à coup sûr la victoire. « Ce n'est plus celui qui a la plus grosse bombe qui l'emportera dans les conflits de demain, mais celui qui racontera la meilleure histoire », explique un chercheur de la Rand Corporation, *think-tank* proche du Pentagone [1].

Dans le civil, c'est la même chose. Le premier à maîtriser l'information aura la puissance : « qui saura en faire une arme [désinformation] neutralisera ses concurrents », peut-on lire dans un rapport rédigé au milieu des années 90 par la société Intelco, un organisme rattaché au ministère de la Défense français. Il s'agit donc bien d'une méthode qui offre à celui qui la maîtrise une grande capacité de manœuvre. Elle peut décupler l'impact d'une offre commerciale ou contribuer efficacement à la déstabilisation de la concurrence. Elle s'appuie sur une palette de moyens qui peuvent être efficacement déployés sur l'ensemble des canaux de communication à disposition : presse, télévision, radio, tracts, réseaux électroniques, publicité [2].

1. *Le Monde*, 6 juin 1999.
2. Pascal Jacques-Gustave, « Introduction à la guerre de l'information », document interne DCI, 1996, p. 94.

Finalement, les objectifs des applications civiles de la guerre de l'information sont simples: savoir avant l'autre, empêcher l'autre de savoir, à défaut polluer ses sources d'information (désinformation), se tenir prêt à réagir pour contrer une offensive médiatique (contre-information) et, en tout temps, occuper le terrain par des stratégies d'influence dont la matière de base est l'information.

Des techniques simples mais efficaces

Les exemples ne manquent pas pour illustrer cette guerre de l'information, mais les entreprises victimes (et encore moins celles qui agressent) hésitent à en parler ouvertement par crainte d'avouer leurs faiblesses. Quand elles acceptent de révéler les méthodes de l'agresseur, c'est sous couvert d'anonymat. A travers notre enquête, nous avons réuni plusieurs exemples d'attaque par l'information. Certains d'entre eux figurent dans des rapports encore confidentiels.

L'utilisation de questionnaires marketing sibyllins est un procédé classique destiné à obtenir des informations à l'insu de la cible. C'est une technique issue du renseignement. Appliquée à la guerre de l'information, elle peut faire des ravages. Ainsi, au début des années 90, un chef d'entreprise reçoit un questionnaire d'une société américaine. Celle-ci prétend s'intéresser à l'un de ses produits parce qu'il entre dans son processus de production. Le questionnaire fait huit pages, mais seules trois questions concernent directement le produit. Toutes les autres portent sur les processus de fabrication et plus largement sur les caractéristiques de l'entreprise. La réponse à toutes ces interrogations aurait entraîné l'entreprise à se dévoiler entièrement.

Autre technique, cette fois-ci utilisée par les Sud-Coréens: multiplier les approches de la cible lors d'un salon professionnel. Pendant deux jours, la société Bella (un pseudo) reçoit sur son stand plusieurs visites de cadres coréens qui posent chacun quatre ou cinq questions précises, portant sur un aspect particulier de la société et de ses produits. Après plusieurs visites de ces curieux, la société Bella s'interroge. Qui sont ces étranges visiteurs ? Une rapide enquête la mène sur la piste d'une holding coréenne. Tous les visiteurs travaillent pour ses filiales. Bella découvre que cette holding, en rassemblant et en croisant les réponses, aurait disposé de suffisamment d'informations pour tirer son portrait et choisir un angle d'attaque pour la concurrencer.

En 1995, les policiers de la DST sauvent *in extremis* deux PME de la Vienne qui font l'objet d'un plan d'attaque par l'information mûrement préparé par des Japonais pour les éliminer et accaparer leur marché. Dans les documents saisis lors de cette affaire, les termes utilisés ne laissent aucune place au doute : « Destruction commerciale de l'entreprise *x* en un an à compter de... ». Ces deux sociétés poitevines n'ont jamais su quels dangers pesaient sur elles. Les policiers de la surveillance du territoire ont fait preuve de beaucoup de discrétion pour régler cette affaire sans faire de vagues.

Combien de succès comme celui-ci comparés aux échecs qui aboutissent à la mort de sociétés sans que personne ait vu d'où venait le coup. « Nos moyens en matériel et en hommes ne nous permettent pas d'être présents sur tous les fronts », explique un policier. D'où la nécessité absolue de sensibiliser les entreprises aux dangers de la guerre économique qui ne menacent pas seulement les multinationales, mais frappent aussi les PME-PMI. Une sensibilisation qui passe avant tout par une maîtrise de la gestion de l'information. Dans cette compétition économique exacerbée, les premières balles tirées sont toujours coulées dans le plomb de l'information ouverte.

La guerre de l'information diffère des techniques de désinformation employées par les services spéciaux, mais elle répond aux mêmes contraintes : renseignement préalable, maîtrise des mécanismes psychologiques et sociologiques, maîtrise des principes et techniques de communication, connivence avec les médias, etc.

Toutefois, elle a été utilisée par des services de renseignement pour déstabiliser ou nuire aux intérêts de nations étrangères. L'une des attaques les plus célèbres remonte d'ailleurs à une époque précédant l'ère Internet. Il s'agit d'une des plus spectaculaires intrusions dans les serveurs informatiques des entreprises françaises travaillant pour la Défense. Entre 1984 et 1985, un groupe célèbre de hackers allemands, baptisé Chaos Computer Club (CCC) et manipulé par les services soviétiques, pénètre les réseaux informatiques de Thomson, du CEA, du CERN, des Ciments Lafarge… Chez cette dernière entreprise, le CCC tente de récupérer des données sur le béton spécial utilisé dans la protection des centrales nucléaires françaises.

La société des Ciments Lafarge essaie d'étouffer l'affaire afin de ne pas alerter ses clients sur la fragilité de son infrastructure informatique. C'est compter sans les policiers ouest-allemands, qui enquêtent sur ce dossier après le dépôt d'une plainte de Philips dont le calculateur de Fontenay-sous-Bois a été visité. En 1986, ils révèlent toute l'affaire.

Depuis, le Mur est tombé et l'Union soviétique n'existe plus. Le CCC poursuit ses activités sans ses parrains espions. Les anarcho-hackers n'ont pas abandonné la chasse aux données sensibles. Le 23 mai 1996, lors d'une conférence mondiale sur la guerre de l'information organisée à Bruxelles, l'un de ses membres propose à un spécialiste français un CD-Rom avec tous les plans des villes est-allemandes à l'échelle d'un mètre. Idéal pour pénétrer les réseaux de communication. Tarif pour ce genre de prestation : seulement 100 deutsche marks. Même la guerre économique peut pratiquer le *hard discount*…

La vulnérabilité informationnelle des entreprises

En règle générale, plus une entreprise se repose sur son image et sa marque pour se développer, plus elle est vulnérable. Pour un concurrent peu scrupuleux, il suffit pour l'atteindre de détruire ce qu'elle symbolise auprès des consommateurs. La réputation du dirigeant, la santé financière de l'entreprise, le climat social sont autant de domaines qui se prêtent aux rumeurs et aux campagnes de désinformation. Les attaques sont particulièrement difficiles à gérer quand elles portent sur la qualité ou sur la sécurité des produits, notamment des biens de consommation courante. Que valent les justifications d'ordre scientifique et technique face aux réactions émotionnelles, souvent irrationnelles, du public ?

Aujourd'hui, une entreprise qui lance un produit nouveau sait qu'elle s'expose à une très large gamme de contre-attaques de la part de la concurrence. Les critères de prix ou de qualité du produit ne sont plus déterminants. Certains adversaires choisissent d'attaquer le produit sur ses caractéristiques techniques, son environnement commercial ou les deux à la fois. Le sabotage de l'image de marque d'un produit est une opération légale dans un certain nombre de pays occidentaux [1].

Il arrive que l'entreprise fournisse elle-même le bâton pour se faire battre. C'est le cas d'une PME dont l'histoire est rapportée par Pascal Lointier, consultant en sécurité des systèmes d'information. Un jour, un cadre a la brillante idée de lancer une opération commerciale basée sur un numéro vert. Celui-ci doit informer le public de la sortie d'un nouveau produit. L'appel est gratuit pour l'appelant. La PME règle la facture à France Télécom. Le concurrent ne semble pas apprécier cette offensive commerciale. Rusé, il fabrique un programme informatique qui appelle automatiquement le numéro vert toutes les vingt secondes et raccroche dès les premiers mots du répondeur automatique. Durant deux mois, il est ainsi parvenu à saturer les communications de l'entreprise et à réduire l'effet de sa campagne de promotion. L'entreprise a dû, en outre, régler à France Télécom 250 000 unités supplémentaires attribuées au robot informatique du concurrent.

A l'ère du tout-numérique, la panoplie des attaques informatiques semble illimitée. Rappelons toutefois que, dans huit cas sur dix, ces attaques ne sont possibles qu'avec la complicité d'une taupe installée à l'intérieur de l'entreprise ciblée. Ce qui multiplie les possibilités de coups les plus tordus.

---

1. Christian Harbulot, *La Machine de guerre économique*, Paris, Economica, 1992, p. 131.

Les techniques de destruction d'image de marque ont été théorisées dans *No logo* par Naomi Klein, égérie canadienne de l'antimondialisation [1]. Elle y explique que les actions du mouvement altermondialiste sont «des campagnes politiques menées contre des cibles à la portée de tous au travers de leurs produits de consommation, de leurs relations publiques et d'outils de sensibilisation populaire». Une habile politique de communication mettant en valeur l'humanité de l'entreprise, mais non suivie d'actions concrètes, n'est donc pas une protection contre les foudres du mouvement. Au contraire, elle attire sa suspicion.

En effet, depuis quelques années, le combat se déroule sur un champ de bataille particulier où les médias jouent un rôle clé. Ceux-ci servent alors, inconsciemment ou non, de support à la manipulation de l'information. Des rumeurs persistantes et tenaces courent sur l'existence de listes de journalistes acceptant des piges de la part d'entreprises pour diffuser certaines informations. Au cours de leur enquête, les auteurs de ces pages ont reçu à plusieurs reprises des propositions de la part de sociétés d'intelligence économique pour enquêter sur certains sujets en échange d'une rémunération. Une pratique courante, d'après ceux qui utilisent les journalistes pour interviewer des entrepreneurs ou enquêter sur une société. Les chefs d'entreprises pensent recevoir un journaliste, mais en réalité ils dévoilent une partie de leurs savoir-faire ou de leur stratégie à la concurrence.

Dans le rapport Carayon intitulé «Intelligence économique, compétitivité et cohésion sociale», remis en juillet 2003 au Premier ministre, Kroll, une société de renseignement privée, leader aux États-Unis et dans le monde, reconnaît explicitement faire appel à des journalistes pour soutirer des informations aux chefs d'entreprises. Le rapporteur préconise donc de créer un comité de déontologie pour surveiller les sociétés de renseignement privées et autres spécialistes de la sécurité et imaginer un processus de labellisation.

---

1. Traduction: éditions Babel, 2001.

Les attaques par l'information

Nulle entreprise n'est à l'abri d'une attaque informationnelle de ses produits ou d'un membre de son personnel, de la découverte de substances toxiques dans ses produits alimentaires, d'hypothétiques accidents dans la consommation des biens ou des services. Que faire si, à l'occasion d'un salon dans lequel une société tient un stand, des huissiers viennent saisir des pièces ou des policiers interpeller des responsables ? Les motifs peuvent être bénins ou de pure invention. Mais si l'offensive est orchestrée médiatiquement, une contre-offensive tardive, hors salon et mal médiatisée sera vouée à l'échec. A travers ce type d'attaque, il s'agit de provoquer un événement ou un incident nuisible à l'entreprise cible et d'en assurer la publicité par les canaux médiatiques. Plus que l'incident, c'est sa médiatisation qui causera de lourds dommages à la victime. Ces attaques sont difficiles à contrer surtout quand les victimes méconnaissent les techniques offensives qui les mettent en œuvre et ignorent les contre-mesures.

En 1990, l'affaire du benzène dans les bouteilles de Perrier démontre comment l'exploitation d'une faille dans la sécurité de l'information peut, en quelques jours, infliger des pertes financières énormes à une entreprise saine. Les doses découvertes étaient minimes, et en tout cas inoffensives car elles respectaient l'ancienne législation en vigueur. Toutefois, cet incident va déclencher une vaste campagne internationale contre Perrier. Une campagne qui part des États-Unis, où les premières attaques contre l'entreprise française ont été décelées. Face à un tel dénigrement de sa marque, Perrier décide de retirer du marché 72 millions de bouteilles. Une mesure qui entraîne une perte de 30 % de son chiffre d'affaires outre-Atlantique et une chute de 12 % de l'action. Mais la société n'est pas au bout de ses peines. Deux autres attaques sont lancées contre elle. La première vise directement son dirigeant, dont le nom apparaît soudainement dans une affaire. La deuxième concerne le procédé même de gazéification, suspecté de ne pas être naturel. Au bout du compte, la société est contrainte de se séparer de certaines activités pour alléger ses charges et le PDG doit démissionner. *Last but not least*, un an plus tard, Nestlé récupère Perrier à la suite d'une OPA hostile. Conclusion d'un spécialiste sur cette affaire: «La vitesse de l'attaque portée suppose une intention préalable plutôt qu'une exploitation rapide d'une opportunité soudaine.»

Détruire l'image d'un concurrent à n'importe quel prix? Il arrive que les conséquences d'une attaque informationnelle dépassent largement le cadre de la lutte économique. Il y a quelques années, la société qui assurait la maintenance informatique d'un scanner à la pointe de l'innovation installé à l'hôpital Foch de Suresnes a perdu son contrat suite à de multiples et persistants problèmes de facturation. Vexée de voir son concurrent remporter le marché, la société en question décide un vendredi soir de pénétrer le système pour le saboter et faire porter la responsabilité de ce dysfonctionnement sur son concurrent. La sale vengeance entraîne la suppression des fichiers qui servent au pilotage de cet appareil ultramoderne: panne. La perte financière s'élève à plus 120 000 francs. Plus grave, pendant dix jours aucun patient n'a pu être soigné. On ose à peine imaginer l'ampleur des dégâts pour les malades si les fichiers avaient été altérés au lieu d'être supprimés.

Autre exemple, lors d'un appel d'offres important, l'une des sociétés concourantes peut choisir de saboter l'image de marque d'un produit adverse en informant le public de ses défauts grâce à la publicité comparative. Si la législation française interdit de nommer la marque, ce n'est pas le cas dans les autres pays.

L'affaire du TGV sud-coréen illustre parfaitement la manière dont l'information peut être utilisée pour nuire à la réputation d'un produit. En 1989, la Corée du Sud annonce son intention de construire une ligne ferroviaire à grande vitesse entre la capitale, Séoul, et Pusan. A la clé: un marché de 50 milliards de francs. Trois sociétés visent ce pactole: les Franco-Britanniques de GEC-Alsthom avec le TGV, les Japonais avec le Shinkansen et les Allemands et leur ICE (Inter City Express). Rapidement, les Japonais doivent baisser pavillon: leur offre ne fait pas le poids. Reste deux compétiteurs. Les Franco-Britanniques sont les mieux positionnés. Le TGV fonctionne en France et à l'étranger. Il est reconnu comme une valeur sûre et fiable.

Pour rattraper leur retard, les Allemands jouent la carte du *blitzkrieg* de l'information. Ils déclenchent une offensive tous azimuts pour discréditer le TGV. Ils demandent à leur allié, le cabinet américain d'ingénierie Bechtel (numéro un mondial), particulièrement bien implanté en Corée, de lancer une opération d'influence en évaluant les deux offres sous un jour nouveau. Bechtel change alors les coefficients des critères d'évaluation et modifie au passage la notation. Dans leur rapport, le confort des sièges de l'ICE reçoit le même coefficient que la signalisation du TGV ! Idem pour l'utilisation de l'aluminium dans l'ICE, qui apparaît sur le même plan que la vitesse et la sécurité du TGV ! Dans le même temps, ce rapport surévalue la réputation légendaire des produits allemands et sous-évalue l'expérience et la fiabilité du TGV.

Cette grossière manœuvre ne parvient pas à persuader les Coréens des avantages de l'offre allemande. Nos amis d'outre-Rhin sortent alors l'artillerie lourde. Circulent soudainement dans la presse coréenne des informations relatant les incidents, même mineurs, qu'a rencontrés le train français. Les députés coréens reçoivent des fiches techniques qui révèlent les défauts (parfois vrais, parfois imaginaires) du TGV. Et pour finir, les Allemands prétendent que la société GEC-Alsthom mène des opérations d'espionnage contre leurs intérêts. Les promoteurs du TGV décident alors de jouer la carte de la transparence en publiant une liste de tous les incidents recensés sur le TGV, et contre-attaquent sur le même terrain que leur concurrent. GEC-Alsthom choisit d'assurer la communication de Siemens, à sa façon. Il concocte un sympathique dossier de presse qui rassemble tous les articles de la presse européenne et surtout allemande sur les difficultés techniques rencontrées par l'ICE. Pour les accusations d'espionnage, les Franco-Britannique préfèrent laisser la justice s'en charger en portant plainte contre Siemens…

Épilogue commercial de cette farouche bataille sans foi ni loi : la Très Grande Victoire des… Coréens, qui ont su exacerber les rivalités et tirer parti de la compétition entre les deux rivaux. Cette victoire est un double succès pour eux. Sur le plan financier, ils ont obligé les Français à baisser leur offre d'un milliard de francs. D'autre part, ils ont réalisé un formidable transfert de technologie induit par ce contrat [1].

L'attaque contre l'image d'une entreprise peut aussi consister à décrédibiliser ses dirigeants. Il y a quelques années, un concurrent s'attaque aux Charbonnages de France à travers son responsable. La voiture de ce dernier est visitée et son portefeuille dérobé. A l'intérieur: un texte manuscrit concernant sa vie privée. Le concurrent tente un chantage pour faire plier les Charbonnages de France dans un contentieux qui les opposait. Refus de céder et contre-attaque du dirigeant, qui fait appel à une société spécialisée. L'enquête parvient à établir que le concurrent malveillant place illégalement de l'argent de sa société en Suisse. C'est donnant-donnant: chacun s'entend pour ne pas diffuser ses informations et l'affaire en reste là.

Autre technique, contre un pays cette fois. Un État tente de ternir l'image des représentants ou des institutions de l'État concurrent, de nuire à la réputation de ses secteurs d'activités sensibles. En matière d'agriculture, il fera état de subventions injustement octroyées; en aéronautique, il mettra en doute la qualité et la fiabilité des produits. Il peut également chercher à déstabiliser les entreprises les plus performantes de l'adversaire [2].

En avril 1993, Michael Armstrong, le PDG du géant américain des satellites et des missiles Hughes, filiale de General Motors, jette un pavé dans la mare. A quelques semaines de l'ouverture du salon international aéronautique du Bourget, il annonce son refus

---

1. «Grâce à un système d'appels d'offres à répétition, à travers 30 000 questions, 305 critères, deux mètres de descriptifs et l'accompagnement d'experts, les Coréens ont pompé avec méthode des données cruciales venant des Japonais, des Allemands, des Français», Daniel Rouach, professeur à l'École européenne des affaires.

2. P. Jacques-Gustave, *op. cit.*, p. 94.

d'y participer. Motif invoqué : il vient d'apprendre d'un rapport secret de la CIA que quarante-neuf firmes américaines, dont la sienne, mais aussi Boeing, McDonnell Douglas, Bell ou Pratt et Whitney font l'objet d'une surveillance par les renseignements français. A Paris, on estime que Hughes justifie ainsi son refus d'investir pour venir au Bourget et participe en fait à une action de déstabilisation de l'industrie de défense française avant l'ouverture du salon.

Tous ces cas sont bien réels et ne représentent que la partie émergée d'un immense iceberg dont peu d'acteurs économiques ont conscience. Dure réalité. Dans toutes ces affaires de guerre de l'information, on relève le rôle essentiel des médias. Eux-mêmes sont devenus un enjeu et un théâtre d'affrontement.

Le rôle spécifique d'Internet

Grâce à Internet, nous vivons dans un nouveau paradigme de la vérité. Celui de la discussion éternelle. Accessible vingt-quatre heures sur vingt-quatre, le *World Wide Web* permet aux gens de se parler sans limite. Et d'évoquer n'importe quelle question : du sexe au terrorisme, en passant par la cuisine, la famille, le sport... Tous les biens de consommation sont passés ainsi au crible de la critique des utilisateurs, prompts à dénoncer les fausses promesses des publicités. Cette réalité oblige le dirigeant d'entreprise à se mettre à l'écoute de ses clients insatisfaits avant qu'un autre ne le fasse au détriment de sa société. L'alternative est simple : soit vous travaillez avec vos clients afin d'améliorer vos produits ou services, soit ils travaillent ensemble à travers les associations de défense des consommateurs pour faire capoter vos projets.

Internet bouleverse la problématique médiatique. Il introduit une nouveauté fondamentale dans la société de l'information en éliminant les frontières entre acteurs et spectateurs. Il devient virtuellement possible à chacun de donner son avis sur tout et n'importe quoi. N'importe quel individu devient une source et crée de l'information... ou du mensonge, et peut inonder le Web de ses messages, créant de ce fait un courant d'opinion fondé ou infondé. Malgré ses formidables opportunités et le progrès qu'il apporte, le Net est à double tranchant.

Son principal danger est son utilisation massive par des individus incapables de faire la différence entre un fait et un jugement, entre la réalité et l'illusion. C'est la contrepartie de la démocratisation de l'information lorsque le niveau d'éducation n'est pas adapté. La presse écrite, radiophonique, puis télévisuelle a permis à des individus de «faire» l'opinion grâce à leur influence médiatique. Mais il leur a fallu du temps pour acquérir une position sociale qui leur confère ce pouvoir de rayonnement. Aujourd'hui, cet effet de filtre n'existe plus, en théorie. Heureusement, seuls quelques «malins» l'ont pour l'instant compris.

Internet est un vecteur particulièrement indiqué pour les attaques par l'information. Il agit comme une formidable caisse de résonance. Un incident local peut prendre en quelques heures une dimension mondiale, si un esprit mal intentionné, doué d'un certain talent pour la communication, le décide. Une caisse de résonance extraordinaire qui se moque des frontières nationales, contrairement aux moyens médiatiques traditionnels. Le Web neutralise les espaces physiques et temporels. Il peut donner lieu à des méprises (erreur judiciaire) ou déraper vers la désinformation, puisque tout y prend, très rapidement, des dimensions faramineuses. Entre des mains «éclairées» ou mal intentionnées, il peut donner des résultats remarquables ou catastrophiques, selon son point de vue.

Le Web a trois fonctions essentielles qui correspondent aux trois volets de la «guerre de l'information»: guerre pour, contre et par l'information.

La guerre pour l'information, d'abord. Par le biais du Net, il est possible de démultiplier ses capacités à s'informer. On peut le faire directement et ouvertement en interrogeant des bases de données depuis son entreprise. On peut opter pour une stratégie indirecte mais ouverte, en missionnant un cabinet spécialisé en recherche d'information. On peut enfin choisir de le faire directement mais confidentiellement, via des «interrogateurs écrans».

C'est la stratégie choisie par le Chaos Computer Club contre la France à l'occasion de la reprise des essais nucléaires en 1995. Ces petits génies de l'informatique ont mis en place une véritable démarche de collecte d'informations et d'idées d'action en organisant un gigantesque brainstorming sur le Net: création d'un forum et d'une boîte aux lettres, interrogation des surfeurs pour avoir des informations et des idées, sélection des meilleures pistes pour élaborer des axes d'action…

En ce qui concerne la guerre contre l'information, il est possible, grâce à l'utilisation du Web, d'identifier l'origine de ceux qui nous portent de l'intérêt, de développer les manœuvres de «déception» de la concurrence ou de priver l'extérieur d'informations. L'identification se fait en créant ou en utilisant son site comme un sonar passif qui identifie et archive les visites. La tromperie consiste à distiller sur son site quelques informations erronées pour fausser le jugement adverse. En truffant leurs traductions de fausses pistes, les Japonais ont particulièrement pratiqué cette méthode. La privation sert à choisir et filtrer les informations que l'on rend publiques. Cette autocensure peut-elle se retourner contre l'émetteur? C'est un risque à évaluer.

Enfin, dans la guerre par l'information, il s'agit de déstabiliser la concurrence en employant divers moyens. Une campagne de presse permet de s'attaquer au projet du concurrent, à son image, à sa réputation, à ses dirigeants, etc. L'exemple du pétrolier Total en Birmanie, accusé d'esclavagisme, de destruction de villages, de blanchiment de l'argent de la drogue, etc., reste dans toutes les mémoires (voir chapitre 5). Loin de nous l'intention de défendre le pétrolier. Ce qui nous intéresse, c'est la manière dont Total fut déstabilisé par ses concurrents anglo-saxons [1]. Un rapport classé confidentiel-défense note, à propos de l'affaire Total: «On assiste actuellement dans le monde industriel à une augmentation sensible de telles démarches agressives, bien organisées, relayées par

1. Voir chapitre 5.

des organisations humanitaires parfois manipulées par des entreprises ou des gouvernements à la fois amis et concurrents de la France… Ces attaques peuvent être considérées comme des atteintes aux intérêts fondamentaux de la nation… » Autre exemple : l'affaire des Mirage français abattus le 30 août 1995 au-dessus de la Bosnie. Une occasion en or pour la concurrence américaine de dévaloriser l'offre française en matière d'avions de combat. Le lendemain de la perte d'un Mirage, le Web est inondé de messages qui dénigrent la fiabilité de l'avion de chasse… au moment où Dassault tente de vendre des Mirages aux Pakistanais. Même chose dans l'affaire des candidatures pour l'attribution des Jeux olympiques de 2008 [1].

Internet offre de multiples possibilités d'action. Il autorise la création de faux sites d'information, parfois même de sites conçus à l'insu d'une entreprise mais comportant sa signature et son adresse. Cette contrefaçon *on line* a un effet désastreux garanti.

Internet permet également de créer un mouvement d'opinion « spontané » grâce aux forums qui accueillent les protestations et les témoignages des internautes.

Il y a quelques années, les attaques convergentes contre les technologies d'Airbus, sur certains forums du Net, incitent un jeune chercheur français à réaliser un flagrant délit de guerre de l'information. Il se fait passer successivement pour un étudiant puis un ingénieur français défendant les mérites technologiques d'Airbus. Chaque fois qu'il s'exprime pour défendre les qualités technologiques européennes, il reçoit une volée de bois vert de ses interlocuteurs d'outre-Atlantique. A la suite de ces deux interventions, il prend l'identité d'un pilote de ligne américain qui doute des arguments critiques de ses concitoyens. Subitement, ce soi-disant pilote voit arriver sur son écran des messages du type « il ne faut pas prendre parti pour les Français, il faut à tout prix défendre notre industrie aéronautique ». Cette démonstration par l'absurde ne coûte qu'un peu de matière grise. Mais, faute de temps et de moyens, le subterfuge s'évente. En hommage, l'un de ses interlocuteurs américains lui envoie ce dernier message : « Bravo, Frenchie ! »

1. Voir chapitre 1

Le crash de l'Airbus A 320 d'Absheim, le 25 juin 1988, a donné lieu à une attaque d'un autre genre. Provoqué par une manœuvre trop risquée lors d'un meeting, cet accident fait quatre morts et une centaine de blessés. Or, le rapport d'enquête concernant le crash n'est pas encore rendu public qu'il circule déjà sur le Net – qui n'est pas encore l'outil grand public que l'on connaît aujourd'hui. Il ne figure pas dans sa version intégrale puisque les parties à décharge pour l'avionneur européen sont totalement passées sous silence. Des messages très agressifs à la fois contre Airbus et son partenaire français, Aérospatiale, apparaissent alors comme par enchantement dans les *news groups* [1] consacrés à l'aéronautique et au transport. Ils affirment en substance que l'accident n'a rien d'étonnant puisque les ingénieurs européens ne sont pas au niveau des Américains et que d'autres accidents du même type se reproduiraient.

Quelques ingénieurs spécialisés d'Aérospatiale surveillent alors en permanence les *news groups*. Surpris par la virulence de l'attaque, ils traquent les messages et leurs auteurs. Ceux-ci semblent à première vue parfaitement anodins, avec des adresses cohérentes. En y regardant de plus près, la réalité apparaît moins nette: identités et adresses sont fausses, de même que les nœuds de connexion. Les messages émis en réalité aux États-Unis par des ordinateurs aux indicatifs truqués transitent par des serveurs anonymes en Finlande. Aérospatiale soupçonne très fortement Boeing d'avoir mené là une des premières grandes campagnes de désinformation sur Internet [2].

Comment fabriquer l'opinion?

Censure, désinformation et intox sont depuis toujours des armes redoutables et très efficaces pour nuire à l'ennemi, qu'il

1. Forums de discussion thématiques.
2. Jean Guisnel, *Guerres dans le cyberespace. Services secrets et Internet*, Paris, La Découverte, 1995, p. 158-159.

s'agisse de le démoraliser et de le couper de ses soutiens populaires ou de gagner la sympathie et le soutien de l'opinion publique internationale. Cette forme d'action, pendant longtemps apanage des seules forces armées ou services spéciaux, est aujourd'hui à la portée des acteurs économiques.

Les manipulations de la connaissance

Au-delà des manipulations de l'information, on assiste de plus en plus fréquemment à des manipulations de la connaissance. La nouvelle guerre psychologique se préoccupe aussi de « management de la perception », c'est-à-dire de proposer du « contenu », de faire circuler des informations, pas nécessairement fausses, mais sélectionnées en fonction de leur capacité à influencer les émotions, les motivations et les raisonnements des acteurs dans un sens favorable aux desseins envisagés [1].

Des professionnels de la communication et de l'influence, s'appuyant souvent sur des connaissances qu'ils disent scientifiques, s'efforcent de calculer la balistique des messages comme celle des obus [2]. « Les rapports techniques tronqués ou incomplets, les témoignages d'experts achetés, les rumeurs répandues dans les forums de discussion, la présentation fragmentaire de certaines thématiques faussent les bases d'un débat et influencent le monde économique et l'opinion publique [3]. »

La récente guerre d'Irak en a encore offert l'exemple. La mise en lumière des mensonges construits par les *spin doctors* du Pentagone et de Downing Street au sujet des armes de destruction massive a fait long feu. Et le suicide de l'expert britannique David Kelly a mis en porte-à-faux Tony Blair et son très contesté conseiller en communication, Alastair Campbell.

---

1. F.-B. Huygue, *op. cit.*, p. 45.
2. F.-B. Huygue, *op. cit.*, p. 97.
3. Christian Harbulot, « L'autre versant du Knowledge Management », Actes de la journée de découverte de l'intelligence économique, IHEDN, 20 avril 2000.

L'un des premiers exemples étudiés par les services spécialisés français concerne l'ONG Greenpeace. La France n'a jamais entretenu de bons rapports avec les militants de la paix verte. Depuis des années, la DGSE et son ancêtre, le Service de documentation extérieure et de contre-espionnage (SDECE), mènent une guérilla contre Greenpeace: une vingtaine d'opérations d'infiltration et de sabotage divers. Avec le sabotage du *Rainbow Warrior* en Nouvelle-Zélande, le 10 juillet 1985, entraînant la mort d'un photographe, la France augmente son passif envers les militants arc-en-ciel.

En 1992, ces relations vont se durcir à la suite d'une campagne déclenchée par Greenpeace contre la Cogema, une entreprise française de retraitement des déchets nucléaires. Celle-ci doit en effet acheminer des matières fissiles retraitées à son client japonais. La société opte pour un transport maritime à bord d'un navire japonais baptisé *Akatsuki-Maru*. Greenpeace décide alors de lancer une offensive internationale contre les dangers du transport de plutonium. Son état-major met sur pied une véritable cellule de renseignement capable de mener une guerre sur le terrain de l'information contre la Cogema en particulier et la France en général, grand producteur d'électricité d'origine nucléaire. Quant au Japon, il ne semble pas être la cible de l'association, tant il paraît relativement épargné par les attaques de Greenpeace.

Cette cellule fait montre d'un véritable professionnalisme, à faire pâlir de jalousie certains services de renseignement. Son premier objectif consiste à se procurer l'itinéraire du bateau et ses escales. Toutes les recettes sont bonnes. Comme le raconte Rémi Kauffer, les militants de Greenpeace invitent les journalistes à se transformer en balances[1]. Des sources évoquent le formidable carnet d'adresses de l'association dans les milieux politiques, administratifs, économiques, sociaux. On a même parlé de taupes au sein de l'administration française, qui auraient fourni les plans de navigation de l'*Akatsuki-Maru*.

---

1. *L'Arme de la désinformation*, *op. cit.*, voir également le livre d'Olivier Vermont, *La Face cachée de Greenpeace*, Paris, Albin Michel, 1997.

La plus grande discrétion règne. C'est la condition *sine qua non* de la réussite d'une telle opération. Celle-ci consiste à préparer une offensive médiatique adaptée à chaque étape du navire. L'effet de surprise doit être total pour neutraliser la Cogema. Les arguments sont affûtés en fonction des eaux territoriales traversées et des pays à proximité desquels passe le navire. On insiste alors sur la sécurité du bateau, les probabilités d'accident, les menaces sur l'environnement marin et côtier… La presse, les hommes politiques, les leaders sociaux, les groupes de pression locaux… tous sont inondés de messages alarmistes émanant de Greenpeace deux ou trois jours avant l'arrivée du bateau dans leur zone.

Multipliés par le nombre de pays concernés, les messages finissent par semer le trouble au sein de l'opinion publique mondiale. « Cette attaque par l'information, conclut l'auteur d'une note confidentielle, a atteint son objectif : porter atteinte à l'image de la France dans une zone économique favorable de façon à décourager une action similaire dans le futur. Les dirigeants de la Cogema avouent leur impuissance à contrer cette attaque autrement qu'en affirmant la sécurité technique de l'opération. »

Instruite des mésaventures de la Cogema, la société Shell n'a pas eu la même réaction face aux assauts de Greenpeace. En mai 1995, Shell annonce qu'elle va couler sa plate-forme pétrolière Brent Spar, devenue inexploitable. La mer utilisée comme une vulgaire poubelle : alertée, l'ONG écologiste dénonce le sabordage et les dangers pour les fonds marins d'une pollution de plus de 5 000 tonnes de pétrole encore contenues dans les tuyaux de la plate-forme off-shore située en mer du Nord.

Pour toucher sa cible, Greenpeace joue sur les contradictions européennes et plus particulièrement sur l'image de nation égoïste véhiculée par l'Angleterre, considérée à l'époque comme le mauvais élève de l'Europe. La campagne de Greenpeace en Allemagne oblige le chancelier Helmut Kohl a solliciter son homologue anglais, John Major, pour qu'il ordonne à Shell de renoncer à cette opération, présentée comme une catastrophe naturelle majeure. Dans ce pays, l'appel au boycott lancé par l'ONG fait perdre quotidiennement 35 millions de francs à la société Shell. La pression est telle que celle-ci finit par céder. La plate-forme Brent Spar est remorquée dans les eaux norvégiennes pour être démantelée. Fin du premier acte.

Début du deuxième acte. Vexés d'avoir perdu la bataille de l'information contre Greenpeace, les dirigeants de Shell choisissent de contre-attaquer pour redorer leur blason. Ils demandent alors un audit de sécurité à un cabinet spécialisé, le bureau Véritas, chargé d'expertiser les produits contenus dans la plate-forme. Le 6 septembre 1995, la presse annonce les premiers résultats de l'étude effectuée par trente-trois experts : l'opération de sabordage était sans danger.

Greenpeace ne désarme pas et décide de couper l'herbe sous le pied de son adversaire avant la publication du rapport officiel de Véritas, prévue à la mi-octobre. Le responsable de Greenpeace Angleterre envoie donc une lettre d'excuse au PDG de Shell : «Désolé, nos calculs étaient inexacts... Je vous présente mes excuses pour cette erreur. Les prélèvements ont été effectués dans le conduit menant aux réservoirs de stockage de la plate-forme et non dans les réservoirs eux-mêmes...» Ce ne sont pas 5 000 tonnes de pétrole que Brent Spar contenait mais 130, comme l'a toujours affirmé Shell. L'affaire en reste là. Shell n'osera pas traîner en justice une association aussi populaire...

Chapitre 7

De la guerre des grandes écoles à la guerre des ordures : petit florilège des coups tordus

HEC attaque l'ESSEC

Yves réunit une dernière fois son équipe. Il rappelle à ses hommes les ultimes recommandations : être discret, distiller les informations prévues dans le plan et pas plus, respecter le timing et noter les réactions des interlocuteurs. Dans quelques instants va débuter l'opération Volutes. Nous sommes en mars 2000, au Salon de l'enseignement supérieur organisé par une association d'écoles de commerce et d'ingénieurs dans les locaux feutrés de l'espace Dauphine situé passage Dauphine, dans le quartier de l'Odéon, là où bat le cœur de la tribu étudiante parisienne. Sont réunies ici les principales écoles et universités qui dispensent un MBA, diplôme de troisième cycle de gestion très recherché. Pour ces établissements, ces salons sont incontournables. Ils permettent de rencontrer directement les étudiants afin de leur présenter les différentes filières et formations. La concurrence est vive. Il s'agit de remplir les effectifs de ces cursus souvent très onéreux (certains valent plus de 15 000 euros). Les grandes écoles se mettent en quatre pour attirer les candidats et ne sont jamais à court d'arguments pour vanter les mérites de leur diplôme ou dénigrer ceux des autres. Ce genre de salon est donc l'endroit idéal pour faire courir des rumeurs dans le but de nuire à un concurrent. C'est d'ailleurs la raison de la présence de Yves et de son équipe.

Leur mission : lancer une campagne de désinformation contre l'École supérieure des sciences économiques et commerciales de Paris (ESSEC). Leur commanditaire : HEC. Trois lettres magiques pour désigner la plus prestigieuse école de commerce française, l'école des Hautes Études commerciales de Jouy-en-Josas. Pourquoi une telle action alors qu'HEC est leader incontesté du secteur et que l'ESSEC ne figure qu'à la deuxième place des écoles de commerce françaises ? Parce que HEC, depuis quelques années, redoute le dynamisme de l'ESSEC et craint de voir sa suprématie contestée. Il ne suffit pas d'être le numéro un, encore faut-il le rester.

Le phénomène n'est pas encore inquiétant, mais pourrait le devenir si rien n'arrête les appétits du numéro deux. Depuis plusieurs années se manifeste une tendance préoccupante qui voit certains étudiants reçus à HEC choisir en définitive de suivre leur scolarité à l'ESSEC. Un tel choix est interprété comme un camouflet par HEC, tandis que l'ESSEC utilise dans sa communication ces quelques audacieux « aventuriers » pour contester le statut de leader d'HEC. Cinq étudiants reçus à HEC en 1997 démissionnent au profit de l'ESSEC, huit en 1998 et treize en 1999. Des statistiques intolérables pour les responsables d'HEC. Par ailleurs, les dirigeants d'HEC soupçonnent leur concurrent de Cergy-Pontoise d'être à l'origine d'un battage médiatique contre eux. Tout part d'un mail d'un étudiant de l'école de Jouy-en-Josas, envoyé à un grand cabinet de conseil qui ne l'a pas recruté. Le potache se montrait fort arrogant et plutôt sûr de lui et de son diplôme. Le cabinet a fait largement circuler le mail, via Internet. Ce qui a provoqué un vaste pugilat électronique autour de la haute estime que les diplômés de cette école ont d'eux-mêmes. Du pain bénit pour les diplômés des institutions concurrentes, notamment ceux de l'ESSEC. Une telle mésaventure a exaspéré la direction d'HEC, qui s'est alors promis de réagir. En 2000, elle décide donc de faire appel aux services d'un spécialiste de l'intelligence économique afin de contrer l'ESSEC.

HEC contre ESSEC. La guerre des grandes écoles a un nom : opération Volutes. Objectif : empêcher que le phénomène des démissions ne s'amplifie et ne remette en cause le leadership de la *business school* de Jouy-en-Josas. Il faut donc enrayer la montée en puissance de l'ESSEC et raffermir la position de numéro un d'HEC. Comment? En s'attaquant aux contradictions de l'adversaire.

MBA : le talon d'Achille de l'ESSEC

Il se trouve que l'ESSEC attire les étudiants sortant des classes préparatoires en leur accordant, par équivalence, à l'issue de leurs trois années de scolarité, un MBA. Argument pour le moins attractif: en plus de leur diplôme d'école de commerce, les jeunes bénéficient d'un second diplôme international fort prisé. MBA: voici encore trois lettres magiques qui représentent le sésame pour l'avenir d'un jeune loup du management. Le Master of Business Administration est le plus fameux des diplômes américains de commerce. Un véritable laissez-passer international pour accéder aux postes de direction des entreprises du monde entier.

Toutefois, dans les faits, les meilleurs MBA sont accessibles à la suite d'une expérience professionnelle de trois à cinq ans minimum. En aucun cas ils ne sont ouverts aux débutants. Les cadres en formation qui préparent ce diplôme le font afin de doubler leur salaire et d'accéder à des postes à responsabilités. Le MBA agit comme un véritable accélérateur de carrière. Mais, en contrepartie, ces salariés et leurs entreprises consentent des sacrifices: absence professionnelle, perte de salaire, coût de la formation, travail important à fournir, sacrifices quant à la vie privée... A plus de 15 000 euros le MBA, les candidats en veulent pour leur argent.

Par ailleurs, la valeur d'un MBA tient aussi à la diversité des origines et parcours professionnels des candidats: mélanger des juristes, des commerciaux et des ingénieurs issus de secteurs économiques différents est une grande richesse pour la formation. Cela permet aux candidats d'enrichir au passage leur carnet d'adresses. Un atout non négligeable dans un monde en réseaux.

Les spécialistes de l'éducation supérieure reconnaissent à demi-mot que les critères d'habilitation des MBA manquent de rigueur. Un euphémisme pour dire que dans ce domaine les acteurs font n'importe quoi. Y compris aux États-Unis. Résultat : le MBA peut se faire à mi-temps, étalé sur huit ou seize mois, par correspondance, il peut être généraliste ou spécialisé… Bref, sa valeur est tout à fait relative et dépend de la réputation des établissements qui le délivrent.

C'est pourquoi, chaque année, les MBA sont évalués et classés dans un célèbre palmarès, le Gourman Report. Depuis quelques années, les *business schools* sont par ailleurs régies par des institutions internationales chargées de leur habilitation. D'un côté, le label américain, AACSB (The International Association to Advance Collegiate Schools of Business) ; de l'autre, le concurrent européen Equis, une association créée dans le but de contrecarrer la norme américaine.

Mais, gare ! Pour s'y reconnaître dans cette jungle des sigles, mieux vaut maîtriser toutes les subtilités des accréditations. En l'occurrence, l'AACSB peut très bien habiliter une école sans pour autant le faire pour ses diplômes. C'est le cas pour l'ESSEC, dont le MBA n'est pas accrédité par l'AACSB alors que l'école l'est. En face, HEC a reçu l'habilitation d'Equis tandis que son MBA a reçu l'onction d'un organisme européen chargé d'accréditer les programmes, l'AMBA.

L' « innovation » de l'ESSEC fait donc grincer bien des dents dans la profession. Si l'ESSEC sait être créative (MBA spécialisés, communication), cette fois, elle va trop loin. Le prétexte de l'opération et le talon d'Achille de la cible sont donc trouvés. Le MBA de l'ESSEC sera délivré à des candidats qui n'auront connu que… les classes préparatoires et l'école de commerce ! Un peu léger en matière d'expérience professionnelle. C'est dans cette faille qu'Yves va s'introduire pour laisser accroire que l'ESSEC triche, trompe les étudiants et dévalorise le MBA. Le tout pour le compte de HEC, qui veut retrouver sa douce quiétude de numéro un.

Mais au fait, qui est cet homme de l'ombre ? Un spécialiste de la désinformation, directeur d'un cabinet d'intelligence économique qui utilise des techniques allant de la simple recherche d'informations à travers les sources « ouvertes » (Internet, documents publics, publicité, salons, presse, colloques…) à l'acquisition de données confidentielles obtenues parfois par des voies illégales. De l'espionnage économique, en quelque sorte ? Une filiation que les belles âmes rejettent. Pourtant l'opération Volutes n'a rien à voir avec une simple recherche d'informations. C'est une opération offensive qui vise un but précis : déstabiliser l'adversaire. La guerre de l'ombre entre grandes écoles. Qui le croirait ? Les techniques utilisées par Volutes font appel au meilleur savoir-faire en matière de désinformation. Digne de celui des services de renseignement, à qui d'ailleurs elles empruntent nombre de méthodes.

Documents à l'appui, l'un des membres de l'équipe de Yves a choisi de tout nous raconter. HEC contre l'ESSEC : une illustration franco-française de la guerre que se livrent les acteurs économiques. Et, même dans l'univers feutré des grandes écoles, tous les coups sont permis.

Votre mission : déstabiliser l'ESSEC

Yves a été contacté en janvier 2000 par trois hommes : deux professeurs, et Bernard Ramanantsoa, directeur général d'HEC. Les réunions se sont déroulées à Jouy-en-Josas et dans les locaux de formation de la Chambre de commerce et d'industrie de Paris, organisme de tutelle d'HEC porte de Champerret dans le XVIIe arrondissement. Les premiers contacts furent empreints d'une méfiance réciproque, chacun tentant d'évaluer l'autre. Puis les HEC ont abordé le consultant en lui laissant entendre qu'ils entreprenaient une démarche pour le compte d'une entreprise dont le dirigeant était un ancien de l'école. Dans le petit monde poli des dirigeants des grandes écoles françaises, on n'attaque pas tous les jours un confrère. Et surtout pas en faisant appel aux services d'un professionnel de la désinformation. Mais lorsque l'enjeu porte sur une place de leader, on est moins regardant. Bref, satisfaits du premier contact, ils ont révélé à Yves le véritable objet de sa mission : agir contre l'ESSEC.

Il a suffi de quelques rencontres pour définir le mode opératoire, la durée et le coût de l'opération. D'une durée de quatre mois, de mars à juin 2000, l'opération Volutes aura pour objectif de «modifier (directement et indirectement) la perception de l'ESSEC auprès des cibles concernées par le recrutement. Cette modification sera obtenue par une opération de déstabilisation médiatique, imperceptible et indécelable, sur les points faibles identifiés de l'ESSEC». Un acompte de 50 % du montant du contrat est versé à la signature. Dans la réalité, il a fallu établir un contrat de «couverture». Pour des raisons évidentes de confidentialité, la prestation de Yves ne pouvait apparaître explicitement. Elle a donc pris la forme d'un banal contrat de conseil en communication.

Le contrat signé, il a fallu passer rapidement à la phase active de l'opération Volutes. Après avoir étudié le dossier de près, l'équipe d'Yves a identifié les cibles à sensibiliser. Et elles sont nombreuses. Les étudiants, les enseignants des classes préparatoires – dispensateurs de conseils particulièrement écoutés –, les parents d'élèves, des professionnels et enfin la presse. Sans oublier, bien sûr, tous les diplômés d'un MBA qui ne souhaitent pas voir leur diplôme assimilé à celui d'une école de commerce bac + 5, et les recruteurs, qu'il importe de sensibiliser à cette question. Tous, à des titres divers, devaient être manipulés dans le but de faire pression sur l'ESSEC et de l'amener à renoncer à son MBA.

L'objectif est de repérer «les relais susceptibles d'agir sur ces cibles pour les intoxiquer». C'est-à-dire jouer de ces alliés potentiels en les transformant en complices inconscients d'une opération de manipulation. Une fois tout ce beau monde cerné, «nous avons élaboré un véritable scénario, un plan d'attaque comprenant les arguments à distiller en fonction des cibles, ainsi qu'un planning d'action très précis», indique notre source. Un véritable travail d'orfèvre, digne des meilleurs scénarios de films d'espionnage. Parallèlement, HEC a été priée d'orienter sa communication pour coller au débat pendant la durée de l'opération.

Société de l'information oblige, c'est sur Internet que les premières actions sont lancées. Pour cela, dans le cadre du scénario défini, près de cinquante personnages fictifs, français et étrangers, ont été créés et dotés d'une «légende» très complète, adaptée aux différentes tâches ou fonctions auxquelles ils sont destinés. Leur profil personnel est couché sur des fiches signalétiques et tous sont dotés d'une photo, extraite de magazines, qui achève de donner corps à ces individus virtuels pour ceux qui auront à « entrer dans leur peau ».

Ainsi sont nés de l'imagination de Yves et de son équipe : Christian F., âgé de trente-deux ans, diplômé du MBA Lyon depuis trois ans, issu d'une formation d'ingénieur en chimie, cadre dans l'industrie pharmaceutique ; Muriel M., trente ans, diplômée du MBA de l'ESC Nantes, aujourd'hui cadre dans le secteur bancaire, auparavant responsable des ressources humaines d'un groupe d'électronique où elle a passé trois ans ; Maxime S., ingénieur de formation, titulaire du MBA de l'ENPC. Il a passé six années dans le conseil en systèmes d'information, etc.

Mais les fiches contiennent encore d'autres précisions opérationnelles très précieuses : elles comprennent des indications sur la façon de s'exprimer du personnage en fonction de ses origines sociales et professionnelles, ses tics verbaux, ainsi que certaines fautes d'orthographe récurrentes qu'il commet lorsqu'il envoie des e-mails. Une précaution importante pour ne pas être repéré. Il existe en effet, notamment outre-Atlantique, des logiciels utilisés par certains services de police qui analysent les textes en les comparant au profil de l'émetteur afin de repérer d'éventuelles incohérences ou similitudes et de déceler les campagnes de désinformation. Par principe, Yves et son équipe agissent comme si ces logiciels pouvaient être en service en Europe.

Dans un second temps, Yves et ses équipiers identifient tous les lieux à partir desquels il va leur être possible d'expédier leurs messages sans être repérés. En effet, de nombreux cybercafés sont désormais équipés de caméras vidéos. Lorsqu'une attaque informatique a été commise, les services de police arrivent à en identifier la date et l'origine géographique (ordinateur concerné) et la caméra placée dans le cybercafé permet de déterminer l'identité d'un hacker.

Les premières salves de désinformation

Début mai 2000, chaque membre de l'équipe s'est mis dans la peau de plusieurs personnages fictifs dont il va devoir jouer le rôle. Après s'être imprégnés de leurs personnages, installés devant les ordinateurs de cybercafés de Paris, Bruxelles, Londres ou ailleurs, fiche et photo sous la main, les « espions » d'Yves passent à l'action. Le but de cette première phase est d'attirer l'attention des internautes sur le flou et l'anarchie des critères d'attribution du label MBA. Les messages sont donc envoyés dans les *news groups* consacrés à l'enseignement supérieur. Le premier, celui de Christian F., appelle à un large débat sur la question. Il est envoyé à cinq reprises entre le 22 et le 26 mai 2000, sur des sites spécialisés dans le domaine de l'éducation nationale (egroups.com, deja.com, etc.).

Nous avons retrouvé ce texte. Dans un premier temps, notre personnage virtuel numéro un salue l'initiative – bien réelle, elle – de trois professeurs d'université français (Élie Cohen, Jean-Pierre Helfer et Roland Perez) qui, dans une tribune publiée dans *Le Monde*, appellent de leurs vœux « un nouveau modèle de management européen, afin de ne pas être phagocytés par la norme américaine du MBA, laquelle recouvre souvent n'importe quoi [1] ». Rappelons que l'ESSEC est habilitée par une institution américaine, l'AACSB, tandis que HEC est accréditée par l'instance européenne, Equis. Puis Christian F. s'insurge contre les très mauvaises positions des MBA français dans le classement du *Financial Times* de janvier 2000. « On s'interroge sur les critères de l'enquête présentée : on retrouve en effet HEC derrière des écoles de commerce espagnoles de moindre réputation internationale. Cela est-il objectif ? Pourquoi ce mépris et cette déconsidération à l'égard des diplômes français ? », s'interroge notre internaute qui propose une réponse. « J'ai l'impression, glisse-t-il hypocritement, qu'un débat et une réaction sur ce point s'imposent. Qu'en pensez-vous ? Faites-moi part de vos réactions ? » Le but de cette

1. « Pour un modèle européen de management », *Le Monde*, 14 mars 2000.

première charge est de réveiller tous ceux qui craignent pour la crédibilité de leur MBA obtenu en France. Une technique d'intoxication en somme plutôt classique : on lance un débat sur un sujet anodin ou annexe, puis on le ramène sur le véritable objectif. Dans cette première phase, l'ESSEC n'est pas directement visée. Dans les phases suivantes, on va s'arranger pour que les dégâts collatéraux de ce débat frappent de plein fouet le concurrent d'HEC.

En trois mois, Christian F. envoie cinq messages différents, toujours traduits en anglais. A chaque fois, il attaque la norme américaine et appelle à plus de sévérité dans l'attribution du label MBA. Puis le débat s'élargit. De nouveaux personnages fictifs entrent en scène tour à tour – des Allemands (Martina W.), des Suisses (Hans-Peter O.), des Belges (Théo C.), des Néerlandais (Peter S.) et bien sûr des Américains (Gina P.) – et lui répondent, acquiesçant ou s'opposant à ses propos. Pour les étrangers comme pour les Français, le profil de chacun des individus virtuels a été scrupuleusement travaillé. Toutefois, tous correspondent en anglais, Internet et MBA obligent. De plus, les messages qu'ils envoient proviennent tous de leur pays – ou ville – d'origine. Il s'agit d'éviter qu'un internaute curieux ne s'aperçoive que ce dialogue fictif est organisé depuis Paris. Aussi l'équipe doit-elle se rendre successivement en différents lieux ou y faire « expédier » ses messages grâce à des contacts locaux.

Au cours des phases suivantes, le dialogue se rapproche progressivement et imperceptiblement de la cible de l'opération. Le faux débat dans lequel interviennent les divers individus fictifs n'est quasiment pas alimenté par des arguments contraires émis, cette fois-ci, par des personnes réelles. Mais il ne génère pas non plus un engouement exceptionnel. La véritable cible n'apparaît que dans les phases 6 et 7 de l'opération. L'ESSEC est alors présentée comme un établissement arrogant qui réduit à néant le crédit des *business schools* françaises avec son « MBA au rabais » et empêche la France de figurer aux bonnes places dans les palmarès internationaux.

Parallèlement à cette campagne sur le Net, les hommes de l'ombre arpentent les salons consacrés aux troisièmes cycles. Ils opèrent selon un schéma précis qui est scrupuleusement reproduit à chaque fois. Ces agents agissent généralement par trois. Yves passe le premier, utilisant la couverture d'un maître de conférences à l'université de Saint-Quentin-en-Yvelines, qui veut se renseigner pour orienter utilement ses étudiants. Marc lui succède ; il se fait passer pour un jeune cadre souhaitant, après trois années d'expérience professionnelle, effectuer un MBA afin d'accéder à des postes de responsabilité. Enfin, Christophe assure le dernier passage. Il joue le rôle d'un DRH qui cherche à évaluer le sérieux des diplômes existants.

Dans chaque salon, plusieurs stands de grandes écoles sont soigneusement ciblés. Par exemple, à l'occasion du Salon des MBA, les heures de passage et les messages délivrés ont été précisément déterminés, adaptés à chaque cible. Le premier « agent » de Yves entame sa tournée vers 13 heures. Au programme : les stands de l'EM Lyon, l'Institut d'études politiques de Paris, les écoles d'ingénieurs du pôle grenoblois... Le message à faire passer est simple : savez-vous que le MBA de l'ESSEC ne répond pas aux critères de labellisation ? Réponse des exposants : non. L'agent se fait un plaisir alors d'apporter ses arguments. La première phase de l'intoxication est « plantée ». Deuxième passage, vers 16 heures, d'un autre agent de Yves. Même question. Réponse : oui, nous l'avons entendu dire, et ce n'est pas normal ! Les cibles sélectionnées ont repris le message à leur compte. Troisième passage, vers 18 heures, d'un troisième individu. Cette fois-ci, l'agent fait mine de s'intéresser au MBA sans même évoquer le cas de l'école de Cergy-Pontoise. Réponse de ses interlocuteurs : prenez garde aux MBA tronqués comme celui de l'ESSEC ! Bilan de l'opération : le message est parfaitement passé. Au bout d'une journée, l'ESSEC est décrédibilisée et la rumeur se répand comme une traînée de poudre. Ce schéma est appliqué sur plusieurs théâtres d'opération : les salons, les journées portes ouvertes des grands lycées, les journées des proviseurs organisés dans les grandes écoles...

Première charge frontale

L'opération se poursuit par une visite aux journées Portes ouvertes de l'ESSEC. Cette fois ce sont deux complices, amis étrangers de Yves, qui se chargent de l'agit-prop en intervenant publiquement. L'attaque est frontale: l'ESSEC est accusée de «solder» un diplôme prestigieux à des étudiants sans expérience professionnelle, alors que le MBA est réservé aux cadres dirigeants. Ils imputent à l'ESSEC la responsabilité de brader ce diplôme en livrant aux entreprises des titulaires de MBA à 200 KF/an alors que les salaires du marché atteignent souvent le double. Et ainsi de suite... Ces étrangers fustigent cette dérive «à la française» et leurs récriminations publiques rejoignent ainsi le débat fictif engagé sur le Web. L'intoxication prend corps, conduisant les journalistes qui commencent à s'intéresser à la question vers de faux recoupements.

Progressant encore d'un cran dans l'agit-prop, le 7 juin 2000, Yves se rend lui-même à la journée des proviseurs des classes préparatoires aux grandes écoles de commerce, organisée par HEC à Jouy-en-Josas. Sont présents à cette occasion: les directeurs des classes préparatoires, de nombreux professeurs, ainsi qu'une dizaine de journalistes spécialisés dans les questions d'éducation. L'amphithéâtre est bondé. Plus de 600 personnes sont venues écouter les intervenants. Sous la fausse identité d'un professeur de classe préparatoire fournie par son client, Yves prévoit d'interpeller la tribune sur ce sujet sensible.

Au cours du débat, Yves attaque à plusieurs reprises HEC au motif que cette prestigieuse école n'a pas réagi à l'action de l'ESSEC qui délivre un MBA à ses étudiants à la sortie d'école. Il s'en prend notamment à son directeur, qu'il accuse de ne pas réagir à la «déviance» de l'ESSEC: «Une école de commerce n'est pas un MBA, martèle-t-il. Cet amalgame perturbe les étudiants et brouille leur choix.» Le directeur de l'ESSEC, présent dans la salle, encaisse l'attaque sans broncher. Le patron d'HEC ne formule aucun commentaire, comme prévu dans le plan établi.

Mais, quelques minutes plus tard, le faux professeur remonte à l'assaut. Le but est que le message soit bien entendu par tous les participants à cette journée et que chacun retrouve sa classe préparatoire avec le sentiment d'une tromperie de l'ESSEC.

Ainsi, après deux mois d'opération, un premier objectif est atteint. La presse reprend la polémique. C'est le magazine *L'Étudiant* qui se saisit le premier de l'affaire. Un de ses journalistes est victime de l'intoxication et se lance à la recherche d'avis de parents d'élèves. Yves s'arrange alors pour obtenir ses coordonnées directes au journal en l'appelant de la part d'un ami. Il se fait alors passer pour un père de famille scandalisé par l'attitude de l'ESSEC. Son fils étant lui-même à la recherche d'une école de commerce, il ne comprend pas « la publicité mensongère de cet établissement pourtant réputé ». Il ajoute qu'en tant que chef d'entreprise il ne peut accepter d'embaucher les titulaires de « ces demi-diplômes ». Il l'encourage à poursuivre son enquête et à dénoncer cet abus. Le journaliste contacte les directeurs de l'ESSEC et d'HEC. Le 5 juin 2000, il publie un premier article consacré aux MBA dans *La Lettre de L'Étudiant*, un hebdomadaire de huit pages envoyé aux dirigeants des grandes écoles, aux présidents d'université, à certains directeurs de ressources humaines ainsi qu'aux responsables du ministère de l'Éducation nationale. Il rappelle la particularité des MBA : « Comme tout diplôme de formation continue, le public visé n'est pas, en principe, la population étudiante. » Une semaine plus tard, l'hebdomadaire, particulièrement lu dans le milieu de l'enseignement supérieur, remet le couvert. Cette fois, le journaliste place le titre MBA-ESSEC au cœur de la polémique. Il stigmatise le diplôme de l'ESSEC, « une proposition très alléchante qui plonge les parents d'élèves et les préparationnaires dans le doute et relance la polémique du côté des professionnels ». Jacques Perrin, secrétaire général du Chapitre des grandes écoles regrette la confusion entretenue par l'ESSEC et prévient : « il faut bien savoir que le MBA-ESSEC ne permettra pas d'obtenir un salaire digne d'un véritable MBA. » Le directeur général d'HEC, Bernard Ramanantsoa, profite de l'occasion pour dire tout le mal qu'il pense de son concurrent :

«Ça m'agace de voir l'ESSEC tomber dans une politique de communication agressive en jouant sur l'intitulé des diplômes, car les premiers bernés seront les étudiants.» L'attaque fait mouche, l'ESSEC peine à trouver les arguments pour sa défense.

Une intoxication sans limite… sinon budgétaire

Dans la foulée, d'autres actions sont envisagées, mais, faute de temps et de budget, elles ne seront pas mises en œuvre. Il s'agissait de réaliser un faux prospectus estampillé ESSEC, vantant les mérites du MBA. Cet imprimé aurait été diffusé sur le Net, envoyé à la presse, distribué dans les salons, affiché dans les écoles de commerce afin de déclencher des réactions. D'autre part, il avait été prévu de fabriquer un faux courrier émanant du directeur général de l'ESSEC vantant les mérites de son MBA, qui aurait été publié dans les revues spécialisées. Les «consultants» ont également envisagé de créer une association des ESSEC-insatisfaits, véritable «cheval de Troie» au sein du camp adverse, de lancer un mouvement pour la Reconnaissance internationale des diplômes des grandes écoles (RIDGE) afin de dénoncer le «faux MBA» de l'ESSEC et d'inviter les grandes écoles à s'organiser pour édicter de véritables normes d'habilitation des MBA, de distribuer un tract dénonçant l'ESSEC aux étudiants des classes préparatoires quelques jours seulement avant que les candidats reçus ne fassent le choix définitif de leur école… Ce tract a d'ailleurs été rédigé: «Attention jeunes candidats, l'ESSEC vous trompe! En vous faisant croire que votre diplôme de l'ESSEC vous donnera une équivalence de MBA, elle vous ment et se fourvoie totalement… L'ESSEC va à l'encontre des intérêts français en matière de crédibilité et de reconnaissance… Cela présente par ailleurs le danger de voir les jeunes diplômés de l'ESSEC, déjà arrogants comme leurs confrères d'HEC [une pointe contre l'agresseur afin de brouiller les pistes] de pontifier encore davantage… Bref du travail de pros qui ferait pâlir de jalousie certains cadres fatigués de la CIA, de la DGSE ou de l'ex-KGB.

Enfin, une autre action abandonnée en cours de route avait pour but de réunir les personnages fictifs qui intervenaient sur le Web au sein d'une véritable association. Comment ? En créant un vrai-faux tract, avec photo des intéressés à l'appui, qui aurait été affiché dans les halls des classes préparatoires et des grandes écoles. Il aurait indiqué les adresses e-mail à contacter, ainsi qu'un numéro de téléphone. Les agents de Yves auraient alors pris le relais en « prêtant » leurs voix à leurs créatures de papier.

Désinformation sur Internet, rumeurs sur les salons, agitation dans les réunions publiques, manipulation de la presse, création d'un faux mouvement d'opinion... telles sont quelques-unes des recettes de l'intoxication appliquée à la concurrence économique. Un tel scénario rappelle fortement l'opération intitulée Mincemeat, mise en place par les services secrets britanniques au cours de la Seconde Guerre mondiale, pour préparer l'intoxication des Allemands en vue du débarquement, en créant de toutes pièces un « homme qui n'existait pas ».

Reste à en évaluer les effets. A l'issue de quatre mois d'intoxication, le résultat ne satisfait pas HEC. Certes, l'hémorragie a été stoppée, puisque seulement treize étudiants reçus en 2000 au concours ont préféré l'ESSEC ou une autre école. Soit un score similaire à l'année précédente. Mais les commanditaires de l'opération ne sont pas satisfaits. Ils auraient voulu voir ce score ramené à zéro. L'intoxication n'est pas une science exacte. Toutefois, note Yves dans son rapport à HEC, « un nombre important de cibles, d'acteurs et de leaders d'opinion du milieu a été sensibilisé au dossier, bien que cela ne se soit pas traduit par un engagement de leur part ». Et d'ajouter : « Le décor est désormais planté pour poursuivre l'action de déstabilisation. » Elle n'est jamais allée plus loin.

On sourit cependant lorsqu'on apprend qu'en 2002 l'ISA – le MBA de HEC – avait un mauvais rang dans le classement du *Financial Times*. Est-ce la raison pour laquelle son directeur a été renvoyé ? On peut rire également à l'idée que Bernard Ramanantsoa a été sollicité au printemps 2003, parmi de nombreuses personnalités, par le député du Tarn, Bernard Carayon, chargé de mission par le Premier ministre pour faire le point sur l'intelligence économique en France. On imagine mal le directeur d'HEC expliquer au parlementaire l'expérience dont il disposait en la matière! On mesure également toute l'ironie de cette histoire en écoutant le directeur d'HEC parler de «guerre des étoiles des *business schools* d'outre-Atlantique» à propos des tentatives américaines d'imposer leur leadership et leurs standards dans ce domaine[1]. L'énergie déployée contre l'ESSEC n'aurait-elle pas été mieux investie dans la lutte contre la volonté d'hégémonie américaine[2]?

Comment en est-on arrivé à ce que même des écoles de commerce, chargées de la formation des futures élites économiques nationales, se livrent une guerre concurrentielle sans merci? Le monde aurait-il changé à ce point?

La soupe à la grimace

Le client de Michel est très pressé. Dans quelques jours, sa société, Alfa, spécialiste de l'alimentation longue conservation, sort un nouveau produit sur le marché: une soupe en bouteille. Filiale d'une multinationale américaine, elle doit à tout prix réussir ce lancement. Or, ces dernières semaines, son usine provençale, qui accueille la recherche et le développement, a été victime d'une série d'incidents étranges. Ses bureaux ont été visités, des fichiers informatiques ont disparu et des individus ont été repérés en train de photographier le site, qui se trouve en contrebas d'un pont routier. De plus, un des camions qui transportait les échantillons du nouveau produit a été dévalisé sur une aire d'autoroute. Les coïncidences troublantes ne s'arrêtent pas là.

---

1. Intervention du directeur d'HEC au colloque sur l'intelligence économique le 1er décembre 2003 à l'Assemblée nationale.

2. Le député Bernard Carayon s'insurge également dans son rapport contre cette situation. «Il est anormal et même choquant que le classement des écoles de commerce soit assuré exclusivement par des organismes étrangers le plus souvent anglo-saxons ou américains non indépendants.»

En discutant avec son homologue de la société adverse, Oméga, elle aussi filiale française d'une multinationale américaine, le directeur commercial d'Alfa est édifié ! Son concurrent se vante de détenir de nombreuses informations sur les nouveaux produits d'Alfa et annonce que sa société va leur reprendre de nombreuses parts de marché. Il semble même probable que celle-ci possède déjà tous les éléments de la campagne de lancement marketing de sa nouvelle soupe en bouteille. Il y a le feu à la maison Alfa, en ce début 2000. La concurrence utilise des méthodes d'espionnage pour redevenir le leader du secteur. Pas question de rester inactif.

Face à cette situation, Alfa va contre-attaquer, et vite. Elle fait appel à Michel, ancien officier des Forces spéciales françaises, qui travaille à son compte et qui est reconnu dans le milieu de la sécurité comme l'homme des missions difficiles. Il a l'habitude de ce genre d'affaires, mais il sait par expérience que la précipitation n'est jamais bonne conseillère. Il propose un premier audit de sécurité de l'entreprise. Pour ce faire, il se rend incognito sur les sites de l'usine et dans les locaux du siège social.

Ce qu'il constate est affligeant. La sécurité est inexistante, l'entreprise est un vrai moulin-à-vent. A l'usine, la guérite du gardien tourne le dos à la porte d'entrée. Pendant sa visite impromptue, il parvient à pénétrer dans les bureaux du service marketing et même dans les laboratoires de recherche, situés au rez-de-chaussée, sans éveiller le moindre soupçon des agents de sécurité. Il constate par ailleurs que le service Recherche et développement fonctionne entièrement via un intranet qui ne dispose d'aucune mesure de sécurité spécifique. Son diagnostic est sans appel : il faut revoir tout le dispositif, d'autant qu'il est piloté par une société dont les compétences ne vont guère au-delà du gardiennage, mais qui vient d'être rachetée par un des leaders du marché. Or, la DST et la DPSD – la sécurité militaire – ont souvent fourni des avis négatifs sur le recours à cette société.

Alfa signe un contrat avec Michel, dans le but de protéger l'entreprise des intrusions extérieures. Il s'agit également de mettre un terme aux fuites d'informations vers la concurrence et de contre-attaquer afin de savoir ce que manigance Oméga. Justement, Alfa vient d'apprendre que son concurrent tient un séminaire stratégique en Corse. Elle demande alors à Michel d'infiltrer cette réunion afin de tout connaître sur les intentions de l'entreprise adverse. Celui-ci, face à l'agression caractérisée dont a été victime son client, accepte la mission.

Pour commencer, il lui faut localiser le lieu exact dans lequel se tient le séminaire. Grâce à quelques appels téléphoniques bien tournés – l'une des collaboratrices de Michel se fait passer pour l'épouse de l'un des directeurs d'Oméga et cherche à savoir si son mari a bien fait une réservation pour deux personnes –, l'hôtel est rapidement identifié malgré la méfiance du personnel. Mais une difficulté surgit alors : il est absolument complet ! Or, Michel a besoin d'être présent dans la place pour piloter l'opération au plus près. Il fait alors intervenir un contact, policier en service dans l'île de Beauté, qui se présente à la réception de l'hôtel avec sa carte tricolore. Il demande à ce qu'une chambre soit libérée dans le cadre d'une surveillance judiciaire. La direction obtempère et un couple de touristes verra ainsi son séjour subitement annulé ! Le plan de Michel est simple. Une fois sur place, avec l'aide de techniciens spécialisés, il « sonorisera » la salle de réunion, voire certaines chambres afin de recueillir les informations nécessaires. Il tente même de faire embaucher à la réception de l'hôtel une de ses consultantes, mais le délai imparti est trop court.

Le plan séduit la direction d'Alfa. Mais un problème se pose : l'entreprise n'a aucune notion du coût réel d'une telle opération et estime que Michel est trop cher. Elle lui demande donc de préparer une nouvelle offre, moins chère. Il propose alors une autre option, moins élaborée, sans installation de micros. Michel et une équipière joueront les touristes dans l'hôtel. Ils serviront d'éléments de reconnaissance et de recueil d'informations pour une seconde équipe, logée à l'extérieur, qui interviendra pour subtiliser les documents dans les chambres des dirigeants d'Oméga. Cette équipe copiera les disques durs des ordinateurs et photographiera les documents essentiels. Parallèlement, Michel et sa partenaire se chargeront de « faire les poubelles » à la suite des réunions et de lier contact avec certains des congressistes présents.

Tout est enfin prêt pour l'opération Soupe. Mais, coup de théâtre ! Quelques jours avant le départ, le client de Michel panique. Il prend conscience de l'ampleur de l'opération et de son caractère illégal. Tout est remis en cause. Il décide alors de n'envoyer en Corse qu'une stagiaire, jeune femme qui débute dans le métier. Seule, sans expérience, elle ne parvient à ramener aucune information. L'opération Soupe est un échec. On ne s'improvise pas espion économique en un instant ! Pourtant, des opérations comme celle-ci, Michel en a mené beaucoup. « Elles ne sont pas difficiles. C'est même souvent un jeu d'enfant tant les entreprises sont naïves et ne se doutent pas un seul instant de pouvoir faire l'objet de telles pratiques d'espionnage. »

On voit bien là quels sont les obstacles qui retiennent encore beaucoup d'entreprises à recourir à des sociétés telles que celle de Michel. D'une part, un frein d'ordre psychologique : elles s'affolent à l'idée d'agir dans l'illégalité et elles craignent de voir l'opération rendue publique. D'autre part, elles rechignent sur le coût. « Les chefs d'entreprises n'ont pas l'habitude de négocier ce type de contrat. Ils s'étonnent toujours du montant de la prestation. Or, pour elles, nous faisons parfois plus que flirter avec la loi et le code pénal, et cela a un prix. »

Les Rapetou de la guerre économique...

« Atchoum ! Atchoum ! » Il ne manquait plus que cela. Franck est en train de prendre froid. Pas moyen de se réchauffer, car le moteur de la camionnette doit rester éteint. Les hommes sortent de temps en temps du véhicule pour se détendre un peu en prenant garde de ne pas se faire remarquer. Quatre individus coincés dans une camionnette depuis quelques heures, c'est forcément suspect. Alors, autant prendre son mal en patience et attendre. Attendre quoi au juste ? Que le dernier employé de la société surveillée quitte les locaux.

L'opération Place nette peut alors commencer. Objectif : s'introduire par effraction dans une entreprise de la région parisienne pour récupérer toutes ses données sensibles : fichiers clients, tarifs des produits et services, pièces comptables, état des ressources humaines… il faut tout rafler.

L'effraction est la dernière solution possible, quand toutes les autres approches (sources ouvertes, contact direct) se sont révélées infructueuses. Notre équipe de Rapetous s'apprête donc à commettre un cambriolage. Un vulgaire cambriolage dont le butin ne se revendra pas sur le marché parallèle des objets rares et luxueux, mais profitera au concurrent direct de la société victime, le commanditaire de cette entourloupe. Pas d'or, ni d'argent, ni de tableaux de maître, mais des informations.

Les temps sont ainsi. C'est avec des méthodes de truands que les entreprises s'affrontent aujourd'hui. A quand les annonces de recrutement pour dénicher les Arsène Lupin du business ? Car seuls des professionnels peuvent assurer de telles opérations sans laisser de trace.

En effet, le travail est plus complexe qu'il n'y paraît. Il a d'abord fallu commencer par une semaine de surveillance pour connaître les horaires du personnel et le trafic dans la zone industrielle où est implantée la société cible. Un complice s'est ensuite fait passer pour démarcheur et est entré légalement dans les locaux afin de connaître la configuration des lieux et de détecter les éventuels systèmes de sécurité. Puis une autre équipe est intervenue de nuit afin de prendre une empreinte de la serrure de la porte d'entrée. Elle est revenue la veille du cambriolage pour s'assurer que la fausse clé fonctionnait bien.

Les professionnels ne laissent rien au hasard. « Grâce à un contact dans la police, nous nous sommes également prémunis du risque d'une patrouille de gendarmerie pendant l'opération », explique Franck. Bref, du vrai travail de pros… A un détail près : personne n'a prévu de thermos de café.

Il est 22 h 30, la nuit est glaciale. Le directeur de l'entreprise est encore à son bureau. D'habitude, à 19 h 30 au plus tard, la société est vide. Trois heures coincés dans une camionette, en plein hiver, sans chauffage, ça se paie. Enfin, une dizaine de minutes plus tard, la voie se libère. Il faut agir vite. Les hommes se précipitent. La clé fonctionne parfaitement. Aussitôt à l'intérieur, nos as de l'effraction couvrent les fenêtres des bureaux avec des voiles noirs afin que les lumières ne soient pas visibles de l'extérieur. Ils repèrent les documents à récupérer.

Premier pépin, la photocopieuse est en panne. Il s'agit de la réparer rapidement. « Il faut vraiment savoir tout faire dans ce métier », soupire Franck. Deuxième pépin : on a oublié le papier à photocopieuse. Il faut donc se servir dans le stock de l'entreprise, ce qui risquera d'attirer l'attention du personnel. Tant pis, on prend le risque. Pendant ce temps, le spécialiste informatique aspire le disque dur des ordinateurs de la direction. L'opération dure quatre heures. Bilan : trois cartons remplis à ras bord de documents confidentiels et deux hommes… enrhumés ! Un succès.

Le tout est analysé en quelques jours, puis livré au commanditaire, le chef d'une entreprise de matériel électronique. Ce patron « voyou » peut être satisfait, il a devant lui tous les éléments commerciaux, industriels, techniques et comptables de son concurrent direct. Alain, puisqu'il faut lui donner un prénom, tient sa revanche et surtout la preuve qu'il cherchait. La société contre laquelle il a lancé cette action a bien été créée à partir d'un logiciel de dessin lui ayant été dérobé. La trace de ce programme informatique apparaît dans toutes les procédures de fabrication des produits retrouvés dans les ordinateurs fouillés.

L'opération Place nette a porté ses fruits. Il faut savoir qu'elle est l'aboutissement de plusieurs semaines de traque, de surveillance et de déstabilisation.

En fait, cette histoire commence une année plus tôt…

Deux ingénieurs amis travaillent dans la même société qui fournit du matériel médical de pointe aux laboratoires et aux hôpitaux. Lorsque cette société fait faillite, Alain, qui dispose des fonds nécessaires, reprend l'activité et invite Jacques à y prendre des responsabilités. Quelques mois s'écoulent, puis Jacques annonce son départ.

En réalité, Jacques va créer sa propre société concurrente,

grâce aux «emprunts» qu'il fait à son ex-entreprise, notamment un logiciel de dessin industriel indispensable et… très coûteux. Dans les mois qui suivent, il débauche plusieurs salariés de la PME reprise par Alain et ceux-ci ne partent pas non plus les mains vides. Fort des fichiers commerciaux de son concurrent, Jacques opte alors pour une stratégie de dumping afin de récupérer les clients de son ancienne société. Du coup, le carnet de commandes d'Alain se vide, sa société ne peut faire face aux prix pratiqués par l'entreprise de Jacques.

Alain enrage. Il décide de faire appel aux services d'une société spécialisée pour contrer son adversaire. Objet de la mission: tout savoir sur le concurrent, fournir la preuve de la trahison et du vol de logiciel, et même concevoir un plan pour le déstabiliser.

Les hommes de l'ombre se mettent rapidement au travail et imaginent une première machination. Un faux appel d'offres est lancé depuis la Hongrie. Il est rédigé par un dessinateur de la société d'Alain, mobilisé sur l'affaire pendant plusieurs jours.

«Nous avons mis en place une structure avec une assistante à Budapest pour moins de 500 dollars par mois, explique le stratège de l'équipe. Nous nous sommes fait passer pour les représentants d'un laboratoire pharmaceutique hongrois qui souhaitait installer une nouvelle chaîne de production.» Le choix du pays ne s'est pas fait au hasard. Pour un chef de petite entreprise, la Hongrie est un pays éloigné qui ne dispose pas d'une organisation économique totalement efficace. Il est donc difficile d'obtenir des informations commerciales précises. De plus, il se trouve que nos «mercenaires du business» disposent, parmi leurs contacts, de consultantes hongroises qui acceptent de jouer le jeu. Autres temps, autres mœurs. Un tel «montage» eût été impossible avant la chute du Mur.

La cible est approchée lors d'un salon professionnel. Jacques semble intéressé par l'appel d'offres. Il invite ses interlocuteurs, un Français et les deux Hongroises censées représenter le laboratoire de Budapest, à visiter ses locaux. Il accepte même que des photos soient prises à la demande du client, «histoire d'évaluer ses moyens de production». La stratégie consiste alors à obliger Jacques à dépenser de l'argent: «Nous voulions qu'il mobilise son bureau d'études sur ce faux projet, qu'il se rende en Hongrie, où nous aurions pu le piéger, et surtout qu'il commence à fabriquer les produits cités dans l'appel d'offres, en pure perte évidemment. » Les mois passent sans que Jacques morde à l'hameçon. Alain s'impatiente. Sa société souffre de la concurrence. C'est alors qu'est envisagé le cambriolage baptisé « opération Place nette ».

« Alain n'a pas hésité longtemps », se souvient l'un des consultants. Malgré les risques et un coût de 150 000 francs pour la prestation effectuée par ces James Bond de la cambriole commerciale, le patron trahi donne son feu vert pour cet acte radical.

Pourtant, une fois en possession des informations dérobées, Alain ne les a pas utilisées. Les éléments du cambriolage tendaient à montrer que la société de Jacques se trouvait dans une très mauvaise passe. Il embauchait des chômeurs qu'il payait au noir, faisait sous-traiter quasiment 80 % de son activité, vendait à perte, et chaque nouveau contrat servait à payer ses dettes. Bref, c'était la Bérézina. Il aurait suffi alors qu'Alain baisse ses tarifs pendant quelques mois pour asphyxier son concurrent. Mais, ne voulant pas consentir cet effort, il demande à ses complices une nouvelle intervention musclée. « Il voulait que nous sabotions les machines et que nous incendiions la société de Jacques. C'était hors de question. Nous avons aussi nos propres limites éthiques. De plus, il existait d'autres solutions moins radicales. »

A bas le foie gras breton !

Drôle de guerre. Foie gras contre foie gras. Une guerre franco-française qui oppose les producteurs traditionnels du Sud-Ouest aux nouveaux producteurs de l'Ouest, bretons essentiellement. Quand les seconds veulent entrer sur le marché du foie gras, les premiers sont prêts à tout pour les en empêcher.

Nous sommes en 1996. L'ère Internet n'a pas encore sonné et les campagnes de déstabilisation utilisent des moyens traditionnels : téléphone, fax et courrier. C'est avec ces armes que les producteurs bretons vont mener bataille contre leurs confrères d'Aquitaine, le tout sur fond de crise générale de la filière du foie gras.

Avant l'arrivée des industriels de l'Ouest, les producteurs du Sud-Ouest régnaient en maîtres sur ce marché. Mais, depuis 1995, l'agriculture de l'Ouest, qui souffre de surproduction dans l'élevage des bovins, cherche à se recycler. Or, le foie gras apparaît comme une alternative très intéressante. Il se prête parfaitement aux techniques d'élevage industriel. Exit donc le bovin, place au canard. Une ou deux modifications et l'outil industriel est reconverti pour les besoins du nouvel Eldorado. Bretagne, pays de Loire, Anjou, Maine... toutes ces régions disposent de la logistique requise: accouveurs dont le rôle consiste à sélectionner génétiquement les canards, éleveurs, gaveurs et abatteurs.

Cette nouvelle concurrence inquiète les producteurs du Sud-Ouest, d'autant plus que certains pays de l'Est, Bulgarie, Hongrie et Pologne, viennent de se libérer du joug soviétique, et produisent maintenant leur propre foie gras. Enfin, c'est dans la même période que la grande distribution commence à faire pression pour diminuer les prix. Décidément, 1995 est une année bien noire pour les producteurs du Sud-Ouest qui voient leurs revenus baisser dangereusement...

De la Gascogne au Périgord, l'heure est à la mobilisation générale. Pour commencer, les producteurs du Sud-Ouest dénoncent les contrats avec les accouveurs bretons sous prétexte que ceux-ci vendent une partie de leur production aux pays de l'Est. C'est le temps des opérations commandos où les camions des accouveurs bretons sont arrêtés, la cargaison de canetons jetée sur les bas-côtés.

Parallèlement, en 1996, Gascons et Périgourdins obtiennent avec la complicité du syndicat professionnel, la CIFOG (la Confédération interprofessionnelle du foie gras), des mesures de limitation de la production décidées par le ministère de l'Agriculture. La CIFOG, censée représenter l'ensemble de la profession, est à l'époque globalement tenue par les producteurs du Sud-Ouest. Cette intense campagne de lobbying pour agir sur la réglementation et les normes des matières premières débouche sur des résultats concrets : seul le foie de plus de 200 grammes peut bénéficier de l'appellation «Foie gras». Ce qui revient à éliminer le foie issu des canetons femelles, réputé de moindre qualité.

La CIFOG obtient également le gel des flux commerciaux avec les pays de l'Est. En échange, les accouveurs reçoivent une subvention de l'Office français des viandes (OFIVA). Véritable bête noire de Bruxelles, l'OFIVA impose une surveillance sur les exportations des canetons. Les accouveurs sont sommés d'ouvrir leurs livres pour prouver qu'ils ne font pas de commerce avec les pays de l'Est.

En quelques mois, la situation devient intenable pour la filière de l'Ouest. En mars 1996, elle fait discrètement appel à Atlantic Intelligence, le cabinet de Philippe Legorjus, ex-gendarme du GIGN, reconverti dans la guerre économique. Legorjus et son principal adjoint, Philippe Darantière, lui-même ancien militaire, proposent une contre-attaque en deux temps. «Nous avons d'abord observé les membres et les modes d'actions du CIFOG afin d'identifier leurs vulnérabilités, explique Philippe Darantière, qui a mené toute l'opération de contre-ingérence. Ensuite nous sommes passés à l'action pour déstabiliser la CIFOG et neutraliser toutes ses actions de lobbying qui pouvaient nuire aux industriels de l'Ouest.»

Rapidement, la pêche à l'information s'avère excellente. Philippe Darantière et son équipe constatent que la CIFOG est embarrassée par une campagne de défense des animaux, portant sur la souffrance des canards lors du gavage [1]. A l'époque, des doutes planent quant à l'identité des véritables organisateurs de cette campagne qui vise expressément la France, premier producteur mondial. Les amis des animaux des pays nordiques sont évoqués, mais on soupçonne également l'Allemagne, qui a besoin de temps pour moderniser les abattoirs de l'ex-RDA. Quand la

---

1. En janvier 1994, dans sa résolution «sur le bien-être et le statut des animaux dans la Communauté», le Parlement européen demande à la Commission et aux États membres «de prendre des mesures visant à décourager l'alimentation forcée des animaux».

CIFOG réalise l'ampleur de l'attaque portée contre les producteurs de foie gras, il est déjà un peu tard. Le Conseil de l'Europe s'apprête à condamner la France pour ces pratiques « cruelles »…

Mais les investigations du cabinet Atlantic Intelligence permettent de lever le voile sur la réplique choisie par la CIFOG. Il découvre que l'organisme de défense des industriels travaille discrètement avec l'Agence française des appellations d'origine sur la création d'une Indication géographique protégée (IGP). Il s'agit d'une zone de tradition qui permet d'attribuer un label « origine contrôlée » à un produit agricole. Afin d'en savoir plus sur ce projet confidentiel, Philippe Darantière décide d'envoyer un stagiaire à l'Institut des appellations d'origine. L'étudiant, censé faire un mémoire sur les systèmes juridiques de protection des IGP, se montre particulièrement habile. Il lui suffit de demander naïvement s'il existe un dossier en cours de réalisation pour qu'on lui donne celui du foie gras déposé par les industriels du Sud-Ouest… Une surprise attend alors les lecteurs du document : la zone géographique prévue recouvre uniquement le Sud-Ouest. Exit la production bretonne.

Parallèlement, Philippe Darantière relève une deuxième information capitale. Il s'aperçoit que certains agriculteurs du Sud-Ouest mènent un double jeu et continuent à commercer avec les pays de l'Est. Encore faut-il le prouver. Qu'à cela ne tienne, notre stratège décide de créer une société d'import-export. Baptisée Amec-Food, elle est située au Luxembourg et possède un bureau à Paris. Le minimum de démarche juridique est engagé pour crédibiliser Amec-Food. Philippe Darantière va même jusqu'à commander une enquête à une société de renseignement commercial pour vérifier la bonne couverture d'Amec-Food. C'est dire le crédit de ces officines…

En avril 1996, en tant que PDG d'Amec-Food, Philippe Darantière contacte certains accouveurs du Sud-Ouest afin de leur acheter des canetons mâles et femelles. Se référant à la législation en vigueur, la plupart d'entre eux refusent. Cependant, quelques-unes acceptent le deal. Sûrs d'eux, ils le consignent même sur un fax. L'opération est renouvelée avec les conserveurs. Même scénario, même résultats. Des clients se pressent pour acheter du foie gras congelé tout venant (mâle et femelle) en provenance de Bulgarie. «Certains voulaient jusqu'à sept tonnes de marchandise», se souvient Philippe Darantière.

Une fois ces éléments et ces preuves matérielles réunis, il faut passer à la deuxième phase de l'opération de déstabilisation de la CIFOG.

Première contre-attaque : porter plainte auprès de Bruxelles en vertu de l'interdiction des exportations de canetons. Évidemment, pas question qu'un Français se charge de la sale besogne. On identifie alors un intermédiaire lésé par l'arrêt des exportations. C'est lui qui déposera la plainte à Bruxelles.

La deuxième contre-attaque vise à torpiller le projet confidentiel d'IGP. Rien de plus simple. On crée un bulletin titré «L'expert européen». Dans cette brochure envoyée à des centaines de personnes (journaux, syndicats, ministères...) à l'occasion d'une opération promotionnelle, les rédacteurs décrivent dans les moindres détails l'opération de lobbying menée par la CIFOG pour créer une IGP. La date de l'envoi est particulièrement choisie. Le bulletin arrive quelques jours avant l'assemblée générale de la CIFOG. Ce qui entraîne un brusque changement de l'ordre du jour. Il n'est plus question d'IGP et le représentant du ministère de l'Agriculture, invité à s'exprimer sur la question, n'a plus rien à dire. D'autant qu'un fax est parvenu la veille au CIFOG émanant d'une société bulgare, en fait un prête-nom, dans lequel l'industriel insultait la CIFOG sur le non-respect par certains industriels du Sud-Ouest de l'embargo qui profitait à ses concurrents. Résultat : pendant l'Assemblée générale, le président de la CIFOG appelle à l'unité et invite les entrepreneurs de l'Ouest à s'investir à ses côtés dans la défense des intérêts de l'ensemble de la filière française.

Par la suite, tout s'enchaîne : le dépôt de la plainte à Bruxelles entraîne l'annulation de l'accord qui interdit l'exportation à l'Est, l'OFIVAL ne reconduit pas ses subventions l'année suivante et les clients d'Atlantic Intelligence entrent par la grande porte à la CIFOG. Un Vendéen rachète même la prestigieuse maison Labeyrie. Un succès sur toute la ligne.

Un médicament mort-né!

L'industrie pharmaceutique est le plus grand cimetière de la guerre économique. Heureusement, dans cette terre du repos éternel, le nombre des victimes ne se mesure pas en cadavres humains mais en médicaments mort-nés, en dépôts de bilan ou en sociétés moribondes rachetées pour une bouchée de pain. Le grand méchant loup à l'appétit vorace, c'est l'industrie de la santé américaine. C'est la grande faucheuse, le cauchemar des sociétés européennes qui font, à côté d'elle, figure de petits artisans.

Leaders incontestés, les laboratoires anglo-saxons squattent les cinq premières places mondiales: Pfizer, Glaxo SmithKline, Merck and Co, Astra Zeneca, Bristol-Myers-Squibb. A lui seul, le marché américain représente 48 % des ventes mondiales de médicaments sur ordonnance contre seulement 21 % pour l'Europe. Alors, inévitablement, le combat est sans merci entre géants du secteur, qui n'hésitent pas d'autre part à laminer les plus petits.

Rémi Kauffer consacre deux chapitres à cette guerre du médicament dans son ouvrage sur la désinformation [1]. Il raconte comment les laboratoires guerroient pour gagner un marché ou exclure un concurrent par des campagnes de déstabilisation et autres actions tortueuses dont les industriels du secteur ont le secret. Il présente également les principales techniques agressives et les méthodes douteuses de certains «pharmaciens de l'oncle Sam», qui ont choisi de faire la guerre à l'industrie européenne. Des «cowboys intelligents» regroupés en «horde sauvage», sans état d'âme ni pour leurs homologues du vieux continent, ni même pour les patients qu'ils sont censés soutenir dans leur pathologie. Des docteurs Knock capables d'inventer des maladies dans le seul but de vendre des médicaments. Des tueurs sans foi ni loi qui usent de la désinformation en experts pour assassiner un médicament dans l'œuf, c'est-à-dire dans sa phase expérimentale. Des as de la manipulation qui trouvent dans la communauté scientifique des

1. *L'Arme de la désinformation, op. cit*

médecins et des chercheurs un brin naïfs, voir cupides, pour servir de relais à leur réseau de communication. Si ce tableau décrit par Rémi Kauffer nous paraît bien noir, voire choquant, il n'en reste pas moins que l'industrie pharmaceutique anglo-américaine est des plus performantes et que les Européens feraient bien de s'initier au maniement des mêmes armes, ne serait-ce que pour se défendre… Question de survie. Un dilemme auquel est confronté aujourd'hui le laboratoire danois Lundbeck, qui a subi récemment plusieurs attaques.

C'est l'histoire, hélas banale dans le milieu de la pharmacie, d'un médicament attaqué avant même sa mise sur le marché. Ce médicament, c'est le Serdolect, un antipsychotique. Il est tiré d'une molécule, le Sertindole, découverte par le laboratoire Lundbeck. Avec 5 000 employés et un milliard de dollars de chiffre d'affaires, ce laboratoire danois ne figure pas parmi les géants du marché de la pharmacie. C'est même un nain comparé aux mastodontes du secteur qui alignent un chiffre d'affaires dix à vingt fois plus important. Pour des « artisans » comme Lundbeck, la sortie d'un médicament engage l'avenir de l'entreprise.

C'est pourquoi, après des années de recherche, l'arrivée du Sertindole sur le marché en 1996 est un événement majeur, pour Lundbeck bien sûr, mais pour ses concurrents également. Car dans ce domaine les prétendants se bousculent pour pousser leur médicament sur la route qui mène au sacre, celle qui transforme leur produit en *blockbuster*, comme l'on dit dans le jargon des industriels de la pharmacie. Traduction : un médicament qui atteint le milliard de dollars de chiffre d'affaires chaque année. Il représente une véritable garantie pour les actionnaires qui ont investi des millions de dollars dans la recherche.

Toutes les entreprises du secteur, quelle que soit leur taille, rêvent de lancer sur le marché ce type de produit. Seulement voilà, à la différence des géants qui possèdent les armes pour se défendre en cas d'attaque, les petits sont totalement démunis. Jusqu'à la fin des années 90, ils croient encore que les acteurs du marché respectent les règles du jeu commercial.

Lundbeck va apprendre à ses dépens que la course à la palme du *blockbuster* est un parcours du combattant jonché d'embûches et des pires mauvais coups. Il va voir des années de recherche dilapidées en deux ans d'une campagne de déstabilisation rudement menée. Le médicament sera longtemps refusé à la vente.

Aujourd'hui, le Sertindole a reçu un accord de mise sur le marché, mais il est trop tard. Sa carrière sera terne, juste quelques étincelles commerciales pour Lundbeck. La bataille est perdue et une question demeure: qui est responsable de cet échec? Malgré notre enquête, nous ne possédons aucune preuve irréfutable pour identifier le ou les commanditaires de cette attaque. Nous nous contenterons donc d'exposer les faits, rien que les faits dont a été victime Lundbeck entre 1996 et 1999. A titre d'exemple, ils montrent parfaitement les mœurs à l'usage dans ce secteur stratégique. Des mœurs de voyous en col blanc aussi à l'aise avec le Web comme outil de désinformation qu'avec le crochetage de porte pour dérober les données préservées dans un ordinateur…

Dépression, schizophrénie, vieillissement de la population occidentale… les maladies du cerveau ouvrent de formidables perspectives pour l'industrie pharmaceutique. Une partie des *blockbusters* de demain se trouvent dans les pathologies des neurones. Un marché formidable pour les laboratoires. Aussi, lorsque Lundbeck découvre le Sertindole, il voit l'avenir en rose. Les enquêtes scientifiques plutôt favorables devancent sa sortie sur le marché. Plutôt? Les médicaments de cette catégorie ne sont jamais sans danger. Le risque zéro n'existant pas, les autorités sanitaires autorisent la mise sur le marché en fonction d'un rapport bénéfice/risque pour le patient. Pour le Sertindole, ce ratio a été jugé suffisant. On dit même que la dangerosité de la molécule est inférieure à bien d'autres déjà en circulation.

Mais, comme tous les médicaments de ce genre, le Sertindole présente une faille: il peut entraîner de sérieuses complications d'ordre cardiaque. Lundbeck et la communauté médicale le savent. Les indications pour la prescription font donc état de ce risque pour le patient. Notre propos ne vise pas à évaluer la dangerosité de ce médicament. Des experts se sont exprimés et se sont contredits sur la question. Ce qui nous importe est de montrer comment Lundbeck a été victime d'attaques. Car en 1997, lorsque le médicament sort, toutes les informations concernant les effets néfastes sont connues. Pourtant, une intense campagne contre le Sertindole vient perturber son arrivée sur le marché.

Elle commence aux États-Unis, au sein même de la très vénérable et redoutée FDA. La Food and Drug Administration est l'équivalent de l'Agence française du médicament, rebaptisée Agence française de sécurité sanitaire des produits de santé (Afssaps). C'est elle qui délivre les autorisations de mise sur le marché d'un médicament. Sans son accord, impossible de vendre. En juillet 1996, en plein débat sur l'agrément du Sertindole, un membre de la FDA, le Dr Lipicky, directeur de l'évaluation des produits à usage cardiovasculaire et rénal, donne son avis sur le produit de Lundbeck. A l'américaine, version cour de justice, il théâtralise son intervention et condamne sans appel le Sertindole : « I think it's a dangerous drug. »

A ce point ! Pourquoi alors l'avis de cette honorable personne n'a-t-elle pas inspiré la FDA, qui donnera son accord en mai 1997 ? Cette intervention n'aura pas été inutile pour autant. La séance étant publique, elle est filmée et envoyée à des sommités de la psychiatrie européenne au moment où Lundbeck demande l'agrément aux autorités anglaises. En France, de nombreux médecins recevront des courriers insistant sur la dangerosité du Sertindole, et ce avant même la demande de mise sur le marché.

Quelques mois plus tard a lieu un troublant incident. Dans un hôpital anglais, un représentant du laboratoire américain Eli Lilly fait courir le bruit que le Sertindole a tué plusieurs patients. Affolement des infirmières qui demandent au médecin de prévenir tous ses malades. Enquête du chef de service qui porte alors plainte contre le représentant. Celui-ci est condamné par ses pairs [1].

---

1. Décision publiée dans la *Code of Practice Review*, 497/2/97.

Néanmoins, le mal est fait. D'autres établissements hospitaliers sont touchés par cette fausse rumeur. Et bientôt, dans le milieu, le Sertindole est surnommé *Certaindeath* (mort assurée).

Mais revenons à notre représentant. Pour quelles raisons un commercial d'Eli Lilly s'est -il livré à cette désinformation ? Eli Lilly est l'heureuse société qui a inventé le Prozac, célèbre antidépresseur. Un sacré *blockbuster* également. Eli Lilly a empoché des milliards de dollars avec ce produit. Mais la vache à lait du groupe, qui assure à elle seule 30 % du chiffre d'affaires, a son avenir derrière elle. En 2004, le produit tombe dans le domaine public. Cela signifie que les premiers génériques pourront envahir le marché et concurrencer directement le Prozac, à des prix inférieurs. La firme pharmaceutique a prévu la parade. Elle compte sur son dernier né, le Zyprexa, pour prendre le relais. Les dirigeants d'Eli Lilly rêvent d'une aussi belle carrière pour lui.

Mais voilà, le Sertindole, qui vise le même marché, peut lui faire de l'ombre. Le représentant d'Eli Lilly a-t-il voulu casser la réputation de son concurrent auprès du corps médical ? Le laboratoire s'est contenté d'une réponse en forme d'excuse auprès des dirigeants de Lundbeck pour l'écart de son employé, en précisant qu'il avait agi de sa propre initiative.

Sur le front de l'information, les mauvaises nouvelles vont s'accumuler pour le Sertindole. Dans la presse écrite, spécialisée ou généraliste, sur Internet, on ne parle que des effets négatifs de ce médicament, qu'aucune enquête sérieuse n'est pourtant venue étayer. Lundbeck commande alors une étude à la société Ruder-Finn, spécialisée dans l'analyse de l'information. Dans son rapport, celle-ci confirme que des concurrents de Lundbeck ont systématiquement alimenté la presse, les sites Internet, les leaders d'opinion et bien sûr les psychiatres de photocopies d'articles relatant des informations négatives sur le Sertindole. Un procédé d'ailleurs baptisé *additional ammunitions* (munitions additionnelles).

Ruder-Finn remarque qu'aux grandes périodes de communication de Lundbeck vantant les mérites du Sertindole (Internet ou presse écrite), correspond l'apparition de nombreux messages négatifs sur la molécule. Cette campagne aurait démarré, selon Ruder-Finn, bien avant la mise sur le marché du médicament.

Cette pratique est courante dans la guerre que se livrent les laboratoires pharmaceutiques. Aussi l'analyse de Ruder-Finn suggère-t-elle à Lundbeck de s'intéresser de près à la communication envers les différentes cibles (journalistes, prescripteurs...) et d'en faire une véritable arme offensive dans la conquête du marché.

Mais les attaques contre Lundbeck ne s'arrêtent pas aux *additional ammunitions*. De l'arme de l'information aux techniques de sabotage, il n'y a qu'un pas que les mystérieux ennemis ont allégrement franchi. Au plus fort de la bataille pour soutenir le Sertindole, Lundbeck et ses dirigeants sont victimes de quatre cambriolages dans la même semaine. Le bureau parisien du Dr Mondher Toumi, vice-président, est saccagé à plusieurs reprises, armoires vidées, archives détruites... Son véhicule est utilisé à son insu. Des courriers disparaissent, des notes de frais d'un commercial aussi. La chambre d'hôtel d'un dirigeant danois est visitée. L'accumulation de faits troublants conduit à penser que ces cambriolages sont l'œuvre d'une seule et même équipe. Son objectif : déstabiliser Lundbeck à des moments cruciaux du processus de commercialisation de son produit phare – par exemple lors de la remise de rapports, d'informations, de données aux autorités sanitaires pour les autorisations de mise sur le marché.

Ces actions ne sont pas sans rappeler le vol de deux ordinateurs contenant des données sensibles (médicales et marketing) relatives au lancement du Seropram, antidépresseur également fabriqué par la société Lundbeck. A croire que celle-ci n'a rien appris à l'époque. Un audit de sécurité commandé en 2000 le confirme. Ses auteurs s'étonnent de l'absence totale de politique de sécurité : contrôles d'accès dans l'immeuble, le parking, les bureaux très insuffisants... Côté informatique, le rapport est également sévère : pas de gestion des codes d'accès au réseau, modification des mots de passe sans contrôle, pléthore de virus... Aussi, lorsqu'il a fallu transmettre des pièces importantes et sensibles aux autorités sanitaires, les bugs informatiques se sont multipliés. Par hasard ?

Un hasard qui choisit bien son moment. Ainsi en octobre 1998, lorsque le Pr Moore, du CHU de Bordeaux, tente d'envoyer son rapport d'évaluation sur le Sertindole, rapport qui doit être relu chez Lundbeck et présenté dans les délais aux responsables de l'agence anglaise. Le professeur a toutes les difficultés pour envoyer son étude par la messagerie de la société et doit trouver dans l'urgence un autre canal.

L'accumulation de ces «incidents» a finalement eu raison du Sertindole, qui a été retiré du marché en 1998. Certes, son retour est programmé en 2004, mais six ans d'absence sont irrattrapables dans un secteur économique qui vit au rythme de la Bourse. La leçon a été tirée. Écœuré, le PDG de Lundbeck compte rédiger un livre sur cette désagréable aventure industrielle. Surtout, la société danoise a compris la nécessité de mettre en place en amont une politique offensive de gestion du risque.

Manipulation médiatique pour un tas d'ordures

C'est l'histoire d'une puissante société américaine boutée hors de France par son concurrent hexagonal. Ou comment, à partir d'une guerre de l'information savamment orchestrée par des Français, un géant américain a renoncé à conquérir le pays des Gaulois.

Waste Management est leader mondial dans le retraitement des déchets (10 milliards de dollars de CA en 1994). La bataille a lieu à Forbach dans l'est de la France. L'enjeu porte sur une usine de retraitement des déchets industriels et ménagers, un marché estimé entre 50 000 et 75 000 tonnes par an. Important mais pas vital pour les Américains. En fait, pour eux, l'intérêt est ailleurs. Leur objectif prioritaire est de s'implanter en France. Pour Waste Management, c'est une première étape incontournable pour s'attaquer au marché du retraitement, estimé à l'époque à 25 milliards de francs par an. L'industrie du déchet est alors en pleine mutation. Industriels, élus, associations… A la fin des années 80, tout le monde pressent la fin des décharges industrielles et ménagères, et l'avènement du recyclage [1]. Waste Management a déjà tenté à deux reprises de s'installer dans l'Hexagone. En juin 1990, elle essaie d'acheter la société Tredi, implantée dans la région grenobloise. Veto du ministre de l'Économie et des Finances. Plus tard, elle tente une OPA sur Pegolin, situé à Narbonne. Deux tentatives, deux échecs. Forbach est donc le troisième essai pour mettre en place sa stratégie.

Une stratégie qui fait peur aux concurrents français intéressés par le potentiel économique de cette région : la Compagnie générale des eaux (CGE), qui possède un projet d'usine (Cédilor) à Thionville, et les Entreprises générales chimiques (filiale d'EMC Services) présentes à Hauconcourt. Ces trois sites sont situés dans un triangle de quelques kilomètres. La préfecture de la Moselle doit donc faire son choix parmi ces trois projets, sachant que les besoins évalués pour l'Alsace et la Lorraine ne dépassent pas 55 000 tonnes par an pour le traitement des effluents organiques. En novembre 1990, le district et la municipalité de Forbach, qui viennent de fermer l'usine d'incinération d'ordures ménagères de Marienau, font donc appel aux Américains pour traiter les déchets qui s'accumulent dans une décharge. Cette initiative est largement inspirée par les Houillères du bassin de Lorraine (HBL), un regroupement d'industriels locaux, soucieux de redynamiser l'activité économique de la région. L'offre de Waste Management présente des atouts certains : une solution pour les déchets, 120 emplois directs et 200 induits, des rentrées financières via la taxe professionnelle et un projet industriel de haut niveau technologique. Autant d'arguments qui facilitent grandement le vote des élus en faveur de Waste Management.

C'est alors qu'un des concurrents français décide de déclencher une guerre de l'information contre la société américaine. Un de ses hommes est discrètement chargé de la besogne. C'est un ancien officier des services spéciaux, il est originaire de la région et connaît bien les élus. Patiemment et efficacement, pendant plusieurs années, il va œuvrer dans l'ombre pour déstabiliser les

1. En juillet 1992, le Parlement vote une loi dans ce sens.

Américains. Il n'apparaît jamais dans la presse. Pourtant, il se révèle un informateur et même un désinformateur particulièrement actif. Bref, il mène sa mission en maître.

D'un côté, donc, les cadres de Waste Management alliés à une société française d'ingénierie, la SGN. Leurs appuis : la municipalité de Forbach, les Houillères du bassin de Lorraine, regroupement d'industriels locaux, et l'ANPE, alléchée par les promesses d'emplois. En avril 1991, tout ce beau monde est invité au siège de Waste Management situé aux États-Unis. En tout une vingtaine de personnes (élus, industriels, notables associatifs, fonctionnaires...) visitent les principales usines américaines de la multinationale du déchet. Et, visiblement, la plupart sont séduits.

Un journaliste du *Républicain lorrain*, Bernard Kratz, est du voyage. Il recueille à chaud les premières réactions des invités de Waste Management[1]. Un conseiller municipal de Forbach, médecin de formation : « Un investisseur prêt à mettre 600 millions de francs, on est pour à condition que l'environnement soit respecté. Pour moi, au niveau santé, il n'y a aucun problème. » Le maire d'une commune concernée par l'usine : « On a vu qu'on a affaire à une entreprise qui possède un savoir-faire dans lequel on peut avoir confiance. » Le directeur général des HBL : « C'est un projet solide qui règle le problème des ordures ménagères de Forbach. »

Du côté des opposants, la musique est différente. Concurrents et associations se liguent pour dénoncer les atteintes à l'environnement. Les premiers arguments sont rapidement ficelés. On parle d'usine surdimensionnée par rapport aux besoins de la région. On s'interroge sur la manière de stocker cette masse énorme de déchets. On craint pour l'instabilité du sous-sol du site choisi. On révise à la baisse les retombées en termes d'emplois, en prétextant le haut niveau de qualification de la main-d'œuvre requise.

En juin 1991, les adversaires du projet prennent la parole dans la presse locale. « Pour la Lorraine, ce n'est pas un besoin ! » titre *Le Républicain lorrain* qui donne la parole à Helmut Birtel, un

1. *Le Républicain lorrain* du 24 avril 1991.

farouche opposant[1]. Président de l'association de défense de l'environnement, Helmut Birtel présente Waste Management comme une société avide de profit. Il liste également tous les points noirs de ce projet. La contestation prend alors de l'ampleur. Au mois de mai, les premières réunions publiques se déroulent dans plusieurs communes directement concernées par le projet. Des villes moins visées se mobilisent également. L'Association de défense contre la pollution de Sarreguemines et environs (ADPSE) craint que les vents d'ouest dominants apportent les effluves malodorants de la future usine.

C'est au tour de la politique de s'en mêler. Les élus de gauche, minoritaires à la mairie de Forbach, proclament leur désaccord. Puis l'Église entre dans la partie. Les prêtres de la région de Forbach expriment leurs craintes. «Face à l'aggravation de la pollution, chez nous et ailleurs, pouvons-nous continuer à abuser des ressources de la terre? La santé des hommes doit passer avant l'argent (...). Chrétiens, nous ne pouvons pas rester les bras croisés.» Arrive le temps des manifestations populaires qui rassemblent des centaines de personnes dans les rues de Forbach. L'émotion publique dépasse même les frontières.

La question prend une dimension internationale. Elle est largement évoquée le 28 mai 1991, lors de la dix-neuvième réunion transfrontalière des élus à Forbach. Les Allemands s'inquiètent aussi et font leurs comptes. Il est prévu d'implanter une usine de retraitement à Velsen en Allemagne, ainsi qu'un incinérateur à Carling situé à quelques kilomètres au sud-est de Forbach. Le projet de Waste Management ajouterait une troisième usine dans un rayon d'une cinquantaine de kilomètres. Les médecins allemands se mobilisent. Le 13 juin 1991, Sarrebruck enregistre la naissance de Médecins contre l'incinération des ordures, une association qui met en garde la population contre les risques sur la santé.

Le secrétaire général des HBL a beau protester contre «de nombreuses informations totalement erronées et dénuées de fondement qui circulent sur ce projet», la cause des anti-Waste attire

1. *Le Républicain lorrain* du 20 juin 1991.

la sympathie de l'opinion publique [1]. A tel point que des maires décident de consulter leur population par référendum. Le 23 juin 1991, les habitants de cinq petites communes font parler les urnes. Le taux de participation dépasse 53 % et le verdict est sans appel : 97 % des votants sont opposés au projet.

Le coup est dur pour les promoteurs du projet et le maire de Forbach est déstabilisé. Il est temps pour eux de reprendre l'initiative. A la mi-octobre, Waste Management ouvre un bureau à Forbach et charge deux permanents de la défense du projet. La firme américaine joue la carte de la transparence et veut ouvrir le dossier à qui s'y intéresse. Louable mais tardive intention. Emportée par sa soudaine volonté de communication, l'entreprise commet une erreur fondamentale. Pour la deuxième fois, elle débaptise le projet. Appelé au départ projet Waste Management, il est ensuite nommé Écolor (éco pour économie ou écologie et Lor pour Lorraine). Un mois plus tard, après s'être aperçus que ce nom appartenait à une association de Fénétrange, les responsables le baptisent « Parc à bois », du nom du site prévu pour accueillir l'usine.

Ces Américains sont décidément dans cette affaire de piètres communicants. Ils le prouvent une nouvelle fois dans les affiches qu'ils diffusent pour soutenir leur projet en reprenant un à un les arguments des opposants inscrits en grosses lettres sur ces supports : « Allez-vous faire de la Lorraine la poubelle de l'Europe ? Quelles seront les nuisances pour la population ? Utilisera-t-on les galeries de mines pour enfouir les déchets ? Allez-vous importer des déchets d'Allemagne ? Quelles garanties de sécurité offrez-vous ?... » Les réponses, elles, apparaissent dans un caractère beaucoup plus petit, donc moins lisible que les arguments de leurs adversaires. Un coup d'épée dans l'eau? Pire, une balle tirée dans le pied, car l'effet obtenu se situe à l'opposé des résultats souhaités. A la fin septembre, dans les rues de Forbach, ils sont près de 2 000 à manifester contre Waste Management, rebaptisée à son tour « vaste magouille » !

Quelques semaines plus tard, l'un des membres du bureau ouvert par Waste Management est accusé de trahir la cause des

---

1. *Le Républicain lorrain* du 19 juin 1991.

écologistes. Il faut dire que Gérard Bruck ne craint pas les conflits d'intérêt. Embauché par Waste Management, ce traducteur professionnel est également président départemental des Amis de la nature ! Une cible évidente et facile pour les opposants et autres désinformateurs patentés qui chercheraient à déstabiliser l'entreprise américaine. Après quelques articles publiés dans la presse, Gérard Bruck est contraint d'abandonner sa fonction au sein de l'association.

L'opposition est très forte et particulièrement bien organisée en une coordination qui rassemble des élus, des associations, des partis politiques. Ses relais dans la presse sont solides et elle connaît toutes les ficelles pour mobiliser la population à l'approche de deux échéances importantes. La première concerne les conclusions de l'enquête d'utilité publique déclenchée à la suite du dépôt de dossier de Waste Management à la préfecture. La seconde porte sur l'ouverture de la période préélectorale des législatives de 1993. Pression sociale et pression politique, c'est une pression de trop pour le maire de Forbach contraint de reculer.

Le 12 février 1992, on apprend que la mairie refuse d'examiner le permis de construire déposé par Waste Management. Cette position est totalement illégale au regard de la procédure administrative officielle. En fait, le maire refuse de se prononcer avant qu'un plan départemental et régional sur le retraitement des déchets ne soit arrêté. Une façon de botter en touche pour gagner du temps.

Pendant ce temps, la mobilisation ne faiblit pas. Le 8 mars, ils sont de nouveau 2 000 à marcher pour exprimer leur mécontentement aux cris de « *Waste go home* ». Côté promoteurs, on avance malgré la tempête. La maquette de la future usine est prête et Waste Management peut communiquer sur les mesures de sécurité du site : « Usine propre sans rejet liquide », « rejet de dioxyde de soufre réduit à l'équivalent de 50 chauffages individuels au charbon », « rejet de métaux lourds inférieur à 15 véhicules roulant au super »... La multinationale pense avoir rassuré la population, mais elle ne se doute pas qu'une autre attaque se prépare.

Contre toute attente, la nouvelle offensive n'est pas liée aux questions d'environnement. La coordination des opposants vient de mettre la main sur un rapport émanant de la justice américaine concernant les pratiques douteuses de la firme. Ce rapport signé du procureur de San Diego tombe à pic, comme une dernière cartouche tirée pour s'assurer que l'adversaire ne se relèvera plus.

Ce document évoque des atteintes à la protection de l'environnement, des délits liés aux lois de protection de l'environnement, des corruptions de fonctionnaires, des infractions à la réglementation antitrust, des pratiques commerciales illicites et, plus grave encore, des liens avec la mafia et autres organisations criminelles. Le procureur rappelle qu'«historiquement l'industrie des déchets a toujours été réputée pour être infiltrée par les membres de la mafia». En conclusion, l'homme de loi conseille aux élus de San Diego de s'abstenir de toute relation commerciale avec Waste Management. Comment ce rapport daté de mars 1992 parvient-il aussi rapidement, moins de trois mois après sa rédaction, de l'autre côté de l'Atlantique? Rappelons que l'heure d'Internet n'a pas encore sonné et que l'information ne circule pas aussi vite qu'aujourd'hui. Seule une personne bénéficiant d'un réseau de veille efficace a pu se procurer ce document sensible dans ces conditions pour en faire bénéficier les opposants de Forbach.

Reste que le conseil du procureur américain est suivi par les élus de cinq communes sur huit concernées par le projet. Le 5 juillet 1992, les conseils municipaux de Stiring-Wendel, Petite-Roselle, Schoeneck, Spicheren et Etzling délivrent un avis négatif [1]. A Forbach, le 22 juillet 1992, le conseil municipal opte une nouvelle fois pour une stratégie attentiste. Il réserve sa décision aux conclusions d'une mission scientifique confiée à Jean-Marie Pelt, président de l'Institut européen d'écologie. Pour Waste Management, le sursis se transforme trois mois plus tard en couperet. Les conclusions négatives du rapport de Jean-Marie Pelt obligent la municipalité à enterrer définitivement le projet du «Parc à bois». A la mi-janvier 1993, Waste Management se retire officiellement, soit un mois après l'annonce du retrait de la CGE à Thionville.

---

1. La commune d'Oeting a rejoint le front du refus, tandis que Behren-lès-Forbach a donné son accord.

Cette guerre de l'information a donc atteint son objectif: un concurrent a été éliminé. Waste Management, le géant américain, a été bouté hors de France. Certes aucune société française n'est parvenue à s'implanter à Forbach pour autant. Mais, dans ce genre de compétition, cela reste secondaire. Ce qui compte, c'est que les entreprises nationales ont su préserver leur marché domestique.

Dix ans plus tard, Forbach ne dispose toujours pas d'usine de retraitement des déchets. Et ce au mépris des lois sur l'environnement. Quant à la société Waste Management, elle a choisi de faire ses affaires ailleurs. Elle a été rachetée par le français SITA, filiale de la société Suez Lyonnaise des eaux.

Chapitre 8

La machine américaine de guerre économique

« I'm afraid of Americans. »

DAVID BOWIE

« La France ne le sait pas, mais nous sommes en guerre contre l'Amérique. Oui, une guerre permanente, une guerre vitale, une guerre sans mort. Oui, ils sont impitoyables, les Américains, ils sont voraces, ils veulent le pouvoir sans partage sur le monde. »

FRANÇOIS MITTERRAND

« Il faut ignorer l'Allemagne, punir la France et pardonner à la Russie. » La menace proférée en mars 2003 par Condoleeza Rice, la conseillère du président Bush pour la sécurité nationale, a le mérite d'être claire. Nous, Français, sommes prévenus : l'Amérique nous fera payer notre arrogante position dans la seconde guerre du Golfe. Parce que nous avons refusé de suivre les va-t'en-guerre du Pentagone sans l'accord de la communauté internationale, nous devrions subir les foudres de Washington. Comme il est inconcevable d'imaginer un nouveau débarquement américain sur les côtes normandes visant à terrasser le régime chiraquien, il est fort à craindre que la vengeance américaine se manifeste sur le terrain économique.

Avant, pendant et après la guerre d'Irak, le *french basing* est devenu un sport national : dans les journaux, à la télé et dans les hémicycles, les Américains s'en sont donné à cœur joie pour vitupérer la France, taxer son dirigeant et ses habitants de rats, de faux-jetons et de singes capitulards *(surrender monkeys)*. Certains élus du Congrès ont expliqué tout le mal qu'ils pensaient de la France. Leur colère les a poussés aux pires extrémités, au risque parfois de friser le ridicule. Un jour, ils rebaptisaient les *french fries* en «frites de la liberté». Le lendemain, ils demandaient le rapatriement des corps des soldats morts en France pendant la Seconde Guerre mondiale. D'autres ont tenté d'investir le terrain économique pour nous frapper «là où ça fait le plus mal». «Nous avons servi trop longtemps de punching-ball public à cette nation de troisième rang, déclarait début mars 2003 Pete King, représentant républicain de New York. Nous ne devons plus les considérer comme des alliés et le leur faire comprendre là où ça fait mal, au porte-monnaie.» Ce fut le retour du sempiternel appel au boycott des fromages, des vins et des produits de luxe français. Dès le mois de mars 2003, les professionnels annonçaient une chute d'environ 30 % des ventes de vins français. Dans le secteur du champagne et de l'industrie du luxe, on craignait également une diminution sensible des ventes, sans pouvoir vraiment déterminer si la fuite des consommateurs est due à un boycott ou à une conjoncture économique plutôt morose.

Des élus américains attaquèrent également le fleuron de l'industrie de la restauration française, la Sodexho, qui fournissait une partie de l'armée américaine (un marché de 881 millions de dollars) ainsi que de nombreux centres pénitenciers: «Nous voulons faire passer un message au gouvernement français pour lui montrer que sa politique internationale a des conséquences économiques», explique alors Jack Kingston, l'un des parlementaires américains signataires d'une pétition contre la Sodexho. Comme par hasard, des articles de presse sont apparus au même moment pour stigmatiser la Sodexho, accusée par des associations de défense des droits de l'homme de nourrir les détenus qui attendent dans les couloirs de la mort des prisons américaines. Face à cette campagne, la Sodexho, qui assure 53 % de son résultat d'exploitation en Amérique du Nord, a évité le pire (du moins pour le moment), en soulignant qu'elle fait travailler des milliers d'Américains dans ses usines. Un argument de poids qui a coupé l'herbe sous le pied de ses détracteurs.

Pour l'heure, on ne relève aucun cas d'entreprise française victime de la vindicte américaine. A moins de considérer l'affaire récente de l'achat d'appareils ravitailleurs par l'US Air Force comme une première illustration.

L'été 2003, la presse américaine révélait qu'un fonctionnaire du Pentagone, adjoint du responsable des acquisitions de l'armée de l'air, avait informé Boeing du montant des propositions faites par Airbus. Celles-ci étaient inférieures de 5 à 17 millions de dollars par appareil. On ignore si Boeing s'est aligné, mais une chose est certaine: c'est la firme américaine qui a obtenu le marché [1]. Depuis, l'adjoint a été embauché par le géant de Chicago, mais licencié le 25 novembre 2003, en même temps que le dauphin du PDG de Boeing, pour manque de déontologie. Ces deux départs n'ont pas suffi à calmer la crise qui couvait. Une semaine plus tard, c'est au tour du PDG de Boeing, Phil Condit, de tirer sa révérence.

Décidément, le leader mondial de l'aéronautique a bien du mal avec les questions d'éthique. Le 24 juillet 2003, le Pentagone annonçait une sanction d'un milliard de dollars envers Boeing pour des pratiques d'espionnage industriel menées contre son concurrent Lockheed Martin. Ces deux multinationales américaines s'affrontaient sur des technologies de lancement de fusée.

Bien que les pratiques de Boeing semblent isolées, les relations transatlantiques ne sont pas au beau fixe. Un sondage diffusé le 4 novembre 2003 indiquait que 60 % des grandes firmes américaines établies en France se déclaraient inquiètes pour leurs activités, 9 % d'entre elles reconnaissant avoir constaté un impact négatif [2]. Boycott et court-circuit dans les relations entre les

1. Le 2 décembre 2003, le Pentagone annonçait la suspension du contrat.

2. Étude de la chambre de commerce américaine en France et du cabinet Bain and Company.

filiales et les sièges des sociétés figurent parmi les risques les plus importants cités dans ce sondage.

Les observateurs avisés restent donc sur leurs gardes. Ils savent que les États-Unis possèdent les moyens de mener une guerre économique contre n'importe quel pays. Le dispositif de défense de leurs intérêts économiques a déjà prouvé son efficacité. Il est prêt à frapper de nouveau quiconque s'opposerait à l'hégémonie militaire, politique, culturelle et économique de «la seule puissance indispensable au monde [1]». Or, la France, puissance moyenne, a osé contester l'hyperpuissance. Il est à craindre que Condoleeza Rice, qui souhaite punir la France pour cet affront diplomatique, n'ait inscrit en très bonne place l'Hexagone sur la Black List du gouvernement Bush.

Voilà qui ne devrait pas arranger les affaires entre les deux alliés. D'autant que la France figure souvent en première ligne dans la guerre économique qui oppose les États-Unis au reste du monde. Il suffit pour s'en convaincre de faire la liste des principaux domaines économiques clés des deux pays pour voir que les États-Unis et la France se retrouvent souvent en concurrence frontale. Aéronautique: Boeing contre Airbus dont le siège est à Toulouse. Spatial: Nasa et Boeing contre Arianespace. Armement: Boeing encore et Lookheed Martin contre Dassault Thalès et EADS. Dans le secteur de l'énergie, Français et Américains s'affrontent aussi bien sur le pétrole que sur le nucléaire et l'eau. Que dire de l'agroalimentaire, où les deux pays disposent de multinationales concurrentes et ne perdent pas une occasion de critiquer mutuellement leur politique agricole? On raconte dans les milieux chargés de la sécurité économique que les Américains auraient identifié, au milieu des années 90, vingt-deux technologies d'avenir pour leur pays. Et qu'ils auraient considéré la France comme leur concurrente directe pour une quinzaine de ces vingt-deux technologies (voir la liste publiée plus loin). Voilà qui promet de furieuses batailles économiques, dont certaines ont déjà commencé. En Irak par exemple.

1. Benjamin R. Barber, *Djihad versus Mc World*, Desclée de Brouwer, 1996.

La mainmise américaine sur l'Irak

Dire que les Américains ont fait la guerre en Irak uniquement pour contrôler l'une des plus importantes réserves de pétrole du monde serait une erreur. Affirmer que le pétrole est absolument étranger aux motifs de guerre de Washington est également une erreur. Enjeu géostratégique primordial, l'or noir, vecteur évident d'influence politique pour les États-Unis dans la région, sert aussi les intérêts économiques de Washington. C'est pourquoi la Maison-Blanche a confié les principaux marchés de réhabilitation des installations pétrolières à des entreprises américaines, et notamment à celles qui sont proches du président. Un rapport du Center for Public Integrity publié le 30 octobre 2003 indiquait que les soixante et onze sociétés qui ont obtenu des contrats en Irak et Afghanistan avaient participé au financement de la campagne électorale de George W. Bush à hauteur de 500 000 dollars. Soit un magnifique retour sur investissement, si l'on compare cette somme aux marchés décrochés par les deux sociétés les plus intimes du clan Bush. Halliburton, via sa filiale Kellog Brown and Root, a empoché plus de 2,3 milliards de dollars pour remettre en état les infrastructures pétrolières irakiennes. Le vice-président Dick Cheney a présidé cette société de 1995 à 2000. Quant à Bechtel, leader de la construction et de l'ingénierie, il a déjà reçu plus d'un milliard de dollars. Le PDG de Bechtel est membre du Conseil pour l'exportation, un organisme rattaché directement à la Maison-Blanche. Son vice-président siège au Conseil de la politique de défense dirigé par Donald Rumsfeld, l'homme fort du Pentagone. Voici venu le temps du libéralisme des copains et des coquins. Et ce n'est pas fini, le gâteau s'annonce encore plus gros.

Le 31 octobre dernier, la Chambre des représentants votait une subvention de 18,6 milliards pour la reconstruction de l'Irak (plus 1,2 milliard pour l'Afghanistan). Le gouvernement Bush continuera-t-il à attribuer des marchés au mépris des règles de concurrence internationale établies par l'OMC ? Après les vives critiques des parlementaires démocrates, l'administration s'est engagée à ce que 50 % des marchés de sous-traitance soient attribués à des sociétés non américaines. Les Britanniques, qui ont participé à la guerre en Irak, devraient être les premiers servis. Ne serait-ce que pour compenser la perte du contrat de reconstruction du port d'Oum Qasr, un marché de 4,8 millions de dollars remporté par l'entreprise américaine Stevedoring Services of America (SSA), alors que le port avait été conquis par les soldats de la Reine. Quant aux Français, considérés avant la guerre comme les principaux partenaires commerciaux de Bagdad, ils ne devraient ramasser que des miettes. Alcatel, qui avait remporté un marché de 85 millions de dollars avec le régime de Saddam Hussein, ne sait pas à ce jour si l'administration américaine à Bagdad va honorer ce contrat. Une chose est sûre : les Américains ne veulent pas de la norme de téléphonie mobile GSM en Irak. Ils tentent actuellement d'imposer leur propre technologie CDMA. Et tant pis si les autres pays de la région sont équipés en GSM ! Ce qui compte, c'est leur retour sur investissement, pas les attentes des consommateurs irakiens [1]. Bechtel a bien fini par sous-traiter une partie de son activité à des entreprises du Moyen-Orient ou d'Europe, mais c'est surtout pour ne pas exposer ses propres salariés à l'instabilité de la situation locale. Mais, depuis le 9 décembre 2003 et le mémorandum du secrétaire adjoint à la défense Paul Wolfowitz, il est clair que les nations qui n'ont pas soutenu militairement les États-Unis seront exclues des marchés de la reconstruction.

La volonté de mainmise américaine sur le marché irakien s'exerce même au détriment de ses plus proches alliés anglo-saxons. Ainsi, producteurs de blé américains et australiens sont en train de se livrer une bataille sans merci pour fournir l'Irak. Alors que les producteurs australiens avaient bien tiré leur épingle du jeu dans le cadre de l'ancien contrat « Pétrole contre nourriture » de l'ONU, ils craignent de se voir ravir la première place d'un marché évalué à 480 millions de dollars par an par des produc-

---

1. Bertrand Fraysse, « L'Amérique attend de l'Irak un retour sur investissement », *Challenges*, n° 200, 30 avril 2003, p. 24-25.

teurs américains qui redoublent d'agressivité et pourraient profiter des nouveaux programmes d'aides mis en place par la coalition. Récemment, dans une lettre adressée à Colin Powell, l'US Wheat Associates a même accusé l'Australian Wheat Board, organisme qui a le monopole des exportations de blé en Australie, d'avoir surfacturé ses livraisons à l'Irak[1]. Rappelons que l'Australie a vivement critiqué l'absence de preuves sur l'existence d'armes de destruction massive irakienne.

Mais c'est bien avec la France que les relations sont le plus tendues, et le différend franco-américain à propos de l'Irak se déplace sur le terrain économique.

Premier fournisseur de l'Irak de Saddam Hussein, Paris, assiste, impuissant, à la mainmise américaine en Mésopotamie. «Il est impensable que l'on vous donne une part du gâteau alors que vous n'avez pas aidé à sa préparation», déclarait Robert Ebel, le directeur de Centre pour les études internationales de Washington dans *Challenges* du 30 avril 2003.

L'une des principales victimes de l'hostilité de Washington à l'égard de Paris est le groupe Total. Opérateur bien implanté dans la région, il est pris pour cible par l'entourage du président Bush, qui réclame des sanctions à l'égard des intérêts économiques français, et par les milieux pétroliers américains, qui exigent des mesures de rétorsion. Total risque de voir ses acquis sur le sol irakien partir en fumée car il est jugé coupable par Washington d'avoir négocié avec le régime de Saddam Hussein.

Total avait pourtant pris de l'avance en négociant des contrats pour les champs de Majnoon et de Bin Umar, situés dans le sud de l'Irak. Ces gisements contiendraient des réserves équivalentes à l'ensemble des réserves prouvées des États-Unis. Cependant, rien n'avait été signé, en respect des règles juridiques découlant de l'embargo sur l'Irak. Cette connaissance des gisements irakiens procurait à Total un an d'avance sur ses concurrents. A présent, les

---

1. Christine Gilguy, «Australie: dure bataille pour les contrats agricoles irakiens», *Le Moci*, n° 603, 19 juin 2003, p. 33.

documents concernant ces deux réserves ont été récupérés par les troupes américaines. Ils se trouvaient en effet dans les locaux du ministère du Pétrole, dont se sont immédiatement emparés les GI's. Ainsi, le fruit de dix années de négociations et d'études va être communiqué aux concurrents de Total. Les Américains n'ont jamais fait de cadeau au pétrolier français et il n'y a pas de raison que cela change [1].

Les sanctions contre la présence économique française ne se limitent pas à l'Irak. Elles s'étendent également aux pays voisins, dans lesquels les Américains disposent d'une influence suffisante pour nous écarter. C'est par exemple le cas du Qatar, où est désormais installé le Centcom, le commandement américain pour tout le Moyen-Orient. Jusqu'à présent, 80 % de l'équipement de l'armée qatarie était d'origine française, et l'on doit s'attendre à un renversement de tendance car les États-Unis ont fait de ce pays leur principal point d'appui dans le Moyen-Orient. La Maison-Blanche a commencé à mettre de l'ordre à Doha en muselant la célèbre chaîne d'information qatarie, Al-Jazira, sous prétexte qu'elle était à la fois trop favorable à Oussama ben Laden et trop autonome dans son traitement médiatique de la campagne irakienne.

Certains observateurs relativisent toutefois la réalité des menaces américaines. La situation semble moins critique qu'on a pu le craindre. Jusqu'ici la Maison-Blanche, plutôt pragmatique, a suspendu tous les projets de sanctions économiques contre la France, à l'exception de ceux liés à la reconstruction de l'Irak. Rares sont ceux qui parient sur une politique de rétorsion directe contre les produits français de la part des Américains. L'augmentation unilatérale des tarifs douaniers sur le vin, le fromage ou les produits de luxe se traduirait par une condamnation de Washington par l'Organisation mondiale du commerce (OMC) et par des sanctions sonnantes et trébuchantes. Impossible aussi, compte tenu des règles qui régissent les échanges internationaux, de frapper la France – et l'Allemagne – sans punir le reste de l'Europe, dont la

1. Valérie Fauquan, « Total face à la menace de représailles américaines », *Le Moci*, n° 1604, 26 juin 2003, p. 61-64.

Grande-Bretagne, alliée des États-Unis. Les Américains n'y ont aucun intérêt, en raison de la forte imbrication des économies [1]. En effet, sont installées outre-Atlantique 2 000 sociétés françaises qui emploient, selon les critères retenus, entre 550 000 et 850 000 personnes. Les échanges bilatéraux, très équilibrés depuis cinq ans, frôlent les 50 milliards d'euros. Les États-Unis sont le cinquième client de la France et son troisième fournisseur. La France est le cinquième investisseur outre-Atlantique avec 118 milliards d'euros d'actifs et ses exportations vers l'Amérique représentent un chèque annuel de 25 milliards. Les 100 principales sociétés françaises implantées sur le sol américain ont réalisé l'an dernier 130 milliards de chiffre d'affaires. Les sanctions semblent alors suicidaires.

La stratégie américaine d'expansion économique

Depuis la fin de la Guerre froide, les États-Unis agissent de plus en plus fréquemment de manière unilatérale – voire hégémonique depuis les attentats du 11 septembre 2001. Les dirigeants américains ont décidé d'étendre leur modèle au monde entier pour le bien de l'humanité et le bénéfice des États-Unis. Ils considèrent leur pays comme l'«Empire du bien». C'est à leurs yeux le seul État voué aux notions universelles de liberté et de justice, ce qui lui confère, *de facto*, des responsabilités mondiales. Les États-Unis sont convaincus que l'avenir du système international passe par l'établissement d'une culture démocratique globale dont ils incarnent, seuls, l'exemple. Bien entendu, ils s'arrogent le droit de conduire cette évolution bénéfique de la vie du monde. «L'Amérique est devenue la seule nation indispensable. (...) La plus grande démocratie du monde doit prendre la tête des démocraties (...) de sorte à poursuivre la mission éternelle de l'Amérique [2].»

---

1. Jean-Pierre de la Rocque, «Le Made in France dans la ligne de mire», *Challenges*, n° 197, 20 mars 2003, p. 22.
2. Président Clinton, discours d'inauguration de son second mandat.

Ce messianisme américain n'a toutefois rien de candide – charité bien ordonnée commence par soi-même, *«the business of America is business»*. Puisque l'histoire leur a donné raison, les États-Unis entendent aujourd'hui obtenir partout où cela est possible la première place et en tirer profit en combinant ainsi intérêts et idéaux. «Nous devons continuer à façonner un système économique global qui travaille pour l'Amérique [1].» Cette approche a pour but de servir «les intérêts de l'Amérique, c'est-à-dire à court terme le maintien de son statut de superpuissance planétaire et, à long terme, l'évolution vers une coopération mondiale institutionnalisée (...). Les trois grands impératifs stratégiques se résumeraient ainsi: éviter les collusions entre vassaux et les maintenir dans l'état de dépendance que justifie leur sécurité; cultiver la docilité des sujets protégés; empêcher les barbares de former des alliances offensives [2]». Le gouvernement américain regarde le monde comme un marché et le PNB des États-Unis comme un chiffre d'affaires qui doit toujours être en hausse. Dès lors, il est logique qu'État et entreprises se rejoignent pour élaborer une stratégie qui leur permette de gagner toujours plus de parts de marchés au détriment de leurs concurrents. Mais cette nouvelle expansion américaine se fonde sur l'emploi de méthodes d'un genre nouveau, dont beaucoup sont discutables.

Le gouvernement Bush père (1988-1992) a été le premier à poser le débat sur la guerre économique. Il a jeté les bases d'une politique de sécurité économique à travers différentes initiatives qui l'ont conduit à réorienter l'action internationale des États-Unis. Il a d'abord créé l'Information Security Oversight Office (ISOO), organisme réunissant le Pentagone, le département de l'Énergie et les agences de renseignement pour assurer la protection et la gestion de toutes les informations technologiques et économiques sensibles. Puis il a lancé le National Industry Security

---

1. «Madeleine Albright statement before SFRC, january 8», United States Information Service, 9 janvier 1997, p. 8.

2. Zbigniew Brzezinski, *Le Grand Échiquier, L'Amérique et le reste du monde*, Paris, Hachette, coll. «Pluriel inédit», 1997, p. 68.

Program (NISP), dans le but de sensibiliser la communauté technologique et industrielle américaine à la défense de ses intérêts [1]. Il a enfin redéployé l'activité des services de renseignement (CIA, NSA, FBI) dans le domaine économique et commercial.

La tendance s'accentue encore sous le gouvernement Clinton, qui a fait de la sécurité économique le premier objectif de sa politique étrangère, et de la prospérité l'objectif central de la stratégie américaine. A partir de 1991, les Américains décident d'entrer en guerre économique. Fini le temps où Cordel Hull, le secrétaire d'état de Roosevelt, demandait à son pays de jouer le rôle du *benevolent leader*, quitte à perdre quelques parts de marché, le principal étant d'œuvrer pour le bien de l'humanité. Au début de la présidence Clinton, Edward Luttwak, chercheur et spécialiste de géostratégie, expliquait de façon très claire l'état d'esprit du nouveau gouvernement dans la compétition économique: «La puissance de feu, c'est le capital; la pénétration des marchés remplace les bases à l'étranger et les garnisons. Les équivalents des armes nucléaires (...) sont les politiques industrielles ou d'investissement [2].» Toujours selon Edward Luttwak, pour survivre et se développer dans le monde concurrentiel de l'après-Guerre froide, les États-Unis sont appelés à transformer leur système de production en machine de guerre économique. Si la première puissance mondiale n'accomplit pas cette mutation, elle risque d'entrer dans une logique de déclin. Pour rester fort et garder son rang, Washington doit savoir s'imposer partout où son autorité risque d'être contestée. L'activité des entreprises n'échappe pas à cette règle [3]. Le département d'État a ainsi développé une «diplomatie pour une compétitivité globale» et a recyclé son personnel dans les questions économiques et commerciales.

Le 13 janvier 1993, le secrétaire d'État américain, Warren Christopher, déclare devant le Sénat américain que «la sécurité écono-

1. Jean Pichot-Duclos et Christian Harbulot, «L'émergence d'un nouveau type de renseignement», *Enjeux Atlantiques*, n° 11, avril 1995, p. 20.

2. Edward Luttwak, *Fortune*, 26 juillet 1993.

3. Christian Harbulot, «La volonté de puissance américaine», in *Revue française de géopolitique*, n° 1, *Géopolitique des États-Unis*, Ellipses, 2003, p. 68.

mique américaine doit être élevée au rang de première priorité de la politique étrangère américaine». Il ajoute dans ce même discours qu'«il faut promouvoir la sécurité économique américaine en lui accordant autant d'énergie et de ressources qu'il en fallut pour la Guerre froide». Aux côtés du Conseil national de sécurité est alors créé un nouvel organisme, le Conseil économique national (National Economic Council). Son rôle consiste à fournir au président des États-Unis l'information nécessaire pour mettre en œuvre la stratégie nationale d'exportation lancée en 1993 et assurer à la puissance américaine le leadership technologique mondial[1]. Cette recherche de la suprématie économique se remarque particulièrement à travers trois champs d'application complémentaires: la conquête des marchés émergents, la domination par les technologies de pointe et l'imposition d'un modèle culturel.

En prolongement de la politique initiée du temps de George Bush père, le gouvernement Clinton s'attache d'abord à consolider la force de frappe de sa diplomatie commerciale. En premier lieu est créé, en 1992, un comité interministériel de promotion des exportations américaines (Trade Promotion Coordinating Comittee), dirigé par le secrétaire d'État au commerce, Ron Brown.

La promotion des exportations apparaît comme un des objectifs de la nouvelle politique commerciale agressive américaine et les Américains ont constitué une redoutable machine de guerre. La coordination de cette stratégie est assurée au sein du ministère du Commerce par l'Advocacy Center, organisme qui regroupe les représentants de dix-neuf agences fédérales qui concourent au développement des exportations américaines. L'Advocacy Center est notamment chargé d'identifier les grands projets d'infrastructures dans le monde, d'un montant minimum de deux milliards de dollars. Une palette de moyens très variés est alors mise en œuvre pour faire en sorte que les entreprises américaines remportent ces contrats: courriers de ministres, interventions du président, invita-

1. *Ibid.*

tions de décideurs étrangers, actions des services de renseignement… Le suivi de l'avancement des projets est assuré au sein de la War Room, dont le secrétariat est assuré par le Trade Promotion Coordinating Comittee. C'est le véritable centre opérationnel de soutien gouvernemental aux exportations, placé, elle aussi, au sein du ministère du Commerce. La War Room s'assure, avec les industriels, que la coordination des moyens gouvernementaux est susceptible d'exercer une pression ou d'apporter un renseignement utile dans les négociations commerciales.

Les objectifs économiques de la stratégie nationale d'exportation américaine se doublent d'une définition rigoureuse des secteurs sur lesquels doit reposer la prospérité des États-Unis. Dix marchés émergents, les *big emerging markets* (BEMS) [1], qui devraient représenter vers 2010 des volumes d'affaires supérieurs à ceux de l'Europe occidentale et une vingtaine de technologies de pointe, ont été recensés pour le XXIe siècle [2]. La stratégie de Washington s'affiche ainsi clairement: créer des zones réservées aux industries américaines, afin d'assurer la domination économique et stratégique des États-Unis de ce nouveau siècle.

Cette stratégie d'exportation est redoutablement efficace: à partir du travail des quarante personnes employées pour cette tâche au sein de la War Room, les actions enclenchées ont permis

---

1. Mexique, Brésil, Argentine, Afrique du Sud, Pologne, Turquie, Inde, Indonésie, Chine, Corée du Sud.

2. Ces vingt-deux technologies critiques font l'objet d'une attention particulière de la part du gouvernement américain et plus particulièrement des services de renseignement chargés de les défendre contre d'éventuelles actions d'espionnage. Elles sont réparties en six catégories *Matériaux*: synthèse et traitement de matériaux; électronique et matériaux phoniques; céramique; composés; métaux et alliages à haut rendement. *Fabrication*: fabrication intégrée par ordinateur; équipement de traitement intelligent; micro et nano-fabrication; technologies de gestion de système. *Information et communication*: logiciel; micro et opto-électronique; calcul et gestion de réseaux à haut rendement; formation image et affichage de haute définition; sondes et traitement des signaux; stockage et périphériques des données; simulation et modélisation sur ordinateur. *Biotechnologies et sciences de la vie*: biologie moléculaire appliquée; technologies médicales. *Aéronautique et transport de surface*: aéronautique; technologies extérieures de transport. *Énergie et environnement*: technologies des énergies; pollution et gestion des déchets.

la signature, entre 1993 et 1997, de 230 contrats importants, générant 350 000 emplois en trois ans et rapportant entre 40 et 200 milliards de dollars, selon les sources. Présentée à l'origine comme un moyen de développer des emplois nombreux, qualifiés et mieux rémunérés, la politique de soutien à l'exportation s'apparente de plus en plus clairement à une stratégie de conquête économique du monde.

En second lieu, en novembre 1993, est mis en place un autre organisme de coordination interministérielle, le National Science and Technology Council, dont la finalité est de réfléchir à des stratégies de soutien à la recherche technologique dans les secteurs où existent d'importantes opportunités de développement.

Le gouvernement américain considère que les industries de haute technologie – même si elles doivent théoriquement obéir aux lois du marché – sont des industries stratégiques. Elles garantissent, sur le plan économique, une base industrielle et technologique innovante, favorisant le dynamisme de l'économie améri-caine (exportations, croissance, emploi, revenus), tout en contribuant activement à la sécurité nationale. Le gouvernement Clinton est le premier à encourager l'osmose entre les domaines civil et militaire, ayant compris qu'à l'avenir de nombreuses technologies à dominante civile généreront des applications militaires et vice versa. Au cours de l'année 1996, près de 2 000 opérations de fusion ou d'acquisition d'entreprises se sont réalisées aux États-Unis, pour une valeur de 164,6 milliards de dollars, soit une croissance de 26 % en volume et de presque 50 % en valeur. L'objectif explicite de ces concentrations était de préserver le leadership américain sur l'ensemble du spectre des hautes technologies.

Enfin, on constate que l'américanisation du monde est devenue une arme au service des exportations de Washington. Les capacités que possèdent les États-Unis de toucher presque tous les publics de la planète leur permettent de répandre leur modèle culturel à travers le monde. La diffusion de leurs messages s'appuie sur la double maîtrise des canaux de diffusion et de leur contenu [1]. Le leadership américain dans les technologies de l'information, les médias, le cinéma, la musique et les loisirs a considérablement accru l'ouverture du monde aux valeurs américaines. Ce sont là d'excellentes armes culturelles. Les États-Unis ont ainsi acquis la capacité de générer puis de véhiculer des idées et des styles de comportement que le monde intègre plus ou moins consciemment. Ils encouragent la diffusion des programmes télévisés américains, des films, de l'anglais, la venue de touristes et d'étudiants aux États-Unis. Les instruments de la puissance américaine sont autant CNN et Hollywood, Coca-Cola, McDonald et Nike, la langue, les phénomènes culturels ou de mode de vie, que les porte-avions ou les missiles de croisière. Cette maîtrise des canaux d'information et la diffusion volontariste de leurs valeurs débouchent sur une véritable «normalisation» des goûts et des comportements.

Outre-Atlantique, certains pensent qu'il faut aller encore plus loin: «Il va de l'intérêt politique et économique des États-Unis de veiller à ce que si le monde adopte une langue commune, ce soit l'anglais; que s'il s'oriente vers des normes communes en matière de télécommunications, de sécurité et de qualité, ces normes soient américaines; que si les différentes parties sont reliées par la télévision, la radio et la musique, les programmes soient américains; et que, si s'élaborent des valeurs communes, ce soient des valeurs dans lesquelles les Américains se reconnaissent [2].» Ainsi, sous ce couvert de mondialisation, les États-Unis propagent à l'ensemble de la planète leur propre modèle culturel. C'est cette mondialisation qui provoque aujourd'hui une opposition virulente et donne naissance à une contestation d'une forme nouvelle que décrit Benjamin R. Barber. «La domination de Mc World est usurpée, explique ce spécialiste américain de sciences politiques. Elle remet la souveraineté entre les mains des entreprises mon-

1. Claude Revel, «De l'information dans l'approche internationale des décideurs américains et français», *Revue internationale et stratégique*, n° 31, IRIS, automne 1998, p. 35 et 47.

2. David Rothkopf et Herbert I. Schiller, «Vers un siècle d'impérialisme américain», *Le Monde diplomatique*, août 1998.

diales et des marchés qu'elles contrôlent. Elle menace l'autonomie de la société civile et les domaines de la politique, de la culture et de l'esprit [1].»

Les nouvelles techniques offensives américaines

Afin d'atteindre les objectifs définis par la nouvelle stratégie de sécurité économique, de nouvelles tactiques ont été développées. Pour conquérir les marchés internationaux, un véritable dispositif de combat a été mis en place, combinant actions offensives et défensives. Outre le renforcement du soutien aux exportations, le développement des technologies de pointe et la promotion de l'American Way of Life, la politique commerciale américaine s'attache à combattre les entraves à la libre concurrence et recourt, de plus en plus fréquemment, à des pratiques concurrentielles douteuses, voire illégales.

Parallèlement à la coordination des offensives commerciales, le ministère américain du Commerce est chargé de lutter contre les entraves à la libre concurrence qui pénalisent les entreprises d'outre-Atlantique dans leur conquête des marchés extérieurs. Les objectifs américains, observés notamment à travers les négociations de l'OMC, visent à démanteler tous les droits de douanes, à bannir les subventions publiques et à supprimer les quotas qui protègent les industries nationales, afin de faciliter, partout dans le monde, le libre-échange des biens et des services. Un paradoxe lorsque l'on sait qu'eux-mêmes subventionnent largement divers secteurs industriels – acier, aéronautique, défense – et leur agriculture.

Les États-Unis concentrent également leurs efforts sur l'instrumentalisation des organismes de régulation internationaux. Washington se sert de l'OCDE et de l'OMC comme outils de défense d'un libéralisme pur dont ils ne donnent pas eux-mêmes l'exemple. Le sommet de Seattle en novembre 1999 en a été l'une

1. *Djihad versus Mc World*, Paris, Desclée de Brouwer, 1996.

des illustrations les plus flagrantes. Ne voulant pas parvenir à un accord dont certains aspects nuisaient à leurs intérêts économiques, les Américains ont essayé d'attribuer la responsabilité de l'échec à l'attitude européenne. Ils ont su utiliser la présence locale des ONG antimondialistes pour orienter les débats sur des questions secondaires. Parallèlement, ils tentent de pénétrer tous les organismes internationaux de crédit (FMI, Banque mondiale, banques régionales de développement...) et exercent auprès de ceux-ci une pression constante afin que les entreprises américaines bénéficient en priorité des aides internationales. De plus, estimant que la corruption dans le cadre de grands contrats internationaux se révèle pénalisante pour ses intérêts commerciaux, et donc pour sa sécurité, le gouvernement américain fait pression sur les organisations internationales ou les gouvernements des pays alliés pour qu'ils adoptent des législations visant à condamner celle-ci. L'ONG Transparency International se révèle l'un des principaux relais de leurs thèses. Bien qu'elle ait été créée par d'anciens dirigeants de la Banque mondiale écœurés par le détournement des fonds qu'ils attribuaient aux pays en développement, cette ONG intervient souvent au détriment des intérêts européens. Les entreprises du vieux continent n'ont pas su mettre en place – à la différence des États-Unis – un système de « rémunération » indécelable. En conséquence, elles sont régulièrement épinglées par Transparency qui n'a jamais pu prendre une entreprise américaine la main dans le sac.

Dans la recherche de la suprématie économique mondiale, Washington a par ailleurs recours à des modes d'actions déloyaux. On observe chaque jour la multiplication des pratiques concurrentielles illégales. Celles-ci sont de plusieurs types. Les plus fréquentes sont les pressions politiques en appui des contrats commerciaux. L'Administration américaine n'hésite pas à utiliser différents moyens d'influence pour ouvrir des marchés à ses entreprises ou pour aider celles-ci à emporter des contrats. L'État américain soutient ses entreprises plus que nul autre en usant sans vergogne de son poids : « Les États-Unis étant la première puissance économique du système commercial mondial, ils sont bien placés pour user de leur pouvoir de persuasion et de leur influence[1].» Ces dernières années, les gouvernements américains n'ont cessé de multiplier les interventions directes pour peser sur l'attribution de grands contrats internationaux.

On observe aussi, partout dans le monde, des opérations de rachat de secteurs stratégiques pour le contrôle de l'information économique. Celui des assurances en est un exemple concret: l'acquisition de nombreux courtiers et assureurs permet l'accès aux données confidentielles dont ils disposent sur leurs clients. Cela entraîne le risque de transfert à la concurrence américaine d'informations extrêmement confidentielles concernant les moyens de production, la recherche et les produits des industriels étrangers. Ces informations, qui sont stockées dans d'immenses bases de données, sont à tout moment disponibles pour une utilisation offensive, car Marsh & McLennan et AON, les deux leaders mondiaux du secteur, siègent à la War Room[2]. Ces deux entreprises opèrent une véritable razzia en Europe. Ainsi, après les différentes acquisitions réalisées au cours de ces dernières années, 70 % des grands comptes industriels sont désormais assurés par des sociétés de courtage américaines.

Le recours à l'espionnage électronique

En 1998, la Communauté européenne a fait part de son inquiétude devant le recours de plus en plus fréquent de Washington à l'interception des communications commerciales. Echelon est le réseau global d'interception des télécommunications mondiales mis en œuvre par les États-Unis, avec l'assistance de leurs alliés anglo-saxons. C'est un système où sont placés sous surveillance électronique continue les émissions de radio, les téléphones, les télex, les fax, les GSM, les communications des services de

---

1. United States Information Agency, 2 mars 1998, Washington.
2. Jean-François Jacquier, «Compagnies d'assurances: les risques du contrôle américain», *Le Point*, n° 1298, 2 août 1997, p. 16.

police, les ordinateurs et les liaisons satellites du monde entier. Echelon désigne à la fois le réseau technique proprement dit, permettant l'interception des télécommunications, placé sous l'autorité de la National Security Agency (NSA) américaine, et les moyens techniques, essentiellement informatiques, permettant de traiter ces interceptions et de donner ainsi un minimum de sens au magma de données brutes récupérées.

Echelon est très largement utilisé pour promouvoir ou défendre les intérêts des entreprises américaines. En mars 1993, Volkswagen parvient à débaucher José Lopez de Arriortua, un des dirigeants du groupe General Motors et à en faire son directeur de la production et des achats. Le Basque espagnol est alors accusé, par GM et par sa filiale allemande Opel, d'espionnage industriel au profit de Volkswagen. Lopez et la poignée de collaborateurs qu'il a emmenés avec lui sont soupçonnés d'avoir emporté des documents industriels secrets – près de 20 000 pages stockées sur disquettes – dont aurait profité Volkswagen. Le géant de Detroit réclame plusieurs millions de marks d'indemnités au constructeur allemand. Ce conflit entre les deux firmes ne cesse de s'envenimer, quand brusquement, en janvier 1997, il est réglé à l'amiable par les deux entreprises. Volkswagen «achète» Lopez 400 millions de francs à GM. D'après un expert allemand du renseignement, les deux stations d'écoute de la NSA en Allemagne – Bad Aibling en Haute-Bavière et Gablingen, près d'Augsburg – auraient intercepté les communications et les visioconférences de Volkswagen, ce qui aurait apporté à GM les preuves irréfutables dont il avait besoin pour contraindre son concurrent [1].

Des rapports publiés par le Bureau de soutien du ministère du Commerce dressent la liste de centaines de contrats où le gouvernement américain affirme avoir remporté des marchés au détriment de concurrents étrangers grâce à ses interventions. Duncan Campbell, dans son livre *Surveillance électronique planétaire* [2], cite

1. Jean-Paul Picaper, «Les “grandes oreilles” de la campagne bavaroise», *Le Figaro*, samedi 22 mars 1997.
2. Paris, Éditions Allia, 2001.

onze contrats dans lesquels des firmes françaises ou des consortiums franco-européens ont perdu, entre 1994 et 1997, 18 milliards de dollars de contrats à la suite d'interventions de ce type. Parmi eux, deux cas importants (SIVAM au Brésil et une vente d'Airbus à l'Arabie saoudite) à propos desquels la presse américaine a rapporté que des renseignements obtenus par Echelon avaient été utilisés. On peut également citer l'exemple du sommet de l'APEC (forum de coopération Asie-Pacifique) de 1993. La NSA et le FBI auraient installé des équipements capables d'écouter les communications des quinze dirigeants de la zone Asie-Pacifique conviés à Seattle aux États-Unis par Bill Clinton. Certaines informations collectées semblent avoir été transmises à des chefs d'entreprises qui ont financé la campagne électorale du président américain. En 1994, lors des négociations du GATT entre les États-Unis et l'Union européenne, le réseau Echelon est utilisé par Washington pour connaître la position de chacun des quinze pays de l'Union européenne et la stratégie de la Commission européenne. Des consignes seront données aux fonctionnaires de Bruxelles afin qu'ils n'utilisent pas le courrier électronique, dont l'usage commence alors à se généraliser, pour transmettre des informations sensibles… En 1998, les Allemands s'inquiètent également des activités de la station d'écoute de la NSA de Bad Aibling près de Munich. Est-elle parfois utilisée contre leurs intérêts ? Une inquiétude qui a finalement débouché par la reprise en main par les Allemands de cette station d'écoute. La même année, l'Allemagne, décidément très méfiante, renvoie trois agents de la CIA qu'elle soupçonne d'œuvrer contre ses intérêts économiques. Deux hommes et une femme sans statut diplomatique qui n'avaient pas été « déclarés » comme agents de la CIA aux autorités allemandes, contrairement à l'usage entre alliés. Les Allemands leur reprochent de s'intéresser de trop près à leurs secrets technologiques.

La suprématie informationnelle est au cœur de la nouvelle stratégie de domination américaine. Un ancien responsable du gouvernement Clinton s'en félicitait : « Pour les États-Unis, l'objectif central d'une politique étrangère de l'information doit être de gagner la bataille des flux de l'information mondiale, en dominant les ondes tout comme la Grande-Bretagne régnait autrefois sur les mers [1].» Avec Echelon, on peut effectivement estimer que les Américains ont parfaitement réussi leur OPA sur la communication mondiale.

Parallèlement à l'espionnage électronique, le renseignement humain au profit de l'économie se porte bien lui aussi. La réorientation de la CIA qui a eu lieu à la fin de la Guerre froide a pour conséquence que 40 % des missions qui lui sont confiées sont désormais de nature économique.

De plus, aux États-Unis, les services de renseignement privés se sont multipliés depuis le début des années 1970 et l'on en compte plus de 500, dont les plus célèbres sont Kroll et Pinkerton. Beaucoup sont réunis au sein de l'association Society of Competitive Intelligence Professionals (SCIP). Ainsi, on observe les pratiques délictueuses se multiplier, aux États-Unis comme dans l'action internationale des entreprises américaines.

Le groupe américain Procter & Gamble a ainsi été compromis en 2001. Après avoir espionné les plans commerciaux de son principal concurrent anglo-néerlandais, Unilever, dans les produits de soins capillaires, Procter & Gamble cherche à régler l'affaire à l'amiable avec le groupe anglo-néerlandais. Révélée par le site Internet du magazine économique américain *Fortune*, l'affaire est d'autant plus inhabituelle que c'est le président de Procter & Gamble lui-même qui a dénoncé son entreprise à son concurrent. D'après *Fortune*, l'opération remonte à l'automne 2000. Des responsables de Procter & Gamble font appel à Phoenix Consulting Group, une société d'intelligence économique créée par un vétéran du renseignement pendant la guerre du Vietnam. Sa mission est de faire les poubelles de la filiale américaine d'Unilever et se faire passer pour des analystes de marché auprès du groupe afin de glaner des informations sur sa stratégie commerciale dans les shampooings et les produits capillaires. Signalons qu'à l'époque le PDG de Phoenix Consulting Group dirigeait également la SCIP

1. David Rothkopf et Herbert I. Schiller, *op. cit.*

(Society of Competitive Intelligence Professional), laquelle milite pour imposer une charte déontologique très rigoureuse à l'ensemble de la profession !

L'opération est couronnée de succès, les plans précis d'un lancement de produit d'Unilever sont dérobés. Au mois d'avril, se rendant compte que des documents confidentiels de son concurrent ont été obtenus par des moyens douteux, l'état-major de Procter & Gamble met immédiatement à la porte les trois cadres à l'origine de cette initiative. Puis le président, John Pepper, prend son téléphone pour alerter Neil Fitzgerald, son homologue chez Unilever. Le groupe anglo-néerlandais n'a pas du tout apprécié la chose et Unilever a réclamé la création d'un comité d'audit indépendant qui examinerait en profondeur les lancements de P&G pendant trois ans, afin d'éviter les contrefaçons. Il demande aussi de 10 à 20 millions de dollars de dédommagement et menace de porter l'affaire en justice. P&G estime qu'il n'a pas violé la loi, mais uniquement ses propres règles internes. « Aucune des informations collectées n'a été ni ne sera utilisée par P&G. Nous regrettons ce qui est arrivé. Nous avons agi rapidement pour protéger les intérêts d'Unilever », a commenté un porte-parole du groupe.

Des méthodes variées de neutralisation de la concurrence

Parallèlement à ce dispositif offensif, Washington a développé un arsenal législatif répressif, donnant aux autorités américaines les moyens de lutter contre l'expansion économique de leurs concurrents les plus dynamiques. La première manifestation a été l'adoption de la loi Economic Espionage Act de 1996, du sénateur Bill Cohen, dont le but est de décourager toute action économique étrangère sur le sol américain.

La seconde est la signature, le 12 mars 1996, par le président Clinton, de la loi Helms-Burton contre Cuba, puis, le 5 août de la même année, de la loi D'Amato-Kennedy contre l'Iran et la Libye.

La promulgation de ces deux lois paraît, de prime abord, légitime : il s'agit de sanctionner les entreprises qui investissent à Cuba, en Iran et en Libye, trois pays placés au ban des nations par les États-Unis. En réalité, il s'agit bien de la modification unilatérale des règles du commerce international au profit de Washington. Les partenaires des États-Unis ont vite réalisé que le véritable enjeu de ces lois était beaucoup plus commercial que diplomatique [1]. Les Américains supportent mal d'être privés des potentialités de gros pays pétroliers. L'installation des Européens en Libye et en Iran gêne leurs perspectives de développement. D'où la volonté de placer une sorte de « couvercle » préservant l'avenir, quitte à affronter les Européens et à accentuer la guerre commerciale entre les nations industrielles.

Dès 1988, Nicholas Burns, le porte-parole du département d'État, l'avait explicitement annoncé : « La compagnie Total a essentiellement pris la place de Conoco et décroché un contrat qui aurait dû être très profitable à Conoco. (…) Nous voulons punir les entreprises qui auront ce genre de comportement à l'avenir [2]. » Les sanctions appliquées aux contrevenants sont simples : ceux-ci ne pourront plus avoir accès à certains financements aux États-Unis et la participation aux procédures d'appel d'offres des administrations américaines pourra leur être interdite. La loi D'Amato-Kennedy précise que toute entreprise étrangère qui investira plus de 40 millions de dollars par an en Iran et en Libye sera automatiquement passible de sanctions commerciales ou financières.

L'originalité de cette politique d'embargo ne réside pas seulement dans son caractère contraignant, mais dans son champ d'application. En effet, si auparavant un État pouvait prendre des mesures d'interdiction de commercer avec un autre État, celui-ci ne pouvait appliquer, en principe, ces contraintes qu'à ses propres ressortissants. Les lois Helms-Burton et D'Amato-Kennedy innovent sur ce point. Non seulement elles se déclarent compétentes

1. Voir l'affaire Pernod *vs* Bacardi, chapitre 5.

2. Serge Marti, « Le terrorisme, alibi de la guerre commerciale », *Le Monde*, 23 août 1996.

pour sanctionner des violations du droit américain par des ressortissants étrangers hors du territoire des États-Unis, mais elles permettent également à des ressortissants américains d'assigner en dommages et intérêts, devant un tribunal fédéral, des ressortissants étrangers pour des faits commis hors des États-Unis [1]. Qui donc a parlé d'hégémonie ?

L'objectif majeur de ces lois est de créer un maximum de barrières afin de freiner les relations des concurrents de Washington avec ces pays à forte potentialité et de récupérer les marchés sur le long terme. Cette utilisation du terrorisme comme alibi commercial n'est pas nouvelle. Dès 1984, Washington avait utilisé certaines lois antiterroristes – relatives aux attentats contre les avions de ligne et aux prises d'otages – pour étendre le pouvoir des agences fédérales et améliorer les chances d'appréhender les terroristes, où qu'ils soient, pour les traduire devant un tribunal américain. En 1985, le Foreign Assistance Act avait donné à la Direction générale de l'aviation civile des États-Unis le pouvoir d'inspecter des aéroports étrangers et d'émettre des recommandations négatives à l'intention de ceux où les conditions de sécurité minimum n'étaient pas remplies. Puis l'Omnibus Diplomatic Security and Antiterrorism Act de 1986 avait rendu les agressions et attentats perpétrés à l'encontre des citoyens américains à l'étranger justiciables du droit criminel américain et avait autorisé le recours à l'extradition vers les États-Unis, « par voie légale ou autre » *(sic)*, des terroristes afin de les juger [2].

Les Américains profitent désormais des attentats du 11 septembre 2001 pour renforcer leur sécurité. Et, sous ce couvert, ils mettent en place des mesures qui sont une véritable atteinte à la liberté et une entrave commerciale déloyale. Il s'agit par exemple des lois américaines votées au lendemain du 11 septembre qui obligent les compagnies aériennes étrangères à fournir toutes les

---

1. P. Gastineau, « L'entreprise, nouvel instrument de la diplomatie », *Les Échos*, 11 septembre 1996, p. 48.

2. Robert Kupperman et Jeff Kamen, *Final warning : advertising disaster in the new age of terrorism*, New York, Doubleday, Bibliothèque du Congrès, 23 décembre 1986, p. 125-129.

informations qu'elles possèdent sur les clients qu'elles transportent aux États-Unis. En cas de refus, les lois du Congrès prévoient des amendes pouvant aller jusqu'à 5 400 euros par passager, voire carrément la suppression de l'autorisation d'atterrissage aux États-Unis.

Frits Bolkestein, commissaire européen chargé du marché européen a eu beau protester contre ces mesures unilatérales, l'ensemble des compagnies se sont exécutées. Et ce au mépris des lois de la plupart des pays européens et de la directive européenne d'octobre 1995, qui précise que le transfert de ces données n'est autorisé que dans le cas où le pays tiers « assure un niveau de protection adéquat », ce qui n'est pas le cas des États-Unis. Vaines protestations du commissaire : le 16 décembre 2003, la Commission européenne baisse pavillon face au diktat de la Maison-Blanche. Bruxelles annonce un accord avec Washington pour lui fournir trente-cinq données personnelles sur les clients des compagnies aériennes. Frits Bolkestein justifie la décision de la Commission au prétexte qu'un bras de fer avec Washington aurait eu « des conséquences négatives pour les passagers et les compagnies aériennes ». Désormais, les Américains peuvent amasser des tas d'informations sur les responsables économiques et politiques des autres pays à travers leurs déplacements vers les États-Unis. Un dossier passager comprend toute sorte de données : moyen de paiement, numéro de la place réservée, nombre de personnes qui voyagent ensemble, santé du passager, régime alimentaire, hôtel réservé... Un vrai trésor pour les spécialistes de l'intelligence économique.

Après la disparition de l'Union soviétique, les États-Unis demeurent la seule superpuissance du système international en mesure d'imposer sa volonté aux autres nations. Leur prééminence mondiale est aujourd'hui indiscutable, d'autant qu'elle est à la fois militaire, économique et culturelle. Leur force militaire, le dynamisme de leur économie et leur maîtrise des technologies de l'information leur permettent de surveiller, d'influer et d'intervenir partout sur la planète. Mais cette domination sans contre-pouvoir perturbe considérablement le jeu international.

L'Amérique se livre aujourd'hui à une véritable guerre économique et culturelle contre ses partenaires, car il lui faut sans cesse trouver de nouveaux débouchés pour son économie. Mais, paradoxalement, le monde n'a pas tant besoin de l'économie américaine que celle-ci a besoin du monde. N'oublions pas que la dette publique américaine est supérieure à la somme de toutes les dettes publiques du monde. Cette fuite en avant, ce pouvoir qui n'est responsable devant personne risque de provoquer des déséquilibres insensés pour le monde et de sérieux chocs en retour.

Les habits neufs de la CIA

La CIA ne s'en cache même plus : les affaires économiques sont ses affaires. La National Performance Review (NPR), un audit gouvernemental effectué en 1993 sur l'ensemble des services fédéraux, précise la nature de ses missions. Le maître mot, à l'époque, c'est l'approche « client-fournisseur ». La CIA doit avant tout travailler pour satisfaire ses clients : l'administration fédérale et les entreprises américaines. En matière d'intelligence économique, trois niveaux d'intervention sont définis. Au niveau macroéconomique, l'agence pourra rédiger des rapports destinés aux décideurs politiques. Conformément au National Security Act, la loi qui institua la CIA en 1947, toute collecte de renseignements économiques au profit des entreprises américaines est interdite. Mais – et c'est là une illustration du génie stratégique des Américains – la CIA est autorisée à trouver des solutions intermédiaires qui lui permettent de communiquer à ces entreprises un certain nombre de données. Il s'agit officiellement d'informations non classifiées qui s'adressent non pas à une entreprise en particulier mais à des associations d'industriels. C'est ainsi que le Director of Central Intelligence (DCI) crée la Community Open Source Program Office (COSPO). Dotée initialement d'un budget de 2 milliards de dollars, cette structure – qui regroupe la CIA, la NSA et la DIA – a pour but d'améliorer l'exploitation de l'information ouverte. Au milieu des années 90, de nombreux experts américains militent pour que la CIA mette à la disposition de la société civile (en particulier des entreprises) une partie de ses bases de données. Une tendance formulée dans l'Intelligence Authorization Act de 1995, loi qui encourage le gouvernement et la communauté du renseignement à mieux s'organiser dans le but d'offrir aux utilisateurs publics et privés une meilleure information. Robert Steele, un ancien agent, a notamment proposé de transformer le service de la CIA qui s'occupe de la traduction de tous les documents publiés à l'étranger, le Foreign Broadcast Information Service, en agence totalement indépendante de la centrale de Langley afin de fournir une bonne information aux entreprises.

La CIA s'est également mise à l'heure de la nouvelle économie. En 1999, elle crée une société de capital-risque baptisée In-Q-Tel installée au cœur de la Silicon Valley. Cette société, qui reçoit 30 millions de dollars par an, permet aux espions américains de repérer les meilleures start-up dans le secteur des technologies de pointe et d'y investir pour en surveiller le développement. Elle a notamment investi dans Attensity (logiciel d'analyse des grandes bases de données), Tacit Knowledge Systems (réseaux de communication dans l'industrie pharmaceutique), Systems Research and Development (logiciel d'analyse pour les casinos), Intelliseek (traitement de l'information textuelle)… Le nom d'In-Q-Tel a été plusieurs fois cité dans l'affaire Gemplus [1].

Des entreprises guerrières

«En matière d'intelligence économique, l'offensive des sociétés américaines en direction de la France depuis cinq ans a atteint des proportions sans commune mesure à celles observées durant les années 80 et qui s'apparentaient à de la veille technologique classique.» Celui qui décrit cette situation sait de quoi il parle: il

1. Voir Nicolas Moinet, *Les Batailles secrètes de la science et de la technologie*, Lavauzelle, 2003.

travaille depuis plusieurs années dans une multinationale américaine. C'est donc de l'intérieur qu'il peut observer les pratiques de nos amis d'outre-atlantique en matière de concurrence. Un témoin direct, donc rare et précieux. Son constat est alarmant. « Aujourd'hui, toutes les sociétés américaines de rang technologique international pratiquent l'intelligence économique avec un professionnalisme et une rigueur insoupçonnés et sous-estimés en France. » Les directions des entreprises sont plus ou moins organisées de la même façon. On trouve un vice-président chargé de la stratégie, de la recherche et développement, du *knowledge management*... En fait, il est officieusement en charge de l'intelligence économique. Il patronne une cellule de quatre à cinq directeurs « qui ont signé un accord de confidentialité et une charte d'éthique avec la société ». A l'intérieur, des spécialistes par domaine. Le juriste « a pour mission de protéger son président et de veiller à ce que sa société soit inattaquable. C'est le secteur défensif ». Le responsable de la technologie « définit les cibles à observer, les thèmes d'investigation et le traitement à donner aux informations recueillies. C'est le secteur offensif passif ». Enfin, un spécialiste du renseignement choisit « les modes d'investigation et d'intervention, d'acquisition et de traitement de l'information et de son exploitation. C'est le secteur offensif actif ». La plupart du temps, ce responsable est issu des services de sécurité de l'État (CIA, FBI, NSA...). Cette cellule fonctionne dans la plus grande discrétion. Son existence est cachée au sein même de l'entreprise. Elle n'apparaît dans aucun organigramme officiel, mais elle est capable de se réunir en War Room en cas d'urgence. Véritable pieuvre, ses tentacules agissent directement sur le vieux continent, à travers de petites sociétés de conseil anglo-saxonnes, « réelles ou imaginaires » et souvent éphémères avec une durée de vie de dix-huit mois. Ces têtes de pont, essentiellement composées de Britanniques en raison des accords bilatéraux en matière de renseignement, « approchent toujours et d'abord les filiales de la société américaine en France ou en Allemagne et leurs dirigeants ». Et forcément, lorsque le patron d'une filiale demande à sa maison mère l'autorisation de faire appel à cette société de conseil, la réponse est toujours positive. C'est alors que la filiale met son propre réseau français ou européen à la disposition des consultants britanniques qui recueillent les informations, les traitent, les synthétisent et les renvoient à la maison mère aux États-Unis. «C'est le début d'une collaboration, voire d'une manipulation, qui implique de plus en plus les cadres locaux fort compétents et disposant d'un réseau qu'ils animent, sans le réaliser, au profit de la société américaine qui les emploie.» Les Américains parviennent ainsi à connaître les dernières avancées de leurs concurrents français dans les domaines qui les intéressent: matériaux, technologie des composants, simulation numérique, moteurs d'avions, de missiles, de lanceurs spatiaux, organisation des entreprises, sécurité des systèmes d'information, profils des hommes clés, stratégie et financement des entreprises, techniques de fusion et acquisition, coût des matériaux, recherche universitaire et privée… Ces sous-marins américains peuvent intervenir dans un autre cadre commercial. Il s'agit des contrôles effectués ordinairement par les grands donneurs d'ordres chez leurs fournisseurs, une procédure légale qui se justifie par la nécessité de vérifier la qualité des matériels fabriqués par le sous-traitant. Le hic, c'est lorsque le donneur d'ordre fait appel à des sociétés de conseil pour auditer le fournisseur. Certaines sont de simples antennes des sociétés américaines concurrentes. «Parfois, durant un simple audit de quelques jours, sont rassemblées des informations qui pourraient demander des mois d'intervention.»

Jusque-là, les méthodes pour le moins déloyales frôlent avec l'illégalité. Mais il y a pire. Les Américains peuvent faire preuve d'un machiavélisme extrême. Les grandes sociétés d'outre-Atlantique ont mis en place un système destiné à piéger les dirigeants de leurs filiales françaises et européennes en général.

Première étape: on demande au dirigeant français de rencontrer des spécialistes, en général britanniques, des fusions acquisitions, auxquels il remet alors des documents confidentiels sur des sociétés cibles avec lesquels la maison mère envisage un partenariat. Évidemment, ces spécialistes travaillent dans une société qui n'a aucune existence légale pour les Américains. Le dirigeant français, lui, ne le sait pas. En revanche, les documents sont bel et bien facturés par la filiale qu'il dirige. De plus, à l'aide de son réseau, il enrichit les études fournies par les pseudo-auditeurs britanniques. L'analyse ainsi complétée est classée confidentielle et envoyée à la maison mère qui bénéficie d'une information à haute valeur ajoutée.

Deuxième étape: la société de conseil britannique disparaît du jour au lendemain, le projet d'acquisition aussi. Pour le dirigeant français l'affaire peut en rester là, mais sait-il qu'une petite bombe à retardement le menace? Le jour de son départ, ou en cas de conflit avec sa direction américaine, le dossier peut resurgir comme par enchantement. On ne sait jamais, des auditeurs dûment mandatés peuvent alors le tirer de sa retraite et le faire parler. Ils s'apercevraient alors que la société de conseil britannique n'a jamais existé et que par conséquent, les factures sont fausses. Le dirigeant français, incapable de fournir le moindre justificatif émanant de la maison mère prouvant sa bonne foi, tombe logiquement pour abus de bien social. Implacable et imparable. Il ne lui reste que le licenciement pour faute grave ou la démission. Actuellement, selon une source proche des services de renseignement, une quinzaine d'entrepreneurs français se trouveraient dans cette situation. Leur cas est si sensible qu'un silence absolu règne autour d'eux. Quant aux poursuites judiciaires, la société mère n'a même pas besoin de s'en occuper directement. La sale besogne est assurée par les commissaires aux comptes qui transmettent les faits au procureur de la République. Les Américains n'ont plus qu'à suivre l'affaire via un cabinet français d'avocats ayant reçu la délégation des défenseurs habituels de la société US. « Ce système est remarquable, conclut notre témoin, mais peu reconnu par les autorités de la police ou les autorités judiciaires françaises. Seuls les spécialistes de services de surveillance sont en mesure d'apprécier la finesse du montage. »

A suivre…

«Plus les canons sont nombreux, plus ils ont tendance à tirer vite, tout seuls.»

BISMARCK

Alvin Toffler, le père de la nouvelle pensée stratégique américaine, décrit trois étapes de la civilisation depuis l'apparition de l'Homme [1]. La première vague repose, selon lui, sur l'agriculture et les ressources naturelles de la terre. La deuxième vague concerne la révolution industrielle qui permet la transformation des matières premières. Enfin, la civilisation de la troisième vague, qu'il baptise «âge de la connaissance», repose sur l'information. Aujourd'hui, tout le monde court après elle.

Après avoir lutté pour leur subsistance, puis jusqu'au milieu du XXe siècle pour conquérir des territoires ou pour imposer leurs idées, les hommes s'affrontent aujourd'hui pour gagner des marchés, faire plus de profit, imposer leur culture et leur mode de vie, partout où ils le peuvent. Et leur arme principale, c'est l'information.

Devant cette dégradation de la compétition commerciale entre firmes et les nombreuses dérives éthiques et légales qui la caractérisent, deux attitudes sont possibles. La première, lucide et pragmatique, conduit un certain nombre d'acteurs économiques à se doter des moyens défensifs et offensifs pour survivre et se déve-

1. Alvin et Heidi Toffler, *War and Antiwar*, Little Brown and Company, 1993.

lopper dans un nouvel environnement hautement conflictuel. Si leurs intentions ne sont pas nécessairement malveillantes, ces comportements contribuent à attiser et accroître l'intensité de la lutte concurrentielle et favorisent le développement de nouvelles méthodes concurrentielles.

La seconde, plus utopiste mais plus constructive, refuse cette dérive et dénonce le lent glissement de l'hypercompétition économique vers un monde sans foi ni loi où les pratiques déloyales et le cynisme deviennent la règle. Mais les protestations ne suffisent pas pour mettre un terme aux dérives observées et permettre à une entreprise de prospérer, car trop peu de personnes sont conscientes du nouveau contexte de la compétition économique pour en mesurer les aspects pervers à terme et unir leurs efforts en vue d'un retour vers une plus grande éthique des affaires.

La guerre économique mondiale fait rage. Et elle dépasse largement le simple cadre commercial. Réduire ce nouveau choc à une lutte pour augmenter les profits des fonds de pension est une erreur. L'enjeu est beaucoup plus profond et crucial pour l'avenir du monde. Ce ne sont pas seulement des entreprises et des emplois que les nations veulent préserver dans cette guerre économique larvée. *In fine*, elles protègent leur mode de vie, leur identité culturelle, leur modèle social.

Ce nouvel affrontement est en fait une véritable guerre de choix de société dans laquelle est engagée ce que Walson appelle « la pluralité des systèmes de valeur ». Si le libéralisme a été plus ou moins accepté par tous au lendemain de la chute du Mur, il s'agit pour chacun de déterminer quelle société il souhaite ériger dans ce cadre commun.

Ne pas répondre à cette question, c'est se condamner à l'horreur économique qui nous transforme en vulgaires consommateurs d'un hypermarché mondial dirigé par les épiciers de la mondialisation. En France, il ne suffit pas d'appeler à un patriotisme économique. Le sursaut doit viser un objectif plus ambitieux pour rassembler le plus largement possible, du dirigeant à l'ouvrier. La défense de notre modèle socioculturel patiemment bâti depuis un millénaire en dépend.

Table des sigles

AACSB, The International Association to Advance Collegiate Schools of Business

ACM, action civilo-militaire

ADITECH, Association pour la diffusion de l'information technologique

AFSSAPS, Agence française de sécurité sanitaire des produits de santé

ANVAR, Agence nationale de valorisation de la recherche

ARIST, Agences régionales d'information scientifique et technique

CCSE, Comité pour la compétitivité et la sécurité économique

CERN, Centre d'études et de recherches nucléaires

CISL, Confédération internationale des syndicats libres

CMSID, Civil Military Strategy for International Development

CNCSE, Conseil national pour la compétitivité et la sécurité économique

CNUCED, Conférence des Nations unies sur le commerce et le développement

CPE, Centre de prospective et d'évaluation

DFID, Directorate for International Development (britannique)

FIDH, Fondation internationale des droits de l'homme

FDA, Food and Drug Administration

IERSE, Institut d'étude et de recherche pour la sécurité des entreprises

IHEDN, Institut des hautes études de défense nationale

IHESI, Institut des hautes études de la sécurité intérieure

IRCG, Institut de recherche criminalistique de la Gendarmerie nationale

ISOO, Information Security Oversight Office

NISP, National Industry Security Program

NRC, National Research Council

NTIC, Nouvelles Technologies de l'information et de la communication

ODA Overseas Development Administration

SDECE, Service de documentation extérieure et de contre-espionnage

SIDA, Swedish Industrial Development Agency

SGDN, Secrétariat général de la défense nationale

USAID, United States Agency for International Development

Table

COMPOSITION : PAO EDITIONS DU SEUIL

GROUPE CPI

Achevé d'imprimer en avril 2004 par
BUSSIÈRE CAMEDAN IMPRIMERIES
à Saint-Amand-Montrond (Cher)
N° d'édition : 59012. - N° d'impression : 041860/1.
Dépôt légal : mai 2004.
Imprimé en France